일계인 디아스포라의 혼종성과 문화영토

저자

임채완 전남대학교 정치외교학과 교수, 세계한상문화연구단 단장, 정치사회학 박사

임영언 전남대학교 세계한상문화연구단 학술연구교수, 사회학 박사

박구용 전남대학교 철학과 교수, 철학 박사

전남대학교 세계한상문화연구 5차 총서 9

일계인 디아스포라의 혼종성과 문화영토

2015년 8월 25일 초판 인쇄
2015년 8월 30일 초판 발행

지은이 | 임채완 · 임영언 · 박구용
펴낸이 | 이찬규
펴낸곳 | 북코리아
등록번호 | 제03-01240호
주소 | 462-807 경기도 성남시 중원구 사기막골로 45번길 14
우림 2차 A동 1007호
전화 | 02-704-7840
팩스 | 02-704-7848
이메일 | sunhaksa@korea.com
홈페이지 | www.북코리아.kr
ISBN | 978-89-6324-446-4 (93300)

값 18,000원

* 이 총서는 2010년도 정부재원(교육과학기술부 인문사회연구역량강화사업비)으로 한국연구재단의 지원을 받아 연구되었음(NRF-2010-413-2013S1A5B8A01055017).
This work was supported by the National Research Foundation of Korea Grant funded by the Korean Government(NRF-2010-413-2013S1A5B8A01055017).

전남대학교 세계한상문화연구 5차 총서 9

일계인 디아스포라의 혼종성과 문화영토

Japanese Diaspora: Hybridity and Cultural Territory

임채완 · 임영언 · 박구용

북코리아

총서를 펴내며

이 연구총서는 전남대학교 세계한상문화연구단이 2010년도 한국연구재단 대학중점연구소지원사업에 선정된 "민족분산과 지구적 소통으로서 디아스포라 연구"라는 연구과제 중 제1단계 "동북아시아 민족분산과 문화영토"라는 3년간의 연구과정 중 제3차년도에 해당되는 내용으로 1년간 수행한 연구결과물을 엮어 출판한 것이다. 향후 중점연구는 계속해서 제2단계 3년간 "동북아시아 디아스포라의 초국가적 성격", 제3단계 3년간 "디아스포라 공동체와 지구적 소통"이라는 연구주제로 총 9년간에 걸쳐 수행되며 연구결과물은 총서로 출판될 예정이다.

본 연구단이 수행한 중점연구 제1단계의 연구목표는 근·현대 동북아 디아스포라 공동체에 대한 역사적 문화인류학적 연구방법을 통해 동북아 디아스포라의 이산경로와 문화영토를 학문적으로 재현하는 데 있다. 이를 위해 근·현대 동북아 디아스포라(한인, 화인, 일계인)의 민족분산과정에서 형성된 디아스포라 이주루트(Diaspora Route)를 계보학(Genealogy)의 관점에서 지도화(Mapping)하고, 이주과정에서 형성된 그들의 경험과 기억을 '개별적 기억', '집단적 기억과 영토의 재구성', '축제와 민속에 나타난 문화의 재구성'이라는 세 가지 관점에서 접근하고 있다.

구체적으로 중점연구 제1단계 3년간의 연구수행 내용을 살펴보면, 제1년차는 동북아 민족 이산자들의 개별적인 월경 경험과 기억을 구술생애사 채록 등의 다양한 방법으로 자료를 수집하였다. 제2년차는 제1년차에서 연구한 디아스포라 민족분산에 관한 개인적 기억에 이어, 공간적 치환과정에서 경험한 집단적 기억을 재현하는 데 중점을 두었다. 즉 이주자들이 거주국(Host Country)에서 어떻게 터를 잡고 재영토화를 시도하였는지에 대하여 집거지 연구를 통해 조명하는 것이다. 제3년차는 동북아 디아스포라 공동체가 비교적 잘 형성된 연구대상 지역을 중심으로 혼종성과 문화영토의 관점에서 축제와 민속문화 자원을 수집하여 민속학적으로 해석하는 작업이다. 이러한 연구결과를 토대로 동북아 디아스포라들이 이산의 땅에서 공동체 문화를 어떻게 집단적으로 재현해 내고 있는지를 탐구하는 것이며 3년간의 연구과정에서 수집된 문헌자료와 구술채록 등 연구 성과물을 아카이브 시스템으로 구축하여 후속연구에 유용한 자료를 제공할 것이다.

제1단계 제1차년도 연구총서는 『코리안 디아스포라: 이주루트와 기억』, 『화교 디아스포라: 이주루트와 기억의 역사』, 『일계인 디아스포라: 초국적 이주루트와 글로벌 네트워크』 등 총 3권으로 출판되었다. 제2차년도 연구총서는 『코리안 디아스포라의 집단적 기억과 재영토화』, 『화교 디아스포라의 집단적 기억과 재영토화』, 『일계인 디아스포라의 초국적 공간 이동과 재영토화』 등 총 3권으로 간행되었다. 이번에 출판되는 제3차년도 연구총서는 『코리안 디아스포라의 혼종성과 문화영토』, 『화교 디아스포라의 혼종성과 문화영토』, 『일계인 디아스포라의 혼종성과 문화영토』 등 총 3권이다.

중점연구 제1단계 제3차년도는 "근 · 현대 해외한인, 화인, 일계인의 집거지와 문화영토 비교"라는 주제로 제2년차에서 연구한 동북아 디아스포라의 공간적 치환과 재영토화에 이어 집거지와 문화영토의 비교 연구를 수행하였다. 본 연구소는 중점연구 제1팀(해외한인 연구팀), 중점연구 제2팀(해외화인 연구팀), 중점연구 제3팀(해외일계인 연구팀) 등 세 팀으로 구성하여 한·중·일 3국을 중심으로 동북아 디아스포라의 새로운 정착지에서의 집거지와 문화영토를 비교 분석하였다.

연구방법으로서는 문헌연구를 바탕으로 설문조사와 면접조사를 실시하였다. 국외지역으로는 중국, 일본 및 동남아 화교권 국가인 싱가포르, 말레이시아, 그리고 국내지역으로는 인천과 부산 차이나타운, 서울 동부이촌동 일본인타운 등을 방문하여 현지조사를 실시하였다. 중점연구 세부팀별로 연구성과 및 수집자료는 다음과 같다.

첫째, 한인팀은 문헌연구와 더불어 중국 연변조선족 자치주를 직접 방문하여 현지조사를 실시하였다. 또한 일본 도쿄, 오사카는 현지 연구협력자를 통해 설문조사와 기초자료 수집 활동을 진행하였다. 현지조사는 중국 연변조선족의 문화생활 실태를 파악하고 관련 기초자료를 수집하기 위해 연변조선족자치주의 연길시, 룡정시, 도문시 등을 방문하였다. 구체적인 현지조사 및 자료수집 성과는 다음과 같다.

먼저 연변조선족의 이주과정 및 이주경로, 민속명절 및 민속놀이 향유실태, 기념행사 및 축제 향유 실태 등을 살펴보기 위해 설문조사와 면접조사를 실시하였다. 설문조사는 연변조선족 대상 문화생활 실태조사를 실시하여 172부를 회수하였다. 면접조사는 박학송 연길시 소영진 하룡촌 주민, 심연화 도문무형문화유산전람관 관장, 김경남 도문시 월청진 백룡촌 백년부락 족장, 최민호 연변대학 사회학과 교수, 김용수 룡정시 개산툰진 광소촌 당 서기, 김문익 룡정시 조선족민속박물관 관장 등을 면담하였다. 연변조선족 마을 탐방은 연길시 소영진 하룡촌, 도문시 월청진 백룡촌 백년부락, 룡정시 광소촌 어곡전, 룡정시 명동촌 등을 방문하였다.

연변조선족 민속문화 및 놀이, 축제 관련 기초자료는 도서 및 단행본으로 중국조선족풍속백년, 중국조선족풍속, 조선족민속문화급기중국 특색, 중국조선족무형문화유산전시 소개 책자, 조선족민속연구 1-3권 등을 수집하였다. 영상 DVD 자료는 조선족 민속문화 10개(민속체육, 민속무용, 민속놀이, 세시풍속, 인생의례, 의상문화, 거주문화, 음식문화 등), 연변조선족자치주 창립 60주년 기념 대형광장 예술 공연 연변찬가 1개, 중국 도문시 근 · 현대 역사 및 민속문화 소개 1개 등을 수집하였다. 사진자료는 연변조선족 민속문화기관(조선족민속원, 연변박물관, 도문시 비물질문화유산전람관, 룡정시 조선족민속박물관), 조선족촌(연길시 소영진 하룡촌, 도문시 월청진 백룡촌 백년부락, 용정시 개산툰진 광소촌 어곡전, 명동촌 등), 민속행사(대보름 행사, 회갑잔치 등) 및 축제(도문 빙설제) 관련 사진 400장을 수집하였다.

재일코리안의 문화생활 실태 조사 및 민속문화생활 관련 기초자료 수집은 예산 부족으로 현지 연구자의 협조로 간접적으로 진행되었다. 재일코리안의 문화생활 설문조사는 뉴커머와 올드커머들을 대상으로 100부를 회수하였으며, 민속문화생활 관련 자료 수집은 기존 발굴 자료들을 정리하였다.

둘째, 화인팀은 해외화인의 문화영토라는 연구를 수행하기 위해서 문헌연구와 더불어 일본 요코하마, 고베 차이나타운 그리고 국내 부산 차이나타운 등을 중심으로 현지조사를 실시하였다. 일본 요코하마와 고베, 그리고 국내 부산 초량의 차이나타운에서 해외화인의 전통문화와 민속놀이에 대한 설문조사와 면접조사를 실시하였다. 구체적인 연구수행 및 자료수집결과는 다음과 같다.

먼저 설문조사는 일본 요코하마 차이나타운 거주 화교화인을 대상으로 설문조사를 실시하여 총 189부를 회수하였다. 면접조사는 화인의 이주과정, 이주경로, 정착지에서 생활, 국가정체성 및 문화정체성, 일본 생활 등의 내용을 중심으로 요코하마 화교학교(대륙계 · 대만계), 요코하마 화교협회(대륙계 · 대만계), 일본복건경제문화추진회(日本福建經濟文化促進會), 요코하마 지회 등을 방문하여 총 8명(羅鴻建 50대 남성, 李潤華 60대 남성, 黃洋玞 60대 여성, 陳聖芳 30대 남성, 謝成發 50대 남성, 張岩松 30대 남성, 曹英生 60대 남성, 林宏仁 40대 남성)을 면담하였다.

화인 관련 기초자료 수집은 화교협회와 화교학교, 일본복건경제문화추진회에서 춘절행사 관련 팸플릿 및 행사 관련 CD 자료 2개, 일본 요코하마 서점과 협회에서 도서 11권 구입 및 대만 화교협회의 6권 및 잡지 3권 도서 입수, 논문집(3권: 1976, 2010, 2011년), 요코하마 및 고베 차이나타운 내 화교단체, 화교인 경영 음식점 등 사진 100장을 수집하였다.

국내 재한화교 집거지 조사에서는 부산 초량 차이나타운에 거주하는 재한화교 4명에 대한 면접조사와 설문조사(125부)를 실시하였다. 조사 대상

자는 한국에서 태어나 자란 화교 3-4세대를 중심으로 진행하였으며, 면담 대상자 모두 대만 국적 소유자로 선정하였다. 즉 중국 국적을 보유하고 한국에서 태어나고 자라면서 중국 전통 민속문화에 대한 경험과 한국에서 한국 전통문화에 대한 경험의 비교를 통하여 재한 화교 · 화인으로서 다중 정체성과 모국과의 연계성 그리고 한국 국적취득에 대한 재한 화교들의 민족정체성과 특성을 밝히고자 하였다. 부산 차이나타운 내 설문조사는 125부를 회수하였고 면접조사는 4명(곡신지 10대 여성, 곡야정 50대 남성, 의건주 50대 남성, 공헌부 50대 남성)이었다. 수집자료는 구술채록 음성파일 4건, 차이나타운 거리, 건물, 상징물, 화교 경영 음식점 등 사진자료 30건이었다.

셋째, 일계인팀은 제3차년도 '근 · 현대 해외 한인 · 화인 · 일계인의 집거지와 문화영토'라는 연구과제를 수행하기 위해서 문헌연구와 더불어 일본 도쿄 재일한인역사자료관, 요코하마 JICA 해외이주자료관 자료실, 가나가와 현 쓰루미 구 NPO법인 ABC저팬, 군마 현 오이즈미마치 다문화공생커뮤니티센터 등을 방문하여 현지조사를 실시하였다. 이번 조사 목적은 제3차년도 연구주제인 일계인 디아스포라 공동체가 잘 형성된 일계인 타운을 중심으로 문화영토의 관점에서 축제와 민속문화자원을 수집하여 민속학적으로 해석하는 작업을 수행하는 데 필요한 자료를 수집하는 데 있었다. 구체적으로 일계인들이 일본현지 이주지에서 디아스포라 공동체 문화를 어떻게 재현해 내고 있는지를 해석하는 데 필요한 자료를 수집하였다.

설문조사는 일본현지 군마 현 오이즈미마치 브라질리안 플라자 마쓰모토 기누에 사장의 협력으로 현지조사를 실시하여 총75부를 회수하였다. 면접조사는 가나가와 현 쓰루미구 국제교류라운지 사이타(중국조선족), 토미모토(NPO ABC저팬), 야마시타(구청 직원) 지역진흥과장보좌, NPO ABC저팬 하시모토, 일계인 음악가 오마가리, 일계브라질인 직업학교장 구와바라 마리아, 조치대학 일계인 연구자 야마구치 엘리사 교수 등 모두 8명을 면담하였고, 사진 300장, 일계인 관련 문헌자료 7건 등을 수집하였다.

국내 재한일본인에 대해서도 설문조사와 면접조사를 실시하였다. 설문조사는 서울, 부산, 광주 등 대도시 거주 재한일본인을 대상으로 실시하여 120부를 회수하였다. 재한일본인 문화적응 및 네트워크 관련 구술채록은 재한일본인(가네코, 마치다, 야마우치, 오쿠라, 와타나베, 가리베, 요시다, 히구치, 이소가이, 구마베, 쓰치마, 다나카, 후지노, 후지타 등) 총 18명을 면담하였다.

일본 현지조사의 연구성과는 설문조사 75부, 인터뷰조사 10명, 사진자료 300장 촬영, 참고문헌 단행본 7권 입수, 국내 현지조사에서는 서울과 부산 등지에 거주하고 있는 재한일본인 18명 인터뷰 조사, 설문조사 120부 회수, 재한일본인 관련 다수의 사진 및 참고자료 등을 수집하였다.

끝으로 연구단 총서가 발행되기까지 물심양면으로 도와주신 모든 분들에게 감사드린다. 먼저 중점연구사업의 일환으로 동북아 디아스포라 연구를 수행할 수 있도록 지원해주신 한국연구재단 관계자, 그리고 연구단이 주최한 각종 국내 및 국제 학술대회에 참석하여 연구성과에 대한 발표자 및 토론자로 유익한 조언을 해주신 국내외 디아스포라 전문가 및 학자, 연구단 홍보에 아낌없이 지원해주신 언론방송 관계자 여러분들께 진심으로 감사드린다. 또한 이른 아침부터 밤늦게까지 24시간 불철주야로 연구단의 불을 밝히고 연구에 전념해준 공동연구원, 연구교수, 그리고 대학원생 및 연구보조원들에게 감사드린다.

2015년 8월 용봉골에서

전남대학교 세계한상문화연구단장 임채완

추천사

글로벌시대 디아스포라는 모국과 거주국뿐만 아니라 국제사회를 연계하는 중요한 행위자로 인식되면서 모국의 영향력을 확대해 나가는 데 유용한 자원으로 활용되고 있습니다. 특히 디아스포라는 다문화적이고 다언어적인 특성을 갖고 있어 각 국가마다 이들과의 네트워크를 형성하여 정치 · 경제 · 문화적 영향력을 확장해 가는 데 힘을 쏟고 있습니다. 또한 학계에서도 디아스포라 잠재력에 대한 학문적 논의가 활성화되고 있습니다.

이러한 상황에서 국내외적으로 글로벌 디아스포라 연구의 선도적 역할을 수행하고 있는 전남대학교 세계한상문화연구단이 한국, 중국, 일본의 디아스포라들의 현지 집거지에서 꽃피운 전통 민속문화 생활과 다양한 축제문화를 조사하여 세 권의 연구 총서를 발간하게 된 것은 매우 뜻깊은 일입니다. 재외동포 업무를 주관하는 책임자로서 임채완 단장과 공동연구원, 연구교수, 그리고 연구보조원 여러분에게 진심으로 축하의 뜻을 전해드립니다.

『코리안 디아스포라의 혼종성과 문화영토』, 『화교 디아스포라의 혼종성과 문화영토』, 『일계인 디아스포라의 혼종성과 문화영토』 등으로 구성되어 있는 이번 총서는 근 · 현대 동북아 디아스포라(한인, 화인, 일계인)가 거주국사회에서 자신들의 고유한 문화와 거주국사회의 문화 간의 접촉과 교류를 통해 새롭게 형성되고 있는 다양한 문화를 고찰하고 있습니다.

동북아 디아스포라의 문화영토에 관한 이번 연구총서는 한국, 중국, 일본 등 세 국가의 디아스포라가 모국의 전통 민속문화와 생활풍습, 그리고 거주국사회의 전통 민속문화와 생활풍습을 지역사회에서 어떻게 재현하고 향유하는지에 대해 현지조사를 통해 상세히 기술하고 있다는 점에서 학문적 의의가 있다고 사료됩니다. 또한 거주국사회에서 개최되고 있는 디아스포라의 축제문화가 어떻게 이루어지고 있는지에 대해 다양한 사례를 제시하고 있어 디아스포라 연구의 기반을 확장시키는 데 기여할 것으로 보입니다.

이 총서는 현재 다문화시대로 진입한 한국사회에 많은 시사점을 제공하고 있습니다. 현재 우리 사회는 외국인 이주노동자, 결혼이주여성, 외국국적 동포, 북한이탈주민들이 매년 증가하면서 서울특별시 영등포구 대림동, 경기도 안산시 땟골마을, 광주광역시 광산구 월곡동 등 집거지를 형성하여 지역사회 구성원들과 다양한 형태의 문화생활을 경험하고 있습니다. 또한 이들은 지역사회에서 구성원들과 함께 다양한 축제 및 이벤트를 통해 문화적 이질감을 해소해 나가는 데 노력하고 있습니다. 그러나 우리 사회는 같은 민족이라 할 수 있는 외국 국적 동포 및 북한이탈주민, 나아가 외국인 노동자에 대한 심리적 거리감은 여전히 존재합니다. 이러한 맥락에서 이번에 발간된 세 권의 연구 총서는 이주민에 대한 우리 사회의 인식과 태도를 개선하는 데 많은 시사점을 제공할 것으로 생각됩니다.

마지막으로, 불철주야 고생한 끝에 생산된 이 연구 총서가 재외동포, 북한이탈주민, 외국인 이주노동자, 결혼이주여성 관련 정부기관 및 시민단체 등의 정책적 지원 방안 수립과 전문 연구자들의 학문적 탐구에 유용한 자료로 활용되기를 희망합니다.

2015년 8월

재외동포재단 이사장 조규형

서 문

이 책은 전남대학교 세계한상문화연구단이 "동북아 민족분산과 문화영토"라는 대주제로 한국연구재단으로부터 중점연구소 사업의 지원을 받아 수행된 연구결과물이다. 중점연구 1단계 제3차년도 연구주제는 일계인 디아스포라의 혼종성과 문화영토를 학문적으로 규명하는 것이다. 이 책의 내용은 이산의 땅에서 일계인 디아스포라 공동체가 비교적 잘 형성된 지역을 중심으로 혼종성(Hybridity)과 문화영토(Cultural Territories)의 관점에서 공동체 문화를 어떻게 재현하고 있는지를 탐구하였다.

이 책에서 다루고 있는 '혼종성'과 '문화영토'의 개념은 딱히 학문적으로 정의하기는 어려운 측면이 있다. 하지만 혼종성에 대하여 호미 바바(Homi Bhabha, 2002)는 디아스포라 집단들이 이주지에서 새로 유입된 문화와 고유문화가 혼합되는 과정을 통해 민족적 주체성을 추구한다고 주장한 바 있다. 그는 이것을 '제3의 공간'이라고 표현하였다. 바로 이주지에서 신문화와 고유문화가 혼합되어 '혼종성'이 출현하는 지점을 호미 바바는 '제3의 공간'으로 칭하였다. 일찍이 호미 바바(1994)는 서구문명이 토착문화를 부정하고 피지배자를 문화적으로 동일화시키기 위해 권력을 행사하지만 동일성의 지배는 문화적 물질적 차이에 의해 늦어진다고 주장하였다. 호미 바바는 디아스포라 집단이 동일성의 경계 밖으로 나가려는 역사적 운동의 차이에 의해 생겨난 분열의 틈새에서 '혼종성'이라는 새로운 문화 생성이 가능하다고 보았다.

이 책에서의 혼종성은 호미 바바(Homi Bhabha, 2002)와 홀(Hall, 1990)의 주장을 원용하여 민족-국가체제에 근거한 사고를 초월할 수 있는 가능성으로 보았다. 즉 혼종성은 자국문화나 타국문화의 호불호를 떠나 이주지에서 접촉하게 되는 거주국 문화의 힘으로 도저히 변용시킬 수 없는 모국문화의 '문화적 앙금'들이 존재한다는 가정 하에서 문화적 다양성에 무게를 두고 정의하였다.

이와 더불어 디아스포라 집단의 '문화영토'는 디아스포라 집단의 물리적, 비물리적 요소를 포함한 원주민과 거주민의 문화영토를 구분 짓는 문화의 경계지점을 말한다. 제로이드 투아셀(Gearoid O. Tuathail)은 근대 국민국가의 과정에서 탄생한 영토와 경계라는 것은 결국 이미지와 상상력 사이를 둘러싼 논쟁이라고 주장하였다. 지도 상의 대상이나 국경선의 물리적 성격뿐만 아니라 이상화된 국민으로서의 '자기'와 야만적 '타자,' 그리고 '우리'와 '그들' 사이의 담론상의 경계를 둘러싼 지배와 피지배의 논쟁이라는 것이다.

일본 역시 19세기 후반 불어닥친 메이지유신(明治維新) 이후 근대 국민국가 형성을 전후로 해외에 진출한 일계인 디아스포라들이 물리적인 경계뿐만 아니라, 비물리적 담론상의 경계 지점에서 충돌해 왔다. 따라서 이 책에서 일계인 디아스포라 '문화영토'의 개념은 이주지나 정착지에 터를 잡은 일계인의 물리적인 공간과 담론의 경계 지점에 위치한 비물리적인 '심리적 공간'을 포함하고 있다. 이 책에서 다루고 있는 일계인 문화공동체의 비물리적 경계는 이주지에서 오랜 정착에 따른 언어적 차이, 문화적 차이, 주류사회 진입의 제도적 장벽 등을 가리킨다. 이러한 요소들이 일계인 디아스포라의 의식과 민족정체성 형성에도 영향을 미친다는 가정을 전제로 하고 있다.

이 책은 전 세계에 거주하는 해외일계인은 물론이고 일본 국내 거주 일계인의 집거지(ethnic enclaves)를 대상으로 디아스포라의 혼종성과 문화영토라는 사회적 관계의 변화 양상에 주목하였다. 이 책은 이러한 연구목표를 달성하기 위해 일계인 디아스포라 혼종성과 문화영토에 대하여 다음과 같은 세 가지 문제의식을 가지고 출발하였다.

첫째, 일계인 디아스포라의 혼종성을 탐구하였다. 일계인들이 이주지에서 행하는 민속과 축제가 그들 모국문화의 요소와 비교하여 어떠한 원형성과 혼종성을 가지고 있는지를 비교분석하는 것이다. 주지하다시피 문화는 전통의 형애화된 산물이라기보다는 역사적 형성물이며 지리 혹은 환경의 산물이라 할 수 있다. 일계인 디아스포라의 민속문화 속에는 전통성뿐만 아니라 지속성, 창조성, 변형성들이 혼재되어 있다. 이러한 디아스포라의 혼종성이라는 문제의식에서 이 책은 공간적 분산이 어떻게 기층문화를 변형 혹은 재창조시키며 모국의 원형적인 문화요소가 축제와 놀이 속에서 어떻게 새롭게 구현되고 있는지를 살펴보았다.

둘째, 일계인 디아스포라 문화영토의 형성 측면에서 문화적 사회적 동질성을 표현하는 가장 좋은 방법은 집단적인 축제와 놀이라 할 수 있다. 디아스포라 집단의 협동적인 축제 유형, 집단행동의 축제는 그것이 종교적이든 유희적이든 공동체 간 유대 관계 없이는 존립할 수 없다. 그 속에는 디아스포라 집단 참가자들의 인식과 정서체계를 보여주는 요소들이 잠재되어 있다. 인간은 인식의 세계에서 세계관이 형성되고 정서적인 세계에서 가치관과 미학이 형성된다. 이러한 관점에서 일계인 디아스포라들이 이주지에서 행하는 모든 축제 유형들은 근대적 월경을 통해 문화영토화된 감성적 상상력과 공동체 소통의 산물이라 할 수 있다.

셋째, 일계인 디아스포라의 문화영토는 탈영토화된 디아스포라적 위치에서 갖는 모국 고향에 대한 향수의 표출이며 기억의 산물이라 할 수 있다. 이 책은 일계인 디아스포라의 문화영토에 대하여 두 가지 측면에서 접근하였다. 하나는 일계인 디아스포라의 현실적인 오프라인(Off-line) 문화영토로서 일본 내 해외이주자료관의 건립이다. 또 하나는 일계인 디아스포라의 온라인(On-line) 문화영토로서 디지털 가상공간의 문화영토 형성이다. 이 책에서 다루고 있는 문화영토는 현실공간과 가상공간에서의 문화영토라는 새로운 관점에서 다루고 있다.

이 책은 일계인 디아스포라의 혼종성과 문화영토의 실체를 파악하기 위하여 일본 현지 일계인 집거지인 일본 군마 현 오이즈미마치(日本群馬縣大泉町) 일계인타운, 요코하마 시 쓰루미 구(橫浜市鶴見區), 나고야 도요타 시와 도요하시 시(名古屋豊田市と豊橋市) 등 1990년대 전후 귀환 일계인들이 형성한 문화영토를 중심으로 설문조사와 면접조사를 진행하였다. 또한 역사적 고찰을 통한 1930년대 만주국 문화영토 형성과정, 미국과 브라질 등 해외 이주에 따른 일계인 문화영토 형성, 1990년대 이후 일계인 노동자의 일본 귀환에 따른 문화영토 형성, 해외이주자료관과 디지털영상자료관 건립에 의한 일계인의 민족정체성 확립 등을 조명하였다. 이러한 일계인 디아스포라의 혼종성과 문화영토 연구는 코리안 디아스포라, 화인 디아스포라, 그리고 한국 다문화사회 연구에도 시사하는 바가 클 것이다.

이 책이 나오기까지 일본 요코하마에 있는 일계인 해외이주자료관 관계자, 일계인 단체인 NPO법인 ABC저팬 하시모토 히데키치 이사장(橋本秀吉), 나고야 일계브라질인학교장 시노다 카를로스(篠田カルロス)와 구와바라 마리아(桑原マリア), 그리고 익명의 현지 협력자들로부터 일본 현지조사와 자료수집 과정에 많은 도움을 받았다. 마지막으로 졸고의 출판에 아낌없이 협력해 주신 북코리아 이찬규 사장님께 감사드린다.

2015년 8월

공동저자 일동

차 례

■ 총서를 펴내며 / 5 ■ 추천사 / 13 ■ 서문 / 15

제1장 머리말 25

1. 연구목적 및 배경 ········· 27
2. 연구방법 및 내용 구성 ········· 32

제2장 문화 혼종성과 문화영토 형성에 관한 이론적 토대 / 35

1. 문화 혼종성과 다양성 ········· 37
2. 문화영토 개념과 정의 ········· 40

제3장 일본정부의 이민정책과 재외방인 공동체 형성 / 45

1. 일본의 이민정책과 유입정책 ········· 47
2. 일계인의 정의와 이민자 유입정책 ········· 49
3. 외국인노동자 수용과 우수인재 유입정책 ········· 51
    1) 이민정책의 개정과 외국인노동자 수용 / 51
    2) 외국인 노동자 우수인재 유입정책 도입 과정 / 55
    3) 외국인노동자 우수인재 유입 전략 / 61
    4) 외국노동자 제도의 성과와 문제점 / 63
4. 노동력 수요에 따른 외국인노동자 수용정책 ········· 70
    1) 외국인노동자 수용의 사회적 역사적 배경 / 70
    2) 외국인노동자 유입의 사회적 배경 / 71

3) 외국인노동자 수용정책의 기본 방향 / 73
4) 다문화사회 전환과 인구사회학적 변화 / 75
5) 다문화공생 정책 시행 / 76
6) 외국인 정책 주요 동향 및 추이 / 79

5. 일본정부의 일계인 귀환 정책 ······ 82
1) 노동력 수급환경 개선과 고용시장의 흐름 / 82
2) 일계인 모국귀환의 사회적 제도적 배경 / 84
3) 외국인노동자 수요 증가와 대체 인력 일계인의 귀환 / 87
4) 일계인 인구 증가 추이 및 지역별 분포 / 92

6. 일계인의 정착 요인 ······ 98

7. 일계인 증가와 일본의 사회적 문제 ······ 102
1) 노동자의 인권침해 문제 / 102
2) 사회보험 제도 문제 / 103
3) 외국인노동자 차별 문제 / 104
4) 일본의 외국인노동자 정책 방침 전환 / 105
5) 외국인노동자와 사회통합 문제 / 105

8. 이민정책과 일계인 사회 형성 ······ 107

제4장 해방이전 일본 제국주의 만주국 문화영토 건설과정 / 113

1. 일본의 신국사상과 만주국 건설 이념 ······ 115

2. 일본의 일련종(日蓮宗)과 파시즘 형성 ······ 116

3. 일련주의와 창가학회(創価學會) 성립 ······ 124

4. 일련종의 만주 진출과 만주국 건설의 사상 기여 ······ 131
1) 일본 식민지 개척과 일련종 진출 / 131
2) 일련종 사상과 만주국 건국 / 136

5. 일련주의와 제국주의 사상 ······ 141

제5장 일본인의 해외이동과 문화영토: 일본, 브라질, 미국 / 143

1. 브라질 일계인의 생활과 문화 149
   1) 브라질 일계인의 인구분포와 생활 / 151
   2) 일계인 단체와 네트워크 / 153
2. 미국 일계인의 생활과 문화 157
   1) 지역적 분포와 이민생활 / 158
   2) 일계인의 집거지와 네트워크 / 161
3. 일본 거주 일계인의 생활과 문화 164
   1) 군마 현 오이즈미마치(群馬県大泉町) 일계인 / 164
   2) 가나가와 현 요코하마 시 쓰루미 구(神奈川県横浜市鶴見区) 일계인 / 168
   3) 일계인 청년 유출과 사회문제 / 169

제6장 일계인의 가상공간과 문화영토 / 173

1. 일계인 브라질 이주와 일본 귀환 175
   1) 일본인의 해외이주 / 175
   2) 1980년대 이후 일계인의 일본 귀환 / 178
2. 일계인 해외이주자료관 건립과 가상공간의 재영토화 180
   1) 해외이주자료관 건립과 문화영토 / 180
   2) 해외이주자료관과 공간문화 / 182
   3) 일계인의 문화영토 / 187

제7장 일계인의 민족정체성과 문화영토 / 191

1. 일계인의 민족정체성 195
2. 민족정체성 구성 요인과 분석 방법 199
3. 일계인 민족정체성 형성과 정체성 유형 200
   1) 인구통계학적 특성과 민족정체성 차이분석 / 200

2) 민족정체성의 평균분석 / 204
3) 민족정체성 요인분석 / 208
4) 민족정체성의 상관분석 및 회귀분석 / 210
5) 일계인의 민족정체성 형성과정과 유형 / 213
4. 정체성과 문화영토 ······ 217

제8장 맺음말 / 221

1. 요약 및 결론 ······ 223
2. 향후 연구과제 ······ 227

▒ 참고문헌 / 229
▒ 찾아보기 / 237

표 차례

표 1.1 일계인 디아스포라 출신지별 송금액(1918년) ··· 28
표 3.1 외국인노동자 수용제도 변천 과정(단계) ··· 52
표 3.2 한국과 일본의 외국인노동자 수용제도 비교 ··· 52
표 3.3 일본 우수인재 유입을 위한 포인트제의 구조 ··· 70
표 3.4 일본정부의 1980년대 노동자 유치정책 ··· 72
표 3.5 일본의 외국인 이민정책 기본 방향 ··· 73
표 3.6 다문화 사회의 국가별 유형 구분 ··· 76
표 3.7 일본정부의 1950년대 이후 외국인 정책 동향 ··· 79
표 3.8 세대 구분별 체류자격과 특기사항 ··· 86
표 3.9 일계인 지역별 거주자 분포 ··· 93
표 3.10 일계인과 중국조선족의 수용 과정 비교 ··· 100
표 5.1 2013년 해외일계인 거주자 현황 ··· 147
표 5.2 브라질 일계인의 지역별 남녀별 분포 ··· 152
표 5.3 미국 내 아시아 이민집단 ··· 159
표 5.4 일계인 거주지역 ··· 159
표 6.1 1990년대 해외 거주 일본인 추이 ··· 176
표 6.2 일본인 해외진출 지역별 추이 ··· 177
표 6.3 해외 체류 일계인의 수 ··· 178
표 6.4 일계인의 직업별 분포(2008년 10월 기준) ··· 179
표 6.5 해외이주자료관 전시회 개최 현황 ··· 181
표 6.6 해외이주자료관과 공간문화 구성 ··· 184
표 6.7 해외이주자료관 전시 자료 ··· 185
표 7.1 정체성 형성의 주요 구성 요인 ··· 198
표 7.2 인구통계학적 특성과 민족정체성의 차이분석 ··· 202
표 7.3 민족정체성 빈도분석 및 평균분석 ··· 205
표 7.4 민족정체성 요인분석 결과 ··· 208
표 7.5 일계인 민족정체성의 유형분석 결과 ··· 209
표 7.6 민족정체성 평균의 상관분석 ··· 211
표 7.7 민족정체성 평균의 회귀분석 ··· 211
표 7.8 일계인의 민족정체성 유형 ··· 214

그림 차례

그림 3.1 일본정부의 일계인 수용정책 방향 90
그림 5.1 2012년 현재 해외일계인 수 145
그림 5.2 미국 내 아시안과 일계인 집중 거주지역 160
그림 7.1 일계인의 도일 전후 민족정체성 199
그림 7.2 일계인 자기정체성과 이중정체성 형성 과정 213

사진 차례

사진 5.1 브라질 상파울루 리벨다지 일본인촌 152
사진 5.2 브라질 일본축제(Festival do Japao) 155
사진 5.3 일계인 벚꽃축제 포스터 156
사진 5.4 일계인 2세들의 축제와 일본의 날 163
사진 5.5 오이즈미마치 일계인 카니발 166
사진 5.6 오이즈미마치 일계인타운 167

제1장 머리말

1. 연구목적 및 배경

일본인의 해외이주 역사는 1866년부터 시작하여 만주국이 성립하는 1938년경까지 하와이와 북미로 약 37만 명, 중남미로 약 25만 명 등 약 142만 명이 해외로 이주하였다. 그리고 전후 1952년경부터 일본인의 해외이주가 증가하여 1989년까지 40년간 북미 14만 명, 중남미 9만 명이 이주해 나갔다. 이주지에서 태어나 현지 국적을 취득한 일계인 2-3세까지를 포함하면 미주 지역 일본인 인구는 약 150만 명으로 일본 외무성은 2005년도에 전 세계 '일본인' 수를 약 260만 명 정도로 추정하고 있다.[1]

20세기 초 북미에서 배일 감정이 높아지기 시작하면서 여타 지역으로의 일본인의 해외이주에 대한 열기가 고조되었다. 그러자 일본정부는 북미 이외의 지역으로 이민송출을 계획하게 되었다. 먼저 미국과 인접한 멕시코, 남미 서해안의 페루 등지로의 이주를 계획했지만 초기 단계에서 좌절되었다. 최종적으로 당시 일본정부 당국자가 가장 조건이 양호한 곳으로 판단한 남미 대서양 연안의 브라질이 북미의 합중국 및 캐나다를 대신하여 일본인의 이주지로 선택되었다. 그리고 1908년 4월 고베항을 출발한 카사토마루(笠戸丸)에 승선한 781명의 일본인 이주자가 브라질 산토스항에 도착함으로써 남미로의 일본인 이주가 본격적으로 시작되었다.

이주 배경에는 제1차 세계대전 중(1914-1918) 일본 경제가 일시적인 회복의 기미를 보였지만 전후 경기 불황으로 농촌에서 불황이 만성화되고 있었기 때문이다. 이러한 일본 국내 경제 사정을 반영하여 일본정부는 농촌으로부터 남미로의 이민 송출을 일본 국내 경제 문제 해결의 중요한 해결책으로서 생각하게 되었다.

다음 〈표 1.1〉은 일계브라질인 디아스포라의 출신지별 일본 국내 송

1 米山裕・河原典史編(2007)『日系人の経験と國際移動：在外日本人・移民の近現代史』人文書院, p. 241.

표 1.1 일계인 디아스포라 출신지별 송금액(1918년)[2]

출신지	송금액	비율(%)
오카야마 현	101.66	1.1
야마구치 현	137.24	1.4
후쿠오카 현	6974.04	73.7
가고시마 현	381.24	4.0
오키나와 현	457.48	4.8
히로시마 현	660.80	7.0
구마모토 현	752.19	7.9
합 계	9,464엔 75전	100

금 액수를 나타낸 것이다. 1918년 당시 일본 사정을 감안하여 살펴보면 일계브라질인의 대부분은 일본 농촌 지역 출신으로 나타났다. 특히 출신지별 송금 액수는 후쿠오카 현 출신자의 송금 액수가 전체 73.7%로 가장 높은 비율을 차지하고 있다. 다음으로는 구마모토 현 7.9%, 히로시마 현 7.0%, 오키나와 현 4.8%, 가고시마 현 4.0% 등의 순서로 나타났다.

일계 브라질인들은 1910년대 커피 농장의 노동계약이 종료됨에 따라 독립 농업을 원하는 일본인만의 '이주지(자작농 집거지)'를 만들기 시작했다. 1920년이 되면 일본정부는 돈 벌기 위한 목적뿐만이 아니라 처음부터 현지정착을 목적으로 이주지를 계획하게 되었다. 그 전형적인 모습은 1925년부터 이주가 시작된 상파울루 주 서부에 위치한 아리안사 이주지였다. 이 지역 이민자들은 주로 나가노 현, 돗토리 현, 도야마 현 등 이주조합과 민간단체의 지원을 받아 속속 이주하기 시작하였다. 정착지에서는 '커피를 만들기보다는 사람을 만들어라'라는 높은 이상을 목표로 산림을 벌채하고 야산을 태워 농지를 만들고 농업에 종사함으로써 정착을 위한 필사

2 外交資料館所蔵「第7回送金目錄」『在外日本人送金送達雜件』第三卷參照.

적인 노력이 시작되었다.

미국이 1924년에 '배일이민법'을 제정하여 일본인 이민자의 입국을 전면적으로 금지한 다음 해인 1925년부터 브라질로 이주하는 일본인들이 급증하였다. 1908년 '카사토마루'를 시작으로 1941년에 일본을 출발한 최후의 이민자수송선 '부에노스아이레스마루'의 브라질 항해까지 33년간 약 18만 8,000명의 일본인들이 브라질로 이주하였다. 이들 중 약 12만 명이 1925년부터 1941년까지 약 16년 동안 브라질로 건너간 사람들이었다. 그러나 1941년 태평양전쟁의 발발로 일본인의 남미 이주는 일시적으로 중단 되었다.

제2차 세계대전은 중남미에 거주하는 일계인 디아스포라와 그 가족들에게도 큰 영향을 미쳤다. 일본 이주자의 수가 그렇게 많지는 않았지만 멕시코, 에콰도르, 칠레에서 적성국의 외국인이 된 일계인 디아스포라들은 이들 정부가 정해준 도시로 강제 이주당하거나 도시에서 지방으로 강제 이주 당했지만 북미와 같이 행동의 자유를 박탈하는 사건은 일어나지 않았다. 남미에서 가장 엄한 강제 조치가 취해진 페루에서는 항구 주변이나 특수 군사 지정 지역으로부터 수백 명에 달하는 일계인 거주자와 가족들이 단기간에 강제 이주당했다. 또한 페루의 일계인 사회 지도자 160여 명이 태평양전쟁 발발 직후 현지 경찰에 체포되어 나중에 미국으로 보내어져 수용소에 감금당하기도 했다.

남미에서 일계인 디아스포라 수가 가장 많았던 브라질에서는 제2차 세계대전의 여파가 일계인들에게 직접적인 영향을 미치지는 못했지만 브라질 연안에서 독일인의 적대 행위에 분개한 대중들이 독일인 소유 상점의 약탈이나 파괴 행위로 이어지면서 동맹국인 일본인 상점도 피해를 입었다. 또한 브라질 상파울루 시와 다른 주에서는 일계인이 특정 지역으로부터 강제 퇴거 명령이 내려져 일부 일본인 이주자가 노동력 부족이 심각한 오지의 농업 노동자로 보내지기도 했다. 그러나 남미에서는 미국에서와 같이 일본인 거주자의 대부분이 강제 수용당하는 사태는 발생하지 않았다.

일본인의 브라질 이주 특징은 대부분 가족 중심의 이주자가 많은 것으로 알려졌다. 이들 가운데에는 단신 이주자도 있었지만 전체의 6% 정도에 지나지 않았다. 브라질 이민 초기에는 커피 농장 등에서 가혹한 노동에 시달리는 농업에 종사하였지만 차츰 현지에 적응하며 이주지에서 경제적 사회적 기반을 다져나갔다.

1925년부터 미국에서 일본인 이민이 금지되자 일본정부는 미국 대신 브라질로 이주지를 선회하였다. 미국에서의 교훈으로 일본정부는 브라질 이민자들에게 도항비를 지급하고 이민 교육을 실시하여 이민에 의한 배일 사상을 불식시키기 위한 교육을 강화했다. 구마모토, 후쿠오카, 오키나와, 홋카이도, 히로시마 현을 중심으로 전개된 브라질 이민은 1908년부터 1941년까지 도합 18만 6,000명을 초과하였다.[3] 그러나 1934년에는 브라질정부가 중앙집권적 신헌법을 공포하고 '외국인 이주자 2% 제한법'을 제정하자 일본인 이민자는 대폭 감소하였다. 1937년에는 브라질정부의 강도 높은 이민정책이 실시되어 일본어 교육 금지, 일본어 신문과 잡지 단속 강화, 일본어 신문 정간, 이민사회의 교육문화 활동의 제한 등으로 한때 일본 귀국을 선택하는 역이민자(환류)가 증가하기도 했다.

일본이 1941년 아시아 태평양전쟁으로 연합국의 적성 국가가 되자 브라질에서의 일본어 신문이 줄줄이 정간되었다. 이렇게 정보가 차단된 상태에서 일계브라질 사회는 세대 간 대립이 심화되었고 정체성의 혼란은 1955년까지 계속되었다. 일계브라질 사회의 갈등과 혼란은 1945년 이후에도 약 10년간 지속되었으며 1980년대 중반 이후에는 일본에서 돈 벌기(데카세기) 위한 역이민이 본격화되면서 정체성 문제가 다시 대두되었다.

---

3 サンパウロ人文科學研究所編.『ブラジル日本移民史年表』. 無明舎出版. 1997.

1945년 이후 한때 주춤하던 일본인의 남미로의 재이주가 일계브라질인의 노력의 결과 재개되었다. 일본정부로부터 도항비가 지급되어 18가족 54명이 1953년도에 '산토스마루(サントス丸)'를 타고 리오로 건너갔다. 또한 같은 해 22가족 112명도 네덜란드 기선 '루이스호(ルイス号)'를 타고 산토스에 도착하여 남미로의 이주가 본격적으로 재개되었다. 브라질 이외에도 파라과이, 아르헨티나, 볼리비아, 도미니카 등으로 이주하였다. 이들 국가의 도항자들 가운데에는 특히 오키나와 출신자들이 대거 포함되어 있었다.

1960년대까지 일본에서 이민자들의 해외로의 도항은 배를 이용한 항로에 의존하였다. 특히 남미로의 집단이주에서는 요코하마항이나 고베항을 출항하는 이민선이 크게 활약했다. 그러나 하늘길이 열리면서 점차 비행기를 이용하는 이민자들이 증가하였다. 1960년대는 일본의 고도성장기와 맞물려 일본 국내에서의 생활이 풍요로워지면서 해외이주자들이 자연스럽게 감소하였다. 일본에서 남미로의 마지막 이민선은 고베항에서는 1971년에 출항한 '브라질마루(ブラジル丸)'였고, 요코하마항에서는 1973년 285명의 이민자를 실은 '니혼마루(日本丸)'였다.

일본의 경제성장과 더불어 일본 내에서 1980년대 중반 이후 주목받게 된 일계브라질인의 일본 환류현상은 입국관리법이 개정되면서 급증하였다. 일반적으로 일본에서 생활하는 일계인이란 남미 브라질로부터 돈 벌러 온 외국인(出稼ぎ: 데카세기)노동자라는 인식이 강했다. 일본정부는 1990년 6월에 실시된 '출입국관리 및 난민인정법(입국관리법)'의 개정으로 불법 취업 조장 죄가 고용주에게도 적용되어 외국인 불법체류자를 포기하도록 하는 정책을 시행하였다. 이 법으로 일계인, 즉 일본인의 배우자(일본인의 배우자, 일본인의 자녀로 출생한 자 및 일본인 특별양자), 정주자(일본인의 자손 등, 일계 2세 및 3세 외국인)들은 취업을 포함한 일본에서의 제반 활동에 제한이 없는 체류자격이 주어지고 합법적으로 단순노동에도 종사할 수 있게 되었다[4]. 입국관리법 개정

전까지만 해도 일계인의 경우 일본 국적을 가지고 있는 이민 1세나 이중 국적자에게는 입국이나 체류에는 문제가 없었지만 입국관리법 개정 후에는 외국적 일계인 2세-3세에게도 합법적인 취업의 문이 열리게 되었다. 또한 비일계인이라 하더라도 일계인 3세까지 배우자의 경우 일계인과 동등한 특별체류자격을 가지게 되었다.

1980년대 일계인 1세부터 시작되어 입국관리법 개정을 통해 일계인 2세-3세까지 확대된 남미로부터의 외국인노동자는 당초 일본정부가 '일계인의 돈벌이 노동', '일계인의 U턴 현상'이라고 부른 점도 '해외로 이주한 일본인'이 '일계인'의 원조라고 보았기 때문이다. 이와 같이 일본 출입국관리법의 개정은 일계인 이외의 불법취업 외국인의 유입을 막고 일계인을 합법적인 노동력으로 인정함으로써 일본사회의 노동력 부족을 해소하려는 의도를 가지고 시행되었다[5]. 글로벌시대 일본 내 국제노동력 불균형을 배경으로 일본정부는 일본 정주자, 일본인 배우자 등 체류자격으로 일계인들에게 합법취업을 보장하는 우대 조치를 시행하게 된 것이다.

이 책은 이러한 일계인의 해외이주 및 국내 귀환과 관련하여 그들이 이주지 및 국내에서 형성한 공동체 문화의 혼종성 및 문화영토를 고찰하는데 역점을 두었다.

2. 연구방법 및 내용 구성

이 책의 내용은 일계인을 대상으로 일본 현지 협약기관들과 협조를 통해 참여관찰과 설문조사를 실시하여 일계인 디아스포라의 혼종성 및 문화

4 渡辺雅子編著(1995)『共同研究出稼ぎ日系ブラジル人上論文編 [就労と生活] 』明石書店, p.26. 1990년 입관법 개정에 의해 일계인에게는 '일본인의 배우자 등', '정주자'라는 자격이 주어졌다. 일반적으로 당시 일계인들에게는 2세는 3년, 3세는 1년 비자가 발급되었음.

5 渡辺雅子(1995)『共同研究出稼ぎ日系ブラジル人(上)論文編・就労と生活』明石書店, p.20.

영토에 관한 자료들을 수집하분석하였다.

제1장은 이 연구를 수행하게 된 목적과 배경 및 필요성, 그리고 연구 방법 및 내용에 대하여 상세히 서술하였다.

제2장은 일계인 디아스포라 연구의 이론적 배경이 되는 혼종성과 문화영토에 대한 개념을 정의하고 한국과 일본에서의 일계인들에 관한 선행 연구를 통해 이론적 논의를 검토하였다. 일계인의 이동은 언제부터 시작되었는가? 그리고 1868년 메이지 전후 하와이와 호놀룰루를 거쳐 미국 대륙으로 이어지는 일계인의 이주가 어떻게 1908년 남미로 이주루트를 선회하게 되었는가, 1990년대 일본 당국의 입국관리법의 개정으로 일계인들이 어떻게 귀환하게 되었는가, 일본 어느 지역에 정착하게 되었는가에 대하여 상세히 기술하였다.

제3장은 일본정부의 이민정책과 외국인노동자 수용에 대하여 기술하였다. 일본 사회의 저출산고령화에 따른 외국인노동자의 수요와 수용 - 일계인 노동자 귀환 - 우수인재 유입 정책으로의 전환이라는 일련의 과정을 거쳐 진행되어 왔다. 일본정부의 이민정책은 우수인재 유입이라는 국가 전략의 기본적인 틀 속에서 외국인노동자에 대한 국가적 민족적 차별이 존재하지만 표면상으로는 외국인들을 평등하게 대우하고 공생과 통합이라는 사회적 이슈를 중시하면서 우수인재에 대한 '선별'과 단순노동자의 '배제'라는 이중적인 제도화가 어떻게 왔는지에 대하여 분석하였다.

제4장은 해방이전 일본정부의 해외 문화영토 개척의 사례로 만주국 건국과정과 일련종과의 관계를 살펴보았다. 당시 국체 이데올로기에 근거해 천황에 대한 충성심을 강화시키고 제국주의 침략전쟁에 국민을 동원시키기 위한 국가신도체제와는 별도로 체제화한 근대 일련주의(日蓮主義)의 생성과 역할에 대해 기술하였다.

제5장은 일계인들의 동북아 지역 이주과정을 분석함으로써 근현대 일본인들이 동북아시아 지역을 중심으로 이주한 역사적 배경, 그리고 현재

세계 각 지역에서 어떻게 생활하고 있는지에 대하여 일본으로 귀환한 일계인의 생활세계를 조명하였다. 특히 일본이 1945년 패망하기 이전인 식민지시기, 혹은 식민지의 세력권으로 편입시켰던 지역 중, 대만, 조선, 관동주, 만주, 사할린, 그리고 최근 중남미 이동에 따른 문화영토 형성을 중심으로 다루고 있다.

제6장은 일본에서 해외로 이주하는 이민송출이라는 이민사, 특히 일계브라질인 이민사를 중심으로 논의를 전개하고 마지막으로 이들의 이민사를 다루는 해외이주자료관에 대하여 가상공간의 문화영토화 측면에서 일계인의 전시공간문화에 대하여 고찰하였다.

제7장은 일계인의 민족정체성과 문화영토 형성과의 관계에 대하여 살펴보았다. 일계인의 일본 귀환에 따른 민족정체성의 형성은 브라질에서 태어나 자란 일계인 1세들이 도일하기 전 일본인의 자손이라는 모국신화에 따른 일본인이라는 민족정체성이 강하지만 점차 일본 사회에서 민족차별을 경험함으로써 일계인으로서의 민족정체성을 자각하게 된다. 반면 일본에서 태어나 모국브라질을 직접 경험하지 못한 일계인 세대들은 부모로부터 간접 경험에 따라 그들의 민족정체성은 이중정체성 혹은 다중정체성을 형성하고 있는 것으로 나타났다.

제8장은 맺음말로 일계인 디아스포라의 혼종성과 문화영토에 대한 연구결과를 통해 이 연구가 가지는 차별성과 연구결과의 함의 및 시사점을 제시하고 한국 사회의 바람직한 디아스포라의 미래상과 다문화사회의 정책적 대안점 및 연구의 한계점에 대하여 서술하였다.

제2장
문화 혼종성과 문화영토 형성에 관한 이론적 토대

1. 문화 혼종성과 다양성

글로벌 다문화시대 혼종성(Hybridity)은 다문화시대의 대표적인 표상이라 할 수 있다. 다른 문화와의 접촉이 빈번한 시대에 혼종성의 반대로는 외래문화를 배격하는 단일성, 혹은 순수성이라 할 수 있다. 혼종성은 문화간의 접촉 시 어떤 불가피성을 띠고 나타난다. 이때 그 뜻의 의미는 이주지에 존재하는 기존 문화와 그 곳에서 수용된 다른 문화의 차이에 주목하는 용어로 사용된다. 이주민들은 이주지의 기존 문화 속에 융해되지 않고 계속해서 남아 있는 모국의 문화적 요소들을 유지하거나 지니고 있기 마련이다. 이주지의 기존 문화의 강력한 풍화작용 속에서도 모국문화의 요소들이 존재하는 것이다. 모국문화가 모든 이질적 요소들을 수용할 수 없으며 이주지 문화의 수용력에도 한계가 있기 때문에 이러한 문화적 현상들이 발생한다.[1]

사회과학의 문화연구에서 혼종성에 대한 이론화는 호미 바바(Homi Bhabha), 에드워드 사이드(Edward Said), 스피박(Spivak) 등에 의해 탈식민주의 문화이론의 등장과 함께 발전되어 왔다.[2] 특히 호미 바바의 '혼종성'에 대한 논점의 핵심은 권위적인 서구적 근대의 원형보다는 제3세계의 잡종성 혹은 혼성성의 강조로 나타난다.[3] 서구적인 근대성의 원형이란 타자에 대한 억압과 배제, 동일성 등인데 혼종성은 서구적인 요소를 창의적인 관점에서 수용하고 제3세계라는 독자적인 관점에서 외부에서 유입된 외래문화를 변용시키기 때문이다. 즉 혼종성은 서구적인 요소를 배제하지 않으면서 자신의 주체적인 문화를 창조해나간다는 점을 강조한다.[4]

---

1 박현수(2003) 「혼종성(Hybridity)의 시대와 최근의 시각적 흐름」 『서정시학』13(4), pp. 50-51.

2 류웅재(2008) 「한국 문화연구의 정치경제학적 패러다임에 대한 모색: 한류의 혼종성 논의를 중심으로」 『언론과 사회』16(4), pp. 9-10.

3 Bhabha Homi(1994) "*The location of culture*," NY: Routledge.

4 문지희(2009) 「네덜란드 이주민문학에 나타난 혼종성 hybriditeit과 정체성의 정치: 까더르 압돌

이주민의 혼종성이란 거주국의 고유문화와 유입된 외래문화가 혼합되는 가운데 문화유산과 단절된 외래문화나 그와 대립되는 순수한 민족문화와는 따로 구별되는 '제3의 공간'으로 창조되는 현상을 의미한다. 혼종성이라는 어원은 혼혈을 뜻하는 라틴어 'hybrida'에서 유래되었다. 코스턴(Korsten, 2005)에 의하면 혼종성은 하나의 범주 안에 분류되거나 명명할 수 없는 혼합된 주체나 물건을 지칭하는 것으로 주장하기도 한다.[5] 또한 혼종성은 경쟁 관계에 있는 두 개 이상의 정체성들 사이에 존재하는 또 다른 정체성으로 경계성 혹은 월경이라는 개념으로도 사용되는데 이러한 개념들은 여러 문화들이 합류하는 경계 구역이나 중간 공간을 의미 한다.

인류학의 개념에서 종종 인용되는 경계성은 '타자성의 공간'과 같이 문화지리학에서 다루는 '공간'이라는 화두에서도 중요한 역할을 수행하고 있다. 경계성이라는 어원의 유래는 '문턱' 혹은 '과도기'를 뜻하는 라틴어 'Limen'에서 비롯된 것으로 삶의 이행기와도 같은 상징적 공간을 의미한다. 터너(Turner, 1974)에 따르면 경계성은 중간 단계를 지칭하며 인간의 사회적 상황이나 사회적 표준이 불확실해지기도 한다.[6] 혼종성은 이러한 경계성의 공간 또는 양면성의 공간에 위치하는 자아정체성 공간을 의미 한다.

호미 바바(Homi Bhabha, 2002)가 이주지에서 새로 유입된 문화가 혼합되는 과정을 통해 민족적 주체성을 다시 되찾게 되는 것을 '혼종성'이라고 표현한 바와 같이 이것을 '제3의 공간'이라고도 표현할 수 있다.[7] 신문화와 고유문화의 '혼종성'이 나타나는 지점, 호미 바바의 문화의 위치가 바로 '제3의 공간'이다. 호미 바바(1994)에 의하면 서구문명은 토착문화를 부정하고

라의 『초상들과 오랜 꿈』 『외국문학연구』36, pp. 145-169.

5 Korsten, F.W.(2005) "Transnationalisme en postkolonialisme-hybriditeit," ***Lessen in literatuur,*** p. 278.

6 Turner, Victor(1974) "The Ritual Process: Structure and Anti-structure," Middlesex: Penguin.

7 호미 바바, 나병철 역(2002) 『문화의 위치』소명출판.

피지배자를 문화적으로 동일화하기 위해 권력을 행사하지만 동일성의 지배는 문화적 물질적 차이에 의해 결국 늦어지게 된다. 바바는 동일성의 경계 밖으로 나가려는 차이에 의해 생겨난 분열의 틈새에서 '혼종성'으로서의 새로운 문화적 생성이 가능하다고 보았다. '혼종성'으로서 신문화의 창조는 주류문화의 부정을 통해서 문화적 지배 관계를 역전시킬 수 있다는 것이 바로 바바가 말한 '혼종성' 이론의 핵심이다. 따라서 '혼종성'은 프로이드의 양가성(Ambivalence)을 이용하여 두 문화 간의 동일화와 탈중심화, 즉 거의 똑같지는 않지만 유사한 상태를 가리킨다.[8]

일반적으로 혼종성이라는 고정화된 개념은 모국문화가 이주지 문화의 영향을 받아 혼합된 문화를 의미하며 모국문화나 이주지 문화 등 어느 한쪽의 문화적 순수성을 부정하는 의미가 포함되어 있다. 그러나 이 책에서의 혼종성은 홀(Hall, 1990)이 민족-국가체제에 근거한 사고를 초월할 수 있는 가능성으로 디아스포라를 위치시켰던 것과 같이 자국이나 타국 문화의 호불호를 떠나 이주지에서 접촉하는 거주국 문화의 힘으로 도저히 변용시킬 수 없는 모국문화의 '문화적 앙금'들이 존재한다는 가정하에서 문화적 다양성에 무게를 두고 있다.[9] 혼종성의 개념은 정체성이 문화변용으로 인해 이주민의 문화가 다양하게 만들어지고 있음을 강조하고 정체성의 이중성이나 경계성, 중간성을 중시한다. 이러한 혼종성을 특징으로 하는 디아스포라 문화는 이주민들이 모국으로부터 지니고 온 모국문화의 유지발전일 수도 있고 거주국 문화의 영향을 받아 현지에서 혼합되거나 변화된 다양한 문화형태로 나타나기도 한다.

---

8 김혜원(2012) 「임화의 '이식문화론'에 나타난 탈식민성-호미 바바의 '혼종성' 담론을 중심으로」 『國語大學』제53집, pp. 201-203.

9 Hall, Stuart(1990) "*Cultural Identity and Diaspora, in Identity*," Community, Culture, Difference, edited by Jonathan Rutherford, London: Lawrence & Wishart, pp. 222-237.

2. 문화영토 개념과 정의

디아스포라의 혼종성과 깊은 관련을 가지고 있는 것이 문화영토의 개념이다. 혼종성은 이주지에서의 문화적 혼합성을 설명하는 데 편리한 용어이기 때문이다. 혼종이라는 뜻은 생물학이나 식물학에서 유래되었으며 이것이 다시 융합으로 파생되어 디아스포라 분야에서는 길로이(Gilroy), 홀(Hall), 챔버스(Chambers), 바바(Bhabha), 클리포드(Clifford) 등에 의해 연구영역이 확장되었다. 혼종성은 단순히 문화의 섞기와 조합 등 모든 것을 포함하기도 하며 디아스포라의 정체성 형성을 연상시키기도 한다. 쿰스(Coombs)는 이러한 혼종성의 특징에 대하여 사회문화적 현상을 설명하기 위한 용어로서 문화비판과 탈식민 이론의 주된 개념으로 사용되어 왔다고 지적한다.

혼종성이란 다양한 모습으로 출현하기 때문에 혼종성 연구도 융합, 확산, 크레올, 혼종 등 관련 용어의 궤적에 대해서 관심을 가져야 한다. 디아스포라는 고정된 장소나 정체성의 연결과 분리되어 있고 지배적인 동일시를 거부하거나 일방적인 민족주의를 거부한다는 점에서 문화적 풍부성을 제공하기도 한다.

이 연구는 일계인 디아스포라의 혼종성에 대하여 문화영토(Cultural Territories)의 형성이라는 관점에서 축제와 민속문화자원을 중심으로 민속학적 해석을 진행하였다. 구체적인 내용은 일계인들이 이주지에서 그들 디아스포라 공동체의 문화가 어떻게 집단적으로 향유되고 재현되고 있는지를 분석하였다.

이 연구의 주요 내용은 주로 일계인 집거지 문화 원자료에 대한 기초조사(구술자료 채록), 디아스포라 민속의 원형과 혼종성 비교, 그리고 디아스포라 축제(Festival)에 나타난 향유와 소통 구조에 대한 분석이다. 또한 일계인들이 이주지에서 형성한 문화영토가 디아스포라의 의식과 정체성에 어떻게 작용하는지를 탐구하였다.

일계인 집거지의 '문화영토'란 그들 집거지의 물리적, 비물리적 요소를 포함한 경계를 탐구하여 현지인의 문화영토와 구분 짓는 문화의 경계 지점을 발견하는 연구이다. 제로이드 투아셀(Gearoid O. Tuathail)이 지적하고 있는 바와 같이 근대 국민국가의 영토와 경계를 둘러싼 논쟁은 이미지와 상상력 사이의 논쟁이며, 지도상의 대상이나 국경선의 물리적 성격뿐만 아니라 이상화된 국민으로서의 '자기'와 야만적 '타자,' 그리고 '우리'와 '그들' 사이의 담론상의 경계를 둘러싼 지배와 피지배의 논쟁이라고 주장하였다. 일본 역시 19세기 후반에 불어닥친 메이지유신(明治維新) 이후 근대 국민국가 형성을 전후로 해외로 진출한 일계인 디아스포라들이 물리적인 경계뿐만 아니라, 비물리적 담론상의 경계 지점에서 충돌해 왔다. 따라서 이 연구에서 일계인 디아스포라의 '문화영토'의 개념은 이주지나 정착지에 터를 잡은 일계인의 물리적인 공간이 아닌 담론상의 경계 지점에 위치한 비물리적인 '심리적 공간'으로 정의할 수 있을 것이다.

여기에서 지적하고 있는 일계인 집거지 문화공동체의 비물리적 경계는 이주지에서 오랜 정착에 따른 언어적 차이, 문화적 차이, 주류사회 진입의 제도적 장벽 등을 가리키며 이러한 요소들이 일계인 디아스포라의 의식과 정체성 형성에도 영향을 미친다는 가정을 전제로 하고 있다.

또한 이번 연구에서 시도되는 일계인 디아스포라의 민속원형과 축제에 관한 조사는 낯선 땅에 대한 문화적 적응과정과 경험, 그리고 새로운 문화영토를 수립하는 과정에서 기억되고 창조된 민속과 놀이 등의 축제를 민족지학적 방법을 통해 연구하는 것이다. 구체적으로는 일계인 디아스포라의 영토(공간) 내 축제와 민속 관련 자료를 수집 발굴하는 것이다. 그리고 일계인들이 주최하는 각종 놀이와 축제의 테마를 신명, 주술, 향수의 측면에서 유형화하고 문화적 의미를 연구하는 것이다. 어떤 특정 문화가 매 순간 특정한 양식을 생산하면서도 동시에 시간을 초월하는 특성을 지니듯이 일계인 디아스포라의 축제 또한 그러한 문화의 양면성을 지니고 있다. 과거로부터 현재까지 남아있는 축제의 특정 양상은 그 시대의 독특한 문화양식을 지니면서도 동시에 시대를 초월하는 변하지 않는 문화적 특성을 가지고 있다. 따라서 일계인 디아스포라의 축제에 관한 연구는 축제가 생산하는 삶의 양식과 시간을 초월하여 지속되는 과거로부터의 변하지 않은 '이야기 요소(Story Telling)'를 발견할 수 있는 민속지학의 한 방법이다.

또한 어떤 특정 민속문화는 어떤 국가의 기층민의 문화를 바탕으로 한 가장 원초적이며 폭 넓은 기반을 갖춘 민족 단위의 전승문화라고 할 수 있다. 민속문화 중에서도 마을 단위의 지역적 유대감을 바탕으로 형성되거나 발전되어 온 전통적 향토축제는 종교적 축제에 버금가는 강한 생명력을 가지고 있다. 그런데 애당초 모국이 아닌 낯선 이국땅에서 발을 내딛고 영토화된 일계인 디아스포라에게 축제의 존재는 모국에서의 축제의 개념과 다르게 나타날 수 있다.

일반적으로 축제란 예술적 요소가 포함된 제의(祭儀)를 일컫는 것으로 초기에는 성스러운 제의에서 출발했으나 유희성을 강하게 지니게 되어 오늘날에는 종교적인 신성성이 거의 퇴색된 채 남아 있는 경우가 허다하다. 과거 축제는 분명히 축(祝)과 제(祭)의 요소를 공히 지니고 있었으나, 오늘날에는 세속주의에 의해 대부분 제의 의식이 사라진 것이다. 더욱이 모국을 떠난 디아스포라에게 축제는 농어민의 삶 속에서 형성된 세시풍속의 축제나 농경의례, 계절 제의와 종교축제의 형식을 갖춘 전통적인 축제와 다르다.

모국을 떠나 생활하는 일계인들에게 축제는 탈영토화된 디아스포라적 위치에서 갖는 모국 고향에 대한 향수의 표출이며, 이주국의 문화적 경계를 딛고 함께 어울리고자 하는 공동체적 유희(祝)의 형태가 주를 이루고 있다. 이주지의 낯선 땅의 경계를 넘어 정착하면서 고달프게 살아온 이민자들에게 민속과 축제는 형상화된 제의적 전통이 아니라 상상력과 생명력을 지닌 놀이문화로서 재생된 것이다. 이러한 놀이문화는 전통적으로 전승되어 온 민속적, 축제적 놀이를 비롯한 연희, 경기, 오락, 곡예 등을 포괄하는 개념으로 민중적인 예술성을 바탕에 지니고 있다.

어느 시대를 막론하고 20세기 중반까지 축제는 의례적인 측면을 유지하면서 일종의 민속적인 것으로 존재해 왔다. 그러나 20세기 후반부터는 새로운 형태의 '전통성'을 띠고 재창조되는 과정을 겪기 시작했다. 즉 20세기 이전 축제는 성속(聖俗)의 영역 구분이 명확한 맥락 내에서 놀이문화로서 연희되었고, 축제의 중요한 의미 중에 하나가 집단적 상징의 표상이었다. 또한 축제의 참여자와 관람자 사이의 구분은 존재하지 않았기 때문에 축제는 공동의 향유이자 연희를 통한 소통의 마당 그 자체였다.

그러나 20세기 중반 이후 산업화 과정에서 축제에서 성속(聖俗)의 엄격한 구분은 점차 사라지게 되었다. 축제가 실제적인 삶과도 점점 멀어지면서 참여자와 관람자의 사이가 구분되기 시작했다. 하지만 축제의 전통적인 요소는 여전히 당시의 맥락 속에서 연희되고 있다. 그리고 20세기 후반 축제는 재발명되고 재고안된 전통으로 연희되고 있다. 이전과는 새로운 사회-문화적 맥락에서 축제(민속)의 고유 의미는 상징성만 유지되고 본래적인 상징과 향유의 의미, 또는 소통구조와는 단절되기 시작했다.

일계인 디아스포라들에게도 축제는 공동체 단위를 상징적 · 문화적으로 재현해 내는 하나의 장치이기도 했다. 또한 일계인의 개인적 정체성(Personal Identity)이 종족적 정체성(Ethnic Identity)과 결합해 나가는 과정이기도 했다. 가령 외국에 거주하는 재외방인들에게 축제는 경계 내의 사람들 사이에서는 외부와의 경계만 강조되어 상하 구분이 사라지고 일계인이라는 민족적 층위에서부터 일계브라질인 · 일계미국인과 같은 지역적 층위에 이르기까지 동일한 정체성을 가지도록 하는 정체성의 장치였다. 따라서 일계인 디아스포라의 축제에 대한 연구는 특정 민족의 원형적인 민속요소가 어떻게 사회 문화적인 맥락에서 혼종화되어 가는지를 밝히는 생태학적인 작업으로서도 의미를 지니고 있다. 동시에 이것이 어떻게 이주지에서 생활하는 민족구성원들의 소통과 정체성 정치에 활용되는지를 밝혀주는 탈근대적 의미도 갖고 있다.

따라서 이 연구에서는 일계인 디아스포라들을 대상으로 다음과 같은 점에 초점을 두고 연구를 진행하였다.

첫째, 해방 전후 형성된 일본인 집거지에서 다양하게 행해졌던 민속과 축제가 그들 모국문화의 요소와 비교하여 어떠한 원형성과 혼종성을 지니고 있는지를 비교 분석하였다. 주지하는 바와 같이 문화는 전통의 형상화된 산물이라기보다는 역사적인 구축물이며 지리 혹은 환경의 소산물이기도 하다. 민속문화 속에는 전통성뿐만 아니라 지속성, 창조성, 그리고 변형성 등이 혼재되어 있다. 이러한 문제의식에서 이 연구는 공간적 분산이 어떻게 기층문화요소를 변형 혹은 재창조시키며, 모국의 원형적인 요소가 축제와 놀이 속에서 어떻게 새롭게 구현되고 있는지를 살펴보았다.

둘째로, 일계인 디아스포라의 축제와 놀이 구조에 나타난 주민의 소통구조에 대해 분석하였다. 이민 집단들이 거주지에서 문화적, 사회적인 동질성을 드러내는 가장 좋은 방법은 축제와 놀이라 할 수 있다. 민속축제의 협동적인 유형, 즉 집단행동적 민속축제는 그것이 종교적이든 유희적이든 공동체적 유대 없이는 존립하기 힘들다. 이들 민속축제 속에는 참가자들의 인식과 정서체계를 보여주는 요소들이 포함되어 있다. 인식의 세계에서 세계관이 형성된다고 한다면, 정서적인 세계에서 가치관과 미학이 형성된다. 이처럼 축제 놀이의 이중 구조를 통해서 축제는 미학적으로 이해될 수 있다. 이러한 관점에서, 일계인 디아스포라의 민속과 축제는 근대적 월경을 통해 재영토화된 디아스포라 공동체의 인식론적 사유체계뿐만 아니라 독특한 감성적 상상력과 공동체 소통의 미학을 발견할 수 있는 핵심적인 수단이 된다.

제3장
일본정부의 이민정책과 재외방인 공동체 형성

1. 일본의 이민정책과 유입정책

일본인의 해외이민은 1868년 메이지시대가 개막과 동시에 시작되었다. 초기 이민은 프랑스의 영토였던 뉴칼레도니아를 비롯하여 하와이, 캐나다, 오스트레일리아 등이 일본인의 중요한 입식(이주)지로 선정되었다. 그러나 점차 이들 지역 이민의 후손인 3세-4세들의 현지정착과 더불어 영주가 시작된 이래 현지 '정주자'는 거의 전무한 상태이고 주로 1945년 이후 이주하기 시작한 브라질이나 페루의 일계인들이 모국으로 귀환한 이래 이들의 일본 정착 및 정주화가 한창 논의 중에 있다.

일계인들이 처음 모국 일본으로 귀환했을 당시에는 단기간 일시적인 체류로 몇 년 후 귀국한다는 데카세기(일시적인 돈벌이) 노동자로 취급되었다. 그러나 이와는 달리 일본에 정주하는 일계인들이 점차 증가하였다. 1990년 일본입국관리법 개정 이후 도일하기 시작한 일계브라질인들이 일본에 입국한 지 20년이 지난 시점에서 일본 정주화가 본격적으로 시작되었던 것이다.

특히 일본 군마 현의 남동부에 위치한 오이즈미마치(大泉町)에는 산요(三洋)전기와 후지(富士)중공업의 부품 공장이 위치하고 있어 이들 회사의 하청업체들이 밀집되어 있다. 이들 하청 업체들이 일계브라질인들을 고용하기 시작한 이후 오이즈미마치(大泉町)는 외국인노동자의 등록 비율이 전체 인구 대비 1%를 초과하였다. 일계인들이 거주하고 있는 이들 지역에는 포르투갈어로 만들어진 간판과 브라질리안 플라자로 불리는 쇼핑플라자 안에는 17개의 일계인 관련 점포들이 입주해 있다.

실제로 이들 주변 지역은 '일계인타운', 혹은 '리틀 브라질'로 불리고 있으며 포르투갈어의 컴퓨터 교실과 잡지, 디지털 위성방송에 의한 브라질 TV 방송이 매일 방영되고 있다. 일본에서 생활하고 있는 일계인들은 한때 약 30만 명을 초과하기도 했지만 2008년 미국의 경제위기로 촉발된

'리먼 쇼크'가 공장의 축소와 인원감축으로 이어지면서 그들 대부분이 직업을 잃고 생활의 불안정과 자녀들의 교육 문제로 약 10만 명이 브라질로 귀국함으로써 현재 약 20만 명 정도가 일본에서 생활하고 있다.

여기에서는 기본적으로 일본의 우수인재 유치정책과 일계인의 모국귀환정책에 대하여 다음 세 가지 측면에서 접근하고자 한다.

첫째 1945년 일본정부가 일관되게 추진해온 동화정책이라는 큰 틀 속에서 1980년대 이후 외국인노동자 유치정책을 어떻게 변화시켜왔는지, 그리고 2000년대 이후 논의를 거쳐 2012년에 본격적으로 시행하게 된 고도인재(우수인재) 유치정책의 시행과정과 성과에 대하여 고찰하고자 한다. 구체적인 연구과제로는 일본정부가 표방하는 우수인재란 무엇인가? 우수인재 유입정책으로 실시된 포인트제도의 시행과 성과에 대하여 살펴볼 것이다.

둘째, 1980년대 이후 일본사회의 저출산고령화에 따른 외국인노동자의 대량 수용은 1990년대 입국관리법의 개정으로 이어졌고 결국 일본정부의 일계인노동자의 입국 우대정책과 기업의 수요로 인하여 30만 명의 일계인노동자들이 데카세기(돈벌이)로 대거 귀환하게 되었다. 여기에서는 외국인노동자와 데카세기 일계인노동자를 분리하여 먼저 일본의 글로벌 다문화시대로의 전환과 외국인노동자의 수용, 이민정책의 변화 동향 등에 대하여 살펴보고자 한다. 그 이유는 일계인의 귀환이 외국인노동자의 수용 측면에서 특별 정주자격으로 1990년대 이후 일본에 유입되기 시작했기 때문이다. 하지만 일본정부는 1990년 입국관리법 개정에 의한 일계인 수용정책에 대하여 2006년 공식적으로 이민정책의 실패를 인정하게 되었다. 이는 일본 정부가 일계인노동자를 수용하기 위한 충분한 준비나 정주화에 대한 대책이 없는 상황에서 일계인을 대량 수용하였다는 점을 인정한 것이다.

셋째, 본 연구과제가 지향하는 일계인 우수인재의 모국귀환 정책은 전술한 바와 같이 모국귀환 일계인의 대부분이 데카세기(돈벌이)로 입국하였기 때문에 우수인재 유입과는 거리가 멀다. 또한 해외 거주 일계인의 경우 오랜 이민역사를 가지고 있기 때문에 전체적으로 일계인의 숫자가 감소해 왔으며 1990년대 이후 일본인으로 귀환한 국내 거주 30만 명의 일계인을 대상으로 모국귀환이라는 측면의 정책적 차원에서 접근하기에는 많은 한계가 있다.

그러나 일계인의 귀환이 일본사회에 어떠한 사회적 제도적 배경 하에서 진행되었는지, 일계인의 급격한 증가는 일본 내에서 사회적 경제적으로 어떠한 문제를 초래하였는지, 일본정부는 일계인 문제를 어떤 이민정책 차원에서 접근하고 해결해 왔는지에 대하여 살펴보게 될 것이다.

이 연구는 1980년대 이후 진행되어 온 일본의 이민정책이 외국인노동자의 수용-일계인노동자의 모국귀환-외국인 우수인재 유입이라는 일련의 과정 속에서 일본의 이민정책의 근간을 분석하여 다문화사회 한국의 이민정책과 귀환 디아스포라의 정책, 우수인재유입 정책의 수립에 일조하고자 한다.

2. 일계인의 정의와 이민자 유입정책

일본에서 고도인재(이후 우수인재로 통일)란 '한 사람의 역할을 담당할 수 있는 인재가 되기 위하여 장기간에 걸쳐 교육, 훈련을 필요로 하는 직업에 종사하는 고도의 전문능력을 가지고 있는 인재'로 정의하고 있다. 현재 외국인수용정책 중 취업으로 인정되고 있는 '고도의 전문능력을 가지고 있는 인재'에 해당된다. 또한 각 체류자격이 정한 범위 내에서 취업이 가능한 체류자격으로 취업하는 외국인노동자를 가리키고 있다.

일본정부가 전략적으로 수용하고 있는 우수인재의 범위는 다음과 같다.

① 과학기술 기본계획에 해당되는 주요 8분야(생명과학, 정보통신, 환경, 나노테크 재료, 에너지, 장인기술, 사회기반, 프론티어)의 연구자, 기술자 등
② 산학인재 파트너십 분과회 9분야(화학, 기계, 자원, 정보처리, 전기전자, 원자력, 경영관리 인재, 바이오) 등의 인재
③ 독일의 고도전문기술자에 해당하는 인재(특별한 전문지식을 가진 학자, 탁월한 지위에 있는 교수, 과학자, 엔지니어, 고도기술자, 기업의 상급간부) 등의 인재
④ 영국의 제1계층(고도전문기술자: 의사, 과학자, 엔지니어, MBA취득자) 등 유입국에서 해당 외국인노동자의 수입이 일정 이상일 경우. 제2계층에 대해서는 유입 검토 대상으로 '전문기술분야'의 체류자격 범위 내에 있으면 가능

일본인의 해외이주 역사는 1866년부터 시작하여 만주국이 성립하는 1938년경까지 하와이와 북미로 약 37만, 중남미로 약 25만 명 등 약 142만 명이 이주하였다. 전후 1952년경부터 해외이주자가 증가하여 1989년까지 40년간 일본인들은 북미 14만, 중남미 9만 명이 해외로 이주했다. 이주지에서 태어나 현지 국적을 취득한 일계인 2-3세까지를 포함하면 미주지역 일본인 인구는 약 150만 명으로 일본 외무성은 2011년에 전 세계 '일계인'을 약 250만 명 정도로 추정하고 있다.

일본에서 '일계인(日系人)'은 좁은 의미에서 일본 이외의 해외지역에 이주한 후 해당국의 국적 또는 영주권을 취득한 일본인 및 그 자손으로 정의하고 있다. 또한 넓은 의미에서 해외에 거주하면서 일본 국적을 유지하고 있는 해외 체류 일본인 장단기 체류자를 포함하여 '재외방인'으로 부르고 있다.

3. 외국인노동자 수용과 우수인재 유입정책

1) 이민정책의 개정과 외국인노동자 수용

일본의 외국인노동자 수용정책은 1967년의 '제1차 고용대책기본계획'으로부터 현재까지 일관되게 진행되었다. 기본 방침은 전문 분야 및 기술 분야의 외국인노동자를 적극적으로 수용하되 단순노동 분야는 원칙적으로 수용하지 않겠다는 것이었다. 이 때문에 일본정부는 고도성장기에도 부족한 노동력을 보충하기 위해 외국인노동자를 수용하지 않았다.

이와는 달리 일계인의 수용은 체류자격제도가 어느 정도 정비된 이후 시행되었다. 예외적으로 1990년부터 '해외진출이 어려운 중소기업, 단체 등에 의한 국제공헌활동으로서의 연수생 수용'과 더불어 '외국인연수 · 기능실습제도'가 제도화되면서 외국인 단순노동자가 '노동자'가 아닌 '연수생'으로서 제한적으로 수용되었다. 일본의 외국인노동자 수용제도의 변천 과정을 살펴보면 〈표 3.1〉과 같다. 한국에서의 외국인노동자 수용행태도 일본의 외국인노동자 수용제도와 비슷한 길을 걸어왔는데 〈표 3.2〉와 같다.

〈표 3.2〉를 보면 일본은 단순노동자의 수용을 거부하면서도 체류자격제도를 통한 일계인, 연수 · 기능실습생제도를 통한 외국인노동자를 수용하고 있지만 한국은 단순노동자를 수용하였다. 또한 한국과 일본은 연수생제도를 거의 비슷한 시기에 실시하였으나 한국은 2007년에 폐지되었다.

일본에서는 단순노동자의 수용을 제한하고 있지만 최근 국내외 외국인 우수인재를 활용하는 전략을 매우 중시하고 있다. 여기서 외국인 우수인재란 '국내 자본 · 노동과 보완 관계에 있으며 대체할 수 없는 양질의 인재', '일본 산업에 이노베이션을 창출함과 동시에 일본인과의 경쟁을 통해서 전문적 · 기술적인 노동시장 발전을 촉진하여 일본 노동시장의 효율성

표 3.1 외국인노동자 수용제도 변천 과정(단계)[1]

단계	외국인 도입 유형	연도	수용상의 장점	수용상의 단점	제도적 애로사항
I	연수생	1950년대 ~	직종의 자유	제한적인 수용	자격 외 활동
II	연수 + 기능실습생	1990년대 ~ 2010년경	안정적 취업	직종과 기간의 제한	노동 기준의 불철저
III	기능실습생	2010년경 ~	안정적 고용	직종과 기간의 제한	직업 선택의 부자유
IV	유기계약 노동자 (돈벌이 · 계절노동자)	〔실적 없음〕	안정적 고용 (고용허가제도)	고용코스트 증대 (중개·훈련비 등)	인권 문제의 본격화
V	이주 노동자 (이민·일계인 등)	1990년대 ~	고용의 자유 (유동성 상승)	사회코스트 증대 (사업주 부담 등)	재정 문제의 본격화

표 3.2 한국과 일본의 외국인노동자 수용제도 비교[2]

국가	한국	일본
인구 및 GDP (100만 미국 달러/2006년)	4,900만 명 872,789	1억 2,705만 명 4,375,546
수용제도 유형	고용허가제도	체류자격제도
연수·실습형 고용제도	유 (2007년도 폐지)	유
단순노동자 수용제도	유 (2004년~)	없음

을 높일 것으로 기대되는 인재를 가리킨다.[3] 외국인 우수인재에 대한 관

1 佐野哲(2008)「日本とアジア諸國における外國人勞働者の受け入れ政策」p. 39.

2 佐野哲(2008)「日本とアジア諸國における外國人勞働者の受け入れ政策」p. 38.

3 第6次出入國管理政策懇談會·外國人受入れ制度檢討分科會(2013).「高度人材に對するポイント制による出入國管理上の優遇制度の見直しに關する檢討結果(報告)」. p. 6.

심이 고조됨에 따라 일본정부는 2010년 '제4차 출입국관리기본계획'을 발표하여 지식이나 기술을 가지고 있는 외국인을 간단히 수용할 수 있도록 우대조치를 도입하여 우수인재의 유입을 촉진시키는 방안을 추진해왔다.[4]

이 제도의 도입은 2005년부터 실시된 제3차에 걸친 논의 끝에 5년 만에 이루어졌다. 일본 총인구의 감소와 경제적인 상황을 감안하여 매우 빠른 속도로 성장하고 있는 아시아 각국의 우수인재를 수용하는 적극적인 태도를 취하였다. 일본정부의 우수인재 유입정책은 2012년 3월에 제정되어 같은 해 5월 7일에 포인트제를 활용한 우대제도가 시행되었다.

포인트제란 외국인 우수인재를 '고도학술연구 활동', '고도전문기술활동', '고도경영관리 활동'의 세 가지 유형으로 분류하여 각 유형별 특성에 맞추어 '학력', '직업 경력', '연 수입' 등 평가 항목마다 점수를 설정하여 일정 점수에 도달한 경우 출입국관리상의 우대조치를 취하는 것이다.[5] 이 제도의 혜택을 받은 외국인 우수인재는 2013년 4월 6일까지 434명, 평균 연령은 34.5세였으며 분야별로는 고도전문기술 분야가 345명, 고도학술연구 분야가 65명, 고도경영관리 분야가 24명이었다.

그리고 국적별 · 지역별로는 중국이 246명으로 가장 많았으며 미국 32명, 인도 19명으로 연봉 1,000만 엔 이상은 142명, 평균 연봉은 1,160만 엔이었다.[6] 외국인 우수인재의 우대조치에 대한 상세한 내용은 '복합적인 체류활동의 허용', '배우자의 취업', '체류기간 5년 부여', '부모 동반', '체류이력에 따른 영주허가요건의 완화', '고도인재에 고용된 가사노동자의 동반', '입국 · 체류수속의 우선 처리' 등이었다.

포인트제도가 시행된 지 1년이 지난 시점에서, 제도에 대한 수정 요구사항으로 '보다 많은 외국인이 활용할 수 있도록 요건이나 우대조치 내용

4 日本経済新聞電子版(2010)「外國人高度人材, 受け入れ促進 出入國管理基本計畫」.

5 위의 보고서. p. 2.

6 위와 같음.

의 재검토', '얼마나 국내에 정착시키는 데 기여했느냐에 대한 점의 중시', '우수인재의 수용 및 정착 촉진을 위한 사회보장, 아동교육, 의료 등의 개선을 포함한 포괄적 대응', '해외에서 우수인재의 유입을 촉진하기 위한 홍보 강화', '점수 계산에 있어서 연봉의 비중 축소로 우수인재 확보', '중소기업에서도 활용할 수 있는 제도 설계', '영주허가의 요건 완화' 등이 거론되었다.[7] 이러한 포인트제도의 문제점을 개선해 나가면서 민간 차원에서는 수용환경을 정비하는 등 다각적인 제안이 종합적으로 이루어지고 있는 상황이다.

글로벌화가 가속화되고 있는 상황에서 우수인재 유입의 국제적인 경쟁이 가열되고 있는 가운데 일본에서도 외국인 우수인재의 적극적인 활용을 위해서 조건을 정비해 나가고 있다. 특히 일본정부는 유학생을 우수인재로 활용하는 것이 매우 중요하다는 인식하에 졸업 후 취업할 수 있도록 지원할 필요가 있고 또한 유학생이 원하는 직종으로의 취업률이 매우 낮기 때문에 기업 쪽의 수용환경을 개선하려는 노력도 검토해 왔다. 또한 외국인 우수인재가 일본에 생활하면서 만족감을 얻을 수 있도록 사회기반의 정비, 외국인이 능력을 발휘하여 경력을 쌓을 수 있는 고용관리체제의 구축을 위해 노력하고 있다. 그러나 한편 일본에서는 외국인 우수인재의 수용에 대해서는 기존의 노동력으로 충분히 인력을 보완할 수 있으며 고용상태를 악화시킬 우려도 있기 때문에 일단 시험적으로 수용해야 한다는 상반된 의견도 존재한다.[8]

---

7 위의 보고서. pp. 3-5.

8 社団法人日本経済調査協議會(2008). 「外國人労働者受入れ政策の課題と方向-新しい受入れシステムを提案する-」. p. 39.

2) 외국인 노동자 우수인재 유입정책 도입 과정

(1) 우수인재 유입정책에 대한 기본 인식과 필요성

일본에서 저출산고령화에 따른 인구 감소가 본격적으로 진행됨에 따라 일본의 경제력과 잠재성장력을 제고하기 위하여 저출산 대책은 물론이고 청년, 여성, 고령자 등 일본 내 우수인재를 활용하는 것이 중요한 과제가 되고 있다.

한편 글로벌화가 진전됨에 따라 일본은 국제 경쟁력을 유지하고 강화하기 위한 내수주도형 경제성장을 달성하기 위해서는 사람, 상품, 자금의 경제적 자원을 종래의 성장분야에 집중적으로 투입할 수 있는 '성장전략'을 착실히 실행할 필요성이 존재하고 있다.

이러한 경제적 상황에서 일본이 지속적 성장을 유지하기 위하여 외국인 우수인재의 발상과 능력, 경험을 활용한 개혁을 단행할 필요성이 제기되었다. 일본정부는 우수인재 유입을 경제성장 전략의 중요한 수단으로서 생각하고 국민적 합의를 통한 중장기적인 관점으로부터 우수인재의 유입을 추진하고 있다.

(2) 우수인재 유입의 추진 과정

일본의 체류자격제도는 제도로서의 제한은 미미하지만 우수인재 유입은 충분히 진행되고 있지 못한 것으로 나타나고 있다. 우수인재 유입의 필요성에 대한 기업이나 대학 등 연구기관의 인식은 높지만 중요 인재로서 외국인이 충분히 활용되고 있지 못한 상황이다. 그 요인은 우수인재에 대한 일본정부의 활력이나 매력의 부족이 제약으로 작용하고 있다. 일본정부의 우수인재에 대하여 처우나 제도 관행적인 측면, 생활환경적인 측면에서 제한이 많기 때문에 일본이라는 국가에 대하여 가고 싶은 마음이나 살고 싶은 마음, 일하고 싶은 마음이라는 매력과 활력이 부족하다는 의견들이 제기되고 있다.

이러한 배경에는 일본어를 포함한 일본문화, 관행에 대한 이해를 포함한 의사소통의 문제, 의료 연금, 주택, 자녀 교육 등 생활환경에 대한 불안 등이 존재하고 있다. 특히 의사소통 문제는 우수인재 유입을 촉진하는 데 큰 단점으로 작용하기 때문에 영어환경의 정비나 국내 및 해외에서의 일본어 교육 강화가 중요한 과제로 대두되었다.

한편 우수인재 유입은 일본기업이나 일본인의 국제화, 글로벌화라는 관점에서 추진되고 있다. 일본인의 글로벌 대응인재와 우수인재는 동전의 양면 관계로 예를 들면 환경, 에너지 등 특정 분야에서의 협력 프로그램 실시 등 외국인 우수인재와 일본인의 활용을 세트로 전략적으로 추진하고 있다.

일본정부는 우수인재를 유용하게 활용하기 위하여 일본인의 영어 소통 능력의 향상, 기업과 대학, 연구기관에서의 일상적인 사무 절차나 고도의 논쟁이 영어로 원활하게 진행되도록 하기 위한 환경 정비, 체제의 강화를 서두르고 있으며 그 전제로서 일본인의 영어 능력을 제고하기 위한 영어 교육도 실시하고 있다.

또한 일본정부는 기업이나 대학 등의 연구기관에서 적극적으로 우수인재를 초빙하여 외국인 우수인재만의 발상력이나 기술을 살려 기업이나 대학 등 연구기관의 중핵 부문에서 활약할 수 있도록 장래 경력개발의 명시, 급여와 승진 시스템 등의 처우 체계에 대해서도 성과와 업적 중시라는 유연한 시스템으로 전환을 시도하고 있다. 연구기관들도 연구자들의 모집 시기 등 각국에 따라 모집 제도가 다르기 때문에 이러한 것들을 포함한 초빙 체계로의 전환을 추진하고 있다.

(3) 우수인재 유입의 의의

외국인 우수인재 유입은 단지 현상 및 장래의 노동력 부족이라는 관점에서 접근할 문제가 아니라 일본의 제품이나 서비스의 부가가치를 높이고 경제성장이나 고용창출에 필요한 인재를 유입시킨다는 사회 전체적인 맥락과 의식 개혁을 동반하고 있다.

일본정부는 글로벌 경쟁에서 승리하고 새로운 수요를 개척해 나가기 위해서 일본기업이나 대학 등의 연구기관이 개혁을 통해 고부가가치의 제품이나 서비스를 창출해 나갈 필요성을 절감하고 있다. 이를 위해 다양한 가치관, 경험, 노하우, 기술을 가진 외국인 우수인재를 적극적으로 유입하여 새로운 가치를 창출하는 것을 주요 목표로 삼고 있다.

그 이유는 일본인과는 전혀 다른 배경이나 감성, 발상력을 가진 외국인 우수인재의 능력과 일본인의 능력을 잘 조합하여 양자가 절차탁마함으로써 일본인의 잠재력을 높이고 팀으로서의 부가가치 창조력을 높이는 효과를 가져올 것으로 기대하고 있기 때문이다.

이상과 같은 관점에서 일본정부가 적극적인 유입을 추진하고 있는 우수인재는 '국내의 자본, 노동과는 보완 관계에 있으며 대체할 수 없는 양질의 인재'로 '일본 산업 전반에 개혁을 창출함과 동시에 일본인과의 절차탁마를 통하여 전문적 기술적인 노동시장의 발전을 촉진시키고 일본 국내시장의 효율성을 높이기 위해 기대되는 인재'로 정의하고 있다.

(4) 우수인재 유입의 세계적 조류와 일본정부의 국가전략

전 세계적으로 연구자, 기술자, 경영간부층 등 글로벌 우수인재의 획득 경쟁이 치열해지고 있으며 각국에서는 다양한 수단을 동원하여 유입경쟁을 벌이고 있다. 영국의 경우 우수인재 유입 시 유치 계층을 5계층으로 나누어 NVQ(National Vocational Qualification: 전국 직업자격)에 의해 상위 2계층의 직종에 대하여 기준의 명확화와 절차의 신속성을 도모하기 위하여 포인트제도를 도입하고 있다.

제1계층은 연령, 학력, 과거의 연 수입 등을 점수화하여 75점 이상을 획득하면 고용계약 없이 입국을 허용하고 우수한 인재에 대해서는 5년 만에 영주권의 획득을 인정하고 있다.

제2계층은 정부가 부족한 직종으로 인정 혹은 노동시장 시험 결과 노동력 부족이 확인되는 직종에 대하여 고용계약을 전제로 하는 포인트제도에 의해 제한적인 유입을 도모하고 있다.

독일에서는 우수인재 유입 직종을 각국이 유치 경쟁에 뛰어들 가능성이 높은 특별한 전문지식이나 탁월한 지위를 가진 엔지니어, 기술자, 연구자 등에 한정하여 이들 우수전문기술자들에게 무기한의 정주허가(무기한의 체류자격, 입국 후 어떠한 취업도 가능)를 부여하고 있으며 네덜란드와 벨기에에서는 우수인재에 대하여 일정 소득 기준에 달하면 우수인재로 인정하여 노동시장 시험을 면제하는 간소화 제도를 도입하여 우수인재 유입을 촉진시키고 있다.

아시아 각국에서도 우수인재 유입 촉진정책이 실시되고 있다. 싱가포르에서는 고용주로부터 외국인 고용세를 징수하고 있지만 취업 경로를 4개의 등급으로 나누어 우수인재(전문직, 관리직, 경영간부층 등)에 대해서는 채용비용에 대하여 세액 공제의 우대조치를 취하고 있다. 한국에서는 3종류(골드, IT, 사이언스)의 특별카드를 발급하여 비자의 유효기한의 연장 등의 우대조치를 취하고 있다.

이러한 세계적 조류를 감안하여 일본도 우수인재를 적극적으로 유치시키려는 정책을 실시하고 있다. 우수한 인재들이 일본에서 일하고 싶어하는 환경을 조성함과 동시에 우수인재들에게 제도적 인센티브를 제공하고 있다.

향후 일본정부의 우수인재 유입정책은 체류자격제도의 홍보, 영국의 NVQ(National Vocational Qualification)에 해당하는 직업능력자격제도의 정비, 직업자격의 국제인증제도와 양국 간 상호인증제도의 확충, 일본어에 의한 각종 직업자격시험의 영어 대체 등 필요한 우수인재가 일본으로 유입되도록 촉진시키는 사회 인프라와 관련 제도의 정비를 서두르고 있다. 이러한 우수인재 유입제도는 직업자격이 설정된 취지를 배려하면서 일본 경제의 성장력 강화, 즉 일본 경제의 공급 측면을 강화한다는 측면에서 검토해 나가고 있다. 또한 동시에 일본의 성장력을 강화하기 위하여 일본에 필요한 인재가 무엇인가라는 수요 측면에서 검토하여 중장기 발전 계획을 검토해 나가고 있다.

우수인재 유입에 대해서는 일본인의 박사과정 수료자나 박사후과정의 채용이 적고 우수한 과학기술 인재를 유효하게 활용할 수 없다는 문제점 등 일본인의 우수인재를 어떻게 살려나갈 것인가라는 관점을 포함하여 일본인, 외국인이라는 구별 없이 검토해나갈 필요성이 있다.

우수인재 유입정책은 일본 경제의 활성화나 국가 경쟁력의 강화라는 관점에서 기존 제도나 틀에 얽매이지 않고 외국인 우수인재를 활용하기 위한 새로운 제도를 일본정부의 기본전략으로 삼고 있다.

최근 영국의 경제사회에 활력을 불어넣어 준 것은 우수한 외국인을 활용하기 위해 전략적인 우수인재 유입제도를 구축해왔기 때문인 것으로 나타났다. 외국인 우수인재 유입에 대해서 유럽제국에서는 이민유입에 따른 방대한 사회통합비용을 필요로 했다는 쓰라린 경험이 있었던 점이나 외국인 불법취업자 등이 사회문제화되었다는 점을 고려하여 사회에 미치는 영향을 통합적으로 검토하고 있다.

(5) 일본정부의 우수인재 유입정책의 기본적인 틀

① 일본정부 내 통일적인 정책 입안과 민간 부문의 우수인재 유입 지원

일본인이나 외국인을 불문하고 우수인재의 활용은 일본 경제사회에서 중요한 과제이다. 이러한 관점으로부터 외국인 우수인재 정책을 국가전략의 기본 방침으로 정하고 정부로부터 통일적인 정책 입안, 수행체제를 확립하며 민간에서의 우수인재 유입의 지원체제를 강화하고 있다.

② 우수인재의 대량 유입 및 정착

우수인재의 중점 분야(가령 과학기술 기본계획에서의 중점 8분야 등)를 정하고 기본 목표를 '우수한 인재를 가능한 많이 오랫동안 지속시킨다.'는 것에 두고 있다.

③ 우수인재 기준 설정 및 우대조치

기본계획 달성을 위하여 현행 유치 범위 내에서 특히 유입을 촉진하기 위한 우수인재의 범위를 명확히 하여 객관적 기준을 설정하고 체류기간이나 절차 등에 관한 우대조치를 단행하고 있다.

④ 아시아제국에서 우수인재 유입

향후 아시아와 함께 발전하는 것을 지향하고 우수인재 유입에는 유럽제국과의 밸런스를 고려하여 아시아제국으로부터의 수용을 보다 중시하고 있다.

⑤ 우수인재 유입을 위한 홍보 강화

우수인재 유입에 관한 국내외에서의 적극적인 홍보 활동, 초빙을 위한 국내외 지원체제를 정비하고 있다.

⑥ 우수인재 유입을 위한 환경 정비

기업이나 대학 연구기관 등에서 외국인 고용 촉진, 처우환경의 개선 등 인재경영이 강화되도록 환경 정비를 진행하고 있다.

⑦ 유학생의 우수인재 유입 및 활용

유학생은 '우수인재의 예비자'로서 중시해야 하며 관민일체가 되어 유치환경을 조성하거나 일본어 교육의 강화를 포함한 중점적인 지원(일본어능

력시험 활용이나 장학금 제도의 개선 활용, 주거 지원, 취업 지원 등)을 추진하고 있다.

⑧ 우수인재 생활환경 개선

정부는 우수인재를 포함한 외국인의 생활환경(연금, 주택, 의료, 교육 등) 개선에 적극적으로 노력하고 있다.

⑨ 경제변동에 따른 우수인재 유입 탄력적 조정

경제사회의 변동에 대하여 항상 현행 제도의 운용 실태를 감시하고 조정하는 체제 구축을 중시하고 있다.

⑩ 개호복지 분야 우수인재의 적정화

개호 분야, 우수인재 기능실습제도의 취급에 대해서는 EPA에 의한 개호복지사 후보자 유입의 진행 상황, 현행 외국인 연수 및 기능실습제도의 적정화의 진행 상황, 향후 사회정세의 동향 등을 살펴보고 관계 당국에 검토를 거친다.

3) 외국인노동자 우수인재 유입 전략

(1) 포인트제도 도입에 의한 '고도인재우대제도'의 창설

전 세계 국가가 우수인재 유입 경쟁에 돌입하고 있는 가운데 일본도 우수인재 유입을 위한 우대조치 등 유치 촉진정책을 적극적으로 전개하고 있다. 일본에서는 출입국 및 난민인정법에 의해 취업 가능한 체류자격으로서 전문기술 분야의 체류자격을 신설하여 해당 분야의 외국인노동자를 적극적으로 수용하고 있다. 일본의 체류자격제도는 다른 외국과 같이 노동시장 시험에 의한 노동허가제도나 유입 인원의 제한(할당제) 등을 취하지 않고 있어 개방적이다.

그러나 일본은 아직까지 우수인재를 적극적으로 유치하거나 유입 후 우수인재 유출을 방지하고 능력 향상을 도모하는 구조가 정비되어 있지 않다.

(2) 포인트제도 도입과 시행

일본은 현행 우수인재 유입 범위 내에서 유입 촉진을 위한 우수인재의 대상 범위를 명확히 하면서 사전 고용계약 등이 있는 것을 전제로 체류자격에 관한 우대조치를 부여한 '포인트제도'를 활용한 '우대제도'의 도입을 검토해왔다.

포인트제도는 전략적 유입을 추진해야 하는 우수인재를 100점 만점의 포인트에 의해 판단하여 포인트제도의 기준으로서 학력, 자격, 직업 경력, 연구 실적, 예정 연 수입, 연령, 일본어 능력 등으로 정하고 있다.

일정 이상의 포인트를 획득한 우수인재에 대해서는 체류자격의 취득, 갱신, 재입국 절차의 간소화와 우선 처리, 5년의 체류기간 부여, 5년 내 영주권 부여 등의 우대조치를 취하고 있다.

포인트제도는 입국 시의 우대뿐만 아니라 체류기간의 갱신 시, 체류자격의 변경 시에도 부여하는 형태로서 유학생 등이 능력 향상 후 영주권 취득이 가능하거나 인재 육성의 기본 틀을 형성할 수 있을 것으로 기대하고 있다.

일본은 전략적 유입을 촉진하기 위한 우수인재의 범위로서 첫째, 과학기술 기본계획에 근거한 8분야(생명과학, 정보통신, 환경, 나노테크 재료, 에너지, 물건 만드는 기술, 사회기반, 프론티어)의 연구자와 기술자 둘째, 산학인재 파트너십의 9분야(화학, 기계, 재료, 자원, 정보처리, 전기전자, 원자력, 경영관리 인재, 바이오)의 인재 셋째, 독일의 우수인재기술자에 해당하는 인재, 영국의 제1계층(우수인재전문기술자)에 해당하는 인재들을 상정하고 있다.

현재 일본은 우수인재정책을 전개하고 있는 타국과의 우위성을 점하기 위하여 포인트제도의 대상범위, 우대조치의 상세한 설계 등을 서둘러 왔다. 하지만 포인트제도 이외의 현행 유치 범위 내의 우수전문기술자에 대해서는 직종을 한정한 후 당초부터 무기한의 영주권을 인정하는 독일식 유입제도에 대해서는 신중한 태도를 보이고 있다.

4) 외국노동자 제도의 성과와 문제점

(1) 제도 도입의 경위와 포인트제도 평가

① 제도 도입의 경위

우수인재에 대한 포인트제도에 의한 출입국관리상의 우대제도(우수인재 포인트제)는 2008년 7월 우수인재의 유입 추진에 필요한 시책의 검토를 목적으로 내각관방장관 하에 '우수인재 유입추진회의'가 소집되어 2009년 5월 동 회의에서 승인된 '외국인 우수인재 유입정책의 본격적인 전개'(우수인재 유입추진회의보고서)에서 '포인트제도 도입'에 의한 '우수인재 우대제도의 수립'이 제안되었다.

2010년 3월에는 법무대신이 정한 '제4차 출입국관리기본계획'에서도 우수인재 유입을 촉진하기 위한 조치로서 포인트제도를 활용한 우수인재의 출입국상의 우대조치를 강구하는 제도 도입을 검토하였다.

이러한 과정을 거쳐 일본 각 관계성청의 검토가 진행되었고 우수인재 포인트제도를 실시하기 위한 법무성 고지가 2012년 3월에 제정되어 5월 7일부터 실시되었다.

② 제도의 개요

우수인재 포인트제도는 현행 외국인유입의 범위 내에서 우수인재 외국인의 유입을 촉진하기 위하여 해당 외국인이 수행하는 활동내용을 '고도학술 연구활동', '고도전문 기술활동', '고도경영 관리활동'의 3개 유형으로 분류한 후 각각의 특성에 따라 '학력', '직업경력', '연수입' 등의 평가항목마다 포인트를 설정하고 포인트의 합계가 일정점수에 도달한 경우 출입국관리상의 우대조치를 취하는 제도이다.

③ 제도의 실시 상황과 우수인재 불인정 사례

우수인재 포인트제도의 2012년 5월 개시로부터 11개월간 일본 전국의 지방 입국관리 부처에서 우수인재 포인트제도를 적용하여 입국체류의 허가처분 등이 이루어진 외국인에 대하여 통계분석을 실시한 결과는 다음과 같다. 2013년 4월 시점에서 우수인재 외국인으로서 인정을 받은 자는 434명으로 평균연령은 34.5세였다. 활동분야에서는 고도전문기술 분야가 345명(79.5%), 고도학술연구 분야가 65명(15.0%), 고도경영관리 분야가 24명(5.5%)으로 나타났다. 국적 및 지역별로는 중국인 246명(56.7%), 미국인 32명(7.4%), 인도인 19명(4.4%)이었다. 우수인재 외국인의 연간 보수는 1,000만 엔 이상이 142명(32.7%), 전체 평균 연간 보수액은 1,160만 엔, 최고 보수액은 6,780만 엔, 최저 보수액은 354만 엔이었다. 우수인재 포인트제도의 개시로부터 2013년 3월 말까지 우수인재 인정을 신청하여 받지 못한 건수는 총 24건(체류자격인정증명서 교부신청 6건, 체류자격 변경허가신청 18건)이었으며 또한 공개된 포인트제도 계산표에 의한 자기채점으로 신청을 단념한 잠재층이 존재하고 있다.

(2) 포인트제도의 평가에 따른 개정의 방향성

① 고도(우수)인재 포인트제도의 평가

우수인재 포인트제도는 기업에서의 우수인재 외국인 정착을 지원할 것으로 기대되고 있으며 보다 많은 외국인들이 활용할 수 있는 매력 있는 조치로서 충실하도록 요건이나 우대조치의 개정을 검토해야 한다.

우수인재 포인트제도에 대해서는 어느 정도 우수인재 외국인을 해외로부터 유치시켰는가가 아니라 어느 정도 국내에 정착시키려고 기여했는가를 중시해야 하며 국내에서의 우수인재 외국인으로의 변경 실적은 후자의 관점에서 평가되어야 한다.

② 우수인재 정의에 대한 명확성

유입을 촉진해야 하는 우수인재 외국인의 이미지를 명확히 할 필요성이 있기 때문에 우수인재의 정의에 입각해서 추진할 필요성이 있다. 우수인재 외국인의 유입 및 정착을 촉진하기 위해서는 사회보장, 자녀 교육, 의료 등의 개선을 포함하여 패키지로 대응할 필요가 있으며 유치환경의 정비를 지원하는 제도로서 우수인재 포인트제도의 출입국관리상의 우대조치도 개정되어야 한다.

출입국관리상의 우대조치만으로는 우수인재 외국인의 유입 촉진에는 한계가 많기 때문에 직장환경, 생활환경 등 일본이 우수인재 외국인의 정착지로서 선택받지 못한 요인을 분석하여 대책을 세워야 한다. 출입국관리상의 우대조치의 확충을 검토할 경우 우수인재 외국인으로서의 인정 요건을 어느 정도 완화할 것인가를 양 측면에서 논의하여 양자의 밸런스를 고려해야 한다.

③ 우수인재 포인트제도의 홍보

우수인재 포인트제도의 주요 목적은 우수인재 외국인을 해외로부터 초청하는 것이기 때문에 해외에서의 홍보를 강화해야 한다.

④ 연 수입 요건의 완화 개정

포인트제도 계산에서 연 수입의 비중이 높은 경향이 있다. 특히 고도학술 연구 활동에 있어서 연 수입이 적더라도 우수한 인재가 존재한다. 포인트제도를 채택하고 있는 외국의 배점을 참고할 필요가 있다.

중소기업은 해외진출에 직면하여 거주지역 대학에 있는 외국인유학생의 채용에 관심을 가지고 있지만 이러한 인재들도 중소기업이 지불할 수 있는 연 수입이지만 우수인재 외국인으로서 인정받지 못하고 있다. 연 수입 기준의 완화나 보너스 포인트의 개정에 의해 중소기업에서도 활용할 수 있도록 제도개선을 추진해야 한다.

고도학술연구 활동에 대해서는 일반적으로 연 수입이 낮은 실태를 감안하여 포인트 계산에서 연 수입에 중점을 두는 것이 아니라 연구 실적, 고용형태(전임 비전임) 등 다른 지표를 중시해야 한다. 한편 고도전문기술 활동에서는 연 수입 조건을 낮출 경우 이에 상응하는 객관적인 지표를 상정할 수 없다.

⑤ 영주허가 요건으로서 체류경력의 완화

우수인재 외국인이 일본에 정착하여 경제성장에 공헌하도록 하는 관점에서 영주허가에 필요한 체류경력을 단축시키는 것은 우수인재 포인트 제도의 매력을 증가시키는 유익이 있다. 영주허가에 의한 활동제한이 없어지더라도 원래 우수인재 외국인으로서 인정된 외국인들이 단순노동에 종사할 가능성은 매우 낮다.

우수인재 외국인을 유치시키기 위해서는 출입국관리상의 우대보다는 취업환경, 생활환경 등의 개선이 매우 중요하며 국제적인 경제활동 가운데 일본과 외국을 왕래하는 우수인재가 증가하면 영주허가에 필요한 체류경력을 단축시키는 것은 큰 의미가 없다.

(3) 포인트제도 개정의 필요성

우수인재 포인트제도의 도입을 제안한 일본의 고도인재유입 추진회의 보고서에서는 '국가전략'으로서의 우수인재 외국인의 유입 촉진을 관민일체가 되어 실행해 나가는 관점에서 우수인재 포인트제도의 도입만이 아니고 관민의 유입환경 정비를 포함한 다각적인 제안이 포함되어 있다.

우수인재 포인트제도는 운용 개시 후 약 1년을 경과하였으며 개정하기에는 시기상조라는 견해도 있지만 현행 제도의 운용상, 사회통념상 우수인재 외국인으로 인정될 수밖에 없는 인재가 설정되어있지 않다는 사항이 존재한다는 지적 등을 생각할 경우 본 제도의 설징 구조를 개정할 필요가 있는 것으로 보고하고 있다.

우수인재 포인트제도의 우대조치는 출입국관리행정의 틀 안에서 시행이 가능하기 때문에 유입 촉진 효과에는 일정 한계가 있다. 그러나 이러한 한계가 있지만, 개정을 통하여 제도를 효과적으로 운용할 필요가 있다.

(4) 포인트제도의 개정에 관한 유의점

우수인재 포인트제도의 개정을 검토할 경우 제도를 개정함으로써 유입을 촉진시켜야 하는 '우수인재'의 정의가 중요하다. '우수인재'의 정의는 '국내의 자본이나 노동과는 보완 관계로 대체할 수 없는 양질의 인재'로 '일본의 산업에 이노베이션을 창출함과 동시에 일본인과의 절차탁마를 통하여 전문 기술직 노동시장의 발전을 촉진시키고 일본 국내 노동시장의 효율성을 제고시킬 것으로 기대되는 인재'라 할 수 있다.

현행 우수인재 포인트제도는 전술한 '우수인재'의 정의를 전제로 설계된 것이며 이번 개정은 이러한 '우수인재'의 정의를 유지하면서 추진된 것이다. 우수인재 외국인의 인정 수를 늘릴 목적으로 단순 인정기준을 낮춤으로써 우수인재 외국인에 해당되지 않은 외국인까지 각종 우대조치를 부여하는 개정을 해서는 안 된다.

본 제도의 운용에 의해 유입이 촉진되는 외국인이 전문기술 분야 이외의 취업활동에 종사함으로써 기대성과에 못 미치고 국내 노동시장에도 소극적인 영향과 사회보험제도의 부담과 같은 사회적 폐해가 발생할 위험성이 큰 내용의 개정은 피해야 한다.

우수인재 외국인 유입 촉진은 일본 국내 투자나 고용의 확대에 적극적인 영향을 미칠 것으로 기대되는 것에도 유의하여 설정 요건의 개정을 추진해야 한다.

경제 산업상의 이노베이션이 도시부의 기업이나 대기업에서만 발생되는 것이 아니기 때문에 보다 넓은 소속기관에서 우수인재 외국인들이 활약할 수 있도록 배려해야 한다.

본 제도의 개정에 있어서는 제도의 활용자인 우수인재 외국인이나 고용주인 기업 등의 수요를 반영하는 것이 아니라 개정이 우수인재 외국인의 일본 정착을 촉진하는 관점에서 수행될 경우 일본사회에서 이들 외국인과 공생하게 되는 국민의 납득과 지지가 필요하다.

본 제도는 잠재적 이용자나 기업 관계자들에게 충분히 알려지지 않고 있다는 점이 문제로 지적되고 있다. 이들 관계자들의 관심을 끌 수 있는 매력적인 제도 개선을 통하여 효과적인 홍보 전략을 검토하고 강화시키는 방안이 필요하다.

(5) 포인트제의 구체적인 요건의 개정

① 연 수입 요건 등의 개정

고도학술연구 활동에 관하여 연구 실적에 관련된 포인트를 인상함으로써 연 수입 요건 이외의 평가항목에서 포인트 가산 방법을 포함하여 연 수입 요건과 관련된 개정을 추진해야 한다.

② 보수의 범위에 관한 개정

심사 가능한 범위 내에서 해외 관계 기관으로부터 받을 수 있는 보수를 연 수입 요건의 판단에 반영시킬 수 있도록 하는 등 연 수입으로서 인정되는 보수의 범위에 관련된 개정을 추진해야 한다.

③ 보너스 포인트에 관한 개정

우수인재 인정 평가항목에 기본 평가항목 이외에 '연구 실적' 등 외국인의 자질과 능력을 나타내는 지표가 추가되도록 보너스 포인트의 추가 등을 추진하는 것이 적당하다. 가령 MBA 등 일정의 자격 취득 사실을 고도경영관리 활동의 보너스 포인트 항목으로서 추가하는 등의 개정을 추진해야 한다.

④ 체류경력에 관한 영주허가 요건 완화의 개정

'영주자'의 체류자격과는 별도로 기한이 없는 체류를 인정하는 조치를 강구하는 등 입국관리국이 체류상황을 정확하게 파악하여 문제가 있으면 적절하게 대처할 수 있도록 하여 현행 우수인재 포인트제도의 우대조치(약 5년)보다도 조기에 영주를 인정하고 계속해서 우대조치를 받을 수 있도록 개정해야 한다.

⑤ '부모의 동행' 및 '우수인재로 고용된 가사고용인의 동행' 개정

개정을 할 경우 발생할 수 있는 폐해나 제도의 남용을 회피하기 위한 조치를 강구한다는 전제하에 이들 우대조치를 이용하기 쉽도록 연 수입 제한 설정의 완화 및 우대조치를 받기 위한 요건을 개정해야 한다.

(6) 우수인재 외국인 유입 추진을 위한 국가전략적 검토의 강화

전술한 바와 같이 우수인재 외국인의 유입을 본격적으로 추진하기 위해서는 출입국관리상의 우대조치에만 머물 것이 아니라 여타 행정 분야에서의 시책을 포함하여 일본 전체적으로 종합적인 유입 촉진을 도모하는 한편 국가의 전략적인 검토를 강력히 추진해나갈 필요가 있다.

또한 이러한 종합적인 시책을 실행해 나가기 위하여 일본정부는 '우수인재 유입촉진기본법' 제정, '고도인재유입 촉진기본계획' 개정을 검토하고 있다.

표 3.3 일본 우수인재 유입을 위한 포인트제의 구조

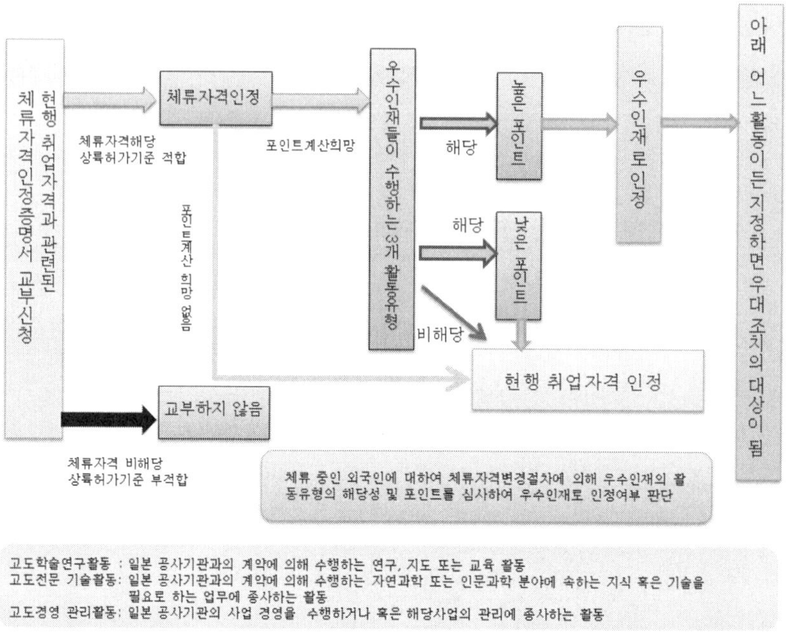

4. 노동력 수요에 따른 외국인노동자 수용정책

1) 외국인노동자 수용의 사회적 역사적 배경[9]

역사적으로 보면 일본은 동아시아에서 가장 먼저 서구 문명을 수용하여 근대화 과정을 추진하였고, 한반도를 포함하여 동아시아의 여러 국가들을 식민지화하였다. 이 과정에서 일본은 다양한 인종과 문화를 접할 수 있었지만, 침략자적 입장에서 타민족과 타문화에 대해서는 철저히 무시, 차별하고 우월한 자민족과 자문화에 포섭되어야 한다는 차별 정책과 동화

9 최병두. 『다문화 공생』. 푸른길 학술. 2011. pp. 51-52.

정책을 추진하면서, 단일 민족-단일 문화의 이데올로기를 유지해 왔다. 일본은 제2차 세계대전에서의 패배로 식민지 정책을 종결하고 타의적으로 새로운 개방 정책을 추진하였다. 한편 타민족-타문화에 대한 배타적 정책을 지속하면서 자민족 중심의 동화정책을 유지해 왔다.

그러나 1980년대 이후 지구화 과정 속에서 일본 사회도 새로운 개방 물결에 휩싸이면서 결국 다양하고 이질적인 인종적 문화적 요소들을 받아들이게 되었다. 이에 따라 내적 다양성을 인정하는 한편 동질성에 대한 기존 인식을 점차 바꾸게 되었다. 즉, 일본 사회는 외국인 이주자들의 급속한 유입으로, 그동안 유지해 오던 '동질성의 신화'를 더 이상 유지하기 힘들어졌고, 사회적 다원성(다문화)을 인정해야 하는 사회로 전환되었다.

2) 외국인노동자 유입의 사회적 배경[10]

일본의 이주 노동자의 유입정책은 일본 정부의 입국관리법에 의해 통제되어 왔다. 〈표 3.4〉는 1982년 연수 기능실습 제도가 도입되었지만 이 제도는 외국인 노동력을 수입하기 위한 법률에 근거하기보다는 개발도상국과의 기술 교류와 협력을 위한 제도로 간주되어 '출입국관리 및 난민인정법'으로만 규정하였다. 그 이후 이주 노동자의 유입이 증가하고 국내에서도 이에 대한 수요가 늘어남에 따라 1989년 일본계 외국인의 체류자격을 부여하고 외국인 연수 제도를 확충하기 위하여 입국관리법을 개정하였다.

이에 따라 1990년대 이주 노동자의 유입이 급증했지만, 다른 한편 일본 경제의 침체 상황에서 불법 체류를 막고 근로 비자의 효력을 연장하는 조건 등을 강화하기 위하여 몇 차례 기능 실습 제도를 개정했다. 2000년대 들어와서 일본정부는 2004년과 2009년 두 차례에 걸쳐 입국 관리법을

10 앞의 책(2011), pp. 66-67.

표 3.4 일본정부의 1980년대 노동자 유치정책

시기	외국인 노동자 유치정책 주요 내용
1982	기능 연수생 제도 도입
1989.12	입국관리법 개정: 일계인에게 재류자격 부여, 외국인 연수 제도 확충
1990.8	외국인 노동자에게 '연수'라는 재류자격 부여(연수생 제도)
1993.4	외국인 기능실습 제도 실시: 연수 1년, 기능 실습 1년
1997.4	기능실습제 변경: 연수 1년, 기능실습 2년(총 3년), 기능실습생의 체류자격을 '특정 활동'으로 변경/입국 관리법 일부 개정
1999.10	재류 기간의 재고, 1년 또는 6개월이던 의료, 연구, 교육, 인문 지식 · 국제 업무 등 3년 또는 1년 연장
2004.4	외국인등록법 시행령의 일부 개정
2004.12	입국관리법 일부 개정: 불법 체류자 벌금 인상, 상륙 거부 기간 변경, 출국 명령 제도 및 재류자격 심사 제도 신설 등
2006.3	총무성, 다문화 공생 추진에 관한 연구회 보고서 제출
2009.7	입국관리법 일부 개정: 새로운 재류 관리제도 도입, 특별 영주자 관련 조치, 외국인 연수제도 재검토, 재류자격 및 유학 및 취학의 일원화 등

주: 전재호(2007)의 논문에서 일부 내용 수정하여 작성함.

강화함으로써, 불법 체류자를 통제하거나 계속 증가하는 이주 노동자의 유입을 철저히 관리하였다. 또한 그동안 일부 지방자치단체들이 주도적으로 시행해 오던 '다문화 공생' 정책을 중앙정부 차원에서 제도화하고, 지자체들이 이를 보다 적극적으로 시행함에 따라 다소 포용적인 정책으로 전환하였지만, 이주 노동자의 유치에 대해서는 여전히 폐쇄적 입장을 고수하고 있다.

일본은 1980년대 이후 이주 노동자와 결혼이주 여성, 일본계 브라질인 등 과거 남미로 이주했던 일본인 후손들이 대거 입국하면서 외국인 유입 인구가 급격히 증가하자 2005년 '다문화공생'을 국가의 주요 정책과제로 설정하였다. 이후 2006년에는 기존의 단순한 외국인 지원 정책에서 벗어나 공생 관계로 설정하고 외국인 주민에 대한 행정 서비스와 인권 보장, 타 문화에 대한 주민 이해 및 개방적 태도 확립을 목표로 한 '다문화공생

추진플랜'을 발표하였다. 이에 따라 다문화정책을 선도하는 일본의 지자체들은 외국인 지원 시책을 담당하는 전담 부서를 설치하여 유관 부서들이 상호 협력하는 공동 대응 체계를 갖추게 되었다.

3) 외국인노동자 수용정책의 기본 방향

일본에서 외국인 지원을 행정 차원에서 적극 지원하고 있는 곳은 가나가와 현의 가와사키 시이다. 가와사키 시의 외국인 대책에는 외국인도 시민이며, 외국인 정책이 인권우선 정책의 하나라는 전제하에 실행되고 있다. 다음에 제시한 표와 같이 일본인과 결혼한 외국인은 일본 호적에 혼인신고를 하면 일본인 배우자 등으로서 체류자격 취득이 가능하고, 결혼 후 3년이 경과하면 간이 귀화를 통하여 일본 국적을 취득할 수 있다.

외국인노동자들의 노동시간을 고려한 일본어 무료 교육 및 저렴한 학비로 이들에게 단순 지식이나 어학 실력을 향상시킬 뿐만이 아니라 동일하게 타문화 적응을 경험한 사람끼리 정보를 교환하여 서로를 지원해주는

표 3.5 일본의 외국인 이민정책 기본 방향

외국인정책	주요내용
중앙정부	• 공민관, 국제교류센터 설치 - 일본어 교육, 지역 내 정보 제공 등 • 외국인 의료 서포트 프로그램 등
동화정책	• 일본식 이름 개명, 사회보장제도 혜택, 입국관리법 체류의 제한을 받지 않음, 참정권 획득 • 일본인과 결혼한 외국인은 일본 호적에 혼인신고를 하면 '일본인의 배우자 등으로서' 체류자격 취득 가능 • 결혼 후 3년이 경과되면 간이 귀화를 통해 일본 국적 취득
언어정책	• 다언어 다문화 서비스 시스템 충실화 • 일본어 프로그램 확충 • 다양한 언어 교육 지원

주: 임경택 외(2006), 조옥라 외(2006), 김범수(2007) 참고로 작성하였음.

자조모임의 장을 형성할 수 있게 도와주고 있다. 이러한 모임은 사회적 혹은 심리적으로 소외감을 경감시키는 동시에 외국인들의 네트워크 구축 활성화에도 기여하고 있다. 또한 외국인노동자들에게 실질적인 지원을 위해 그들의 문화를 이해할 필요가 있으므로 그들과 동일한 문화나 언어를 공유한 운영진이 지원하는 다언어 · 다문화 서비스의 확충이 이루어지고 있다.

일본사회에 익숙하지 못한 외국인노동자들은 일본인 직원의 부정적 대응이나 혹은 불법체류 등의 이유로 인해 공식적인 일본의 사회 서비스 기관의 활용을 경원시하는 경향이 있다. 이에 대처하기 위해 일본정부는 사회 서비스 기관을 외국인들의 자조집단이나 교회 등의 비공식적인 네트워크, 혹은 NGO 활동과 연계시키는 대책도 강구하고 있다.

하지만 일본에서도 종종 언어, 풍습, 종교 등 문화적 차이로 인하여 민족 간 갈등이 발생하고 있다. 일본사회는 봉건적 잔재로 비판의 대상이 되는 '이에(家)' 제도가 있다. 이것은 가장의 절대적 권위와 '이에(家)'의 계승을 위한 구성원의 헌신과 충성, 그에 따른 인격의 종속, 상대적으로 낮은 여성의 지위, 주부권을 둘러싼 고부간의 갈등, 공동체사회의 통합원리로서 기능해온 친척과 이웃 간의 복잡한 교류관행 등 일반적인 가족제도와는 이질적인 성격을 띠고 있다. 이러한 일본 관습이나 공동체에서 전해져 내려오는 불문의 생활논리와의 갈등은 이주노동자들이 넘어야 할 크나큰 문화의 장벽이라고 할 수 있다.

일본의 이민정책은 이민자들이 일본 사회에 조화롭게 동화되는 것을 지원하는 목적을 두고 실시되고 있다. 일본정부는 결혼이민자들의 문제를 국가의 기본단위를 이루는 '가족'의 문제로 접근하여 사회보험과 사회수당을 적용하는 포괄적인 행정 서비스를 제공하고 거주지확인, 언어장벽 문제 해결, 외국인 가족의 세대 간 격차 문제를 해결하는 국가적인 차원에서 다문화 · 공생 사회 추구라는 목표를 세우고 정책을 추진하고 있다. 그러나 일본정부는 저출산고령화에 의한 일본의 노동력 부족에 대한 대응책으로서 이민정책이 인식되고 있음에도 불구하고 아직까지 본격적인 논의는 이루어지지 않고 있다.

4) 다문화사회 전환과 인구사회학적 변화[11]

일본의 외국인 등록자 수는 1980년 78만 3,000명(총인구의 0.67%)이었으나 1990년에는 107만 5,000명(총인구의 0.87%)으로 100만 명을 초과하였고 2000년에는 168만 6,000명(총인구의 1.33%), 2008년에는 221만 7,000명(총인구의1.74%)으로 정점에 달한 후, 2009년에는 경기 침체로 인해 218만 6천명(총인구의 1.71%)으로 다소 감소하였다. 이와 같은 일본인의 외국인 이주자의 절대수와 총인구에서 차지하는 비율 등을 고려해 보면, 일본은 처음부터 이민자들로 구성된 미국이나 캐나다 등과는 달리 오래전부터 이민을 받아들인 서유럽 국가들에 비해 다문화 사회로의 전환이 상대적으로 늦다고 할 수 있다.

일본의 다문화 사회의 특성은 다른 국가에서 형성된 다문화 사회들과 유형별로 비교해 보면 다문화 사회를 구성하는 다양한 인종이나 문화가 혼재하는 다양한 방식으로 이루어져 있으며 이를 역사적으로 살펴보면 〈표 3.6〉과 같이 네 가지 유형으로 구분할 수 있다.

전 세계 근대 역사에서 다문화 사회는 위와 같이 크게 네 가지 유형으로 구분된다. 각 유형에 속한 국가들 간에는 상당한 차이가 있다. 예를 들면 일본은 한국과 비교하여 상대적으로 일찍 문호를 개방하고 외국과 관계를 확대하면서 근대화를 추진하였는데 식민지 침탈과 경영 과정에서 식민지 유지와 확장을 위해 일본인 다수의 이주자들을 국외로 이주시켰다.

---

11 위의 책(2011). pp. 18-20.

표 3.6 다문화 사회의 국가별 유형 구분

구분	제1유형	제2유형	제3유형	제4유형
사례 국가	미국 캐나다 오스트레일리아 뉴질랜드 등	멕시코, 브라질 등의 남미 국가들, 남아프리카 공화국	영국, 프랑스, 독일 등 서유럽 국가	동아시아의 한국, 일본, 타이완 등과 남유럽의 이탈리아, 스페인 등
혼합 방식	17~18세기 유치된 지배적 이주자와 소멸위기에 처한 원주민	17~18세기 유치된 지배적 이주자와 혼합된 피지배 원주민	지배적 원주민과 19~20세기 중반 유치된 이주민	지배적 원주민과 1980~1990년대 이후 유치된 이주민

반대로 부족한 국내 노동력의 확보 등을 위하여 식민지 또는 침탈지, 즉 한반도와 중국으로부터 이주민들을 대거 수용하였다. 이러한 점에서 일본은 과거 이미 다문화와 접촉한 경험을 가지고 있으며, 국내에서도 다문화 사회를 구성하고 있었다. 실제로 일본에서는 최근 글로벌화 과정 속에서 급증하고 있는 외국인 이주자들이 미치는 영향은 이러한 역사적 사실의 연장선상에서 이해되고 있다. 일본은 1980년대 말 이후 외국인 노동자의 급증 현상을 '제3의 개국'으로 표현하고 있다.

5) 다문화공생 정책 시행

일본은 다문화에 관한 표기에 대하여 다문화공생(共生)이라는 용어를 사용하고 있다. 이 용어는 한국에서는 다문화가족들과 함께 더불어 잘살아보자는 의미가 담겨있다. 일본에서는 이주외국인을 올드커머(Old-comer)와 뉴커머(New-comer)로 분류하고 있다. 올드커머는 제국주의 시대 도일하여 일본에 거주하고 있는 재일코리안이나 중국인들을 지칭한다. 뉴커머는 1945년 이후 일본에 와서 거주하고 있는 외국인노동자나 결혼이주 여성, 유학생 등을 포함하고 있다.

일본에서는 올드커머들에게 의료, 보험, 교육, 복지 등 다양한 분야에서 지역주민으로서 동일한 권리를 부여하는 과정을 거쳐 왔다. 중앙정부와 지방정부는 외국주민을 따로 분류해 지원하기보다는 기존 업무 내에서 당연히 지역주민으로서의 외국인을 포함해 행정 서비스를 제공하고 있다. 외국인 수용의 법령과 제도를 수동적으로 운용하는 중앙정부에 비해 지방정부는 지역주민인 외국인이 일상생활에서 보다 쉽게 사회에 적응할 수 있도록 다양한 정책을 실시하고 있는 것이 특징이라고 할 수 있다.

외국인이 많이 거주하는 일본 지방정부는 사실상 다문화공생정책을 주도하는 주체가 되고 있다. 행정, 취업, 교육, 거주, 사회보장 등 다양한 분야에 걸친 다문화시책을 종합적으로 조정하거나, 정기적으로 협의할 수 있는 조직을 구축하고 시민단체와 연계해 활동하고 있다. 지방정부에서는 다문화정책을 전개하기 위해 시민과 행정 간 협동체제 구축하고 있으며, 시민단체나 주민모임과 같은 민간단체와 공동으로 다문화정책을 전개할 수 있는 거버넌스를 형성해오고 있다. 일본은 다문화 거버넌스에 대한 구축을 주로 지방자치단체를 중심으로 전개하고 있으며 중앙정부의 법 제정은 아직까지 전무한 실정이다.

일본의 다문화정책은 지방자치단체별로 외국인의 참여를 통해 이루어지고 있다. 가나가와 현의 경우, 1998년 외국인회의를 설립하여 외국인들의 의견을 시정에 반영시키는 제도적 장치를 마련했다. 이 회의는 일종의 협의체로서 지역사회에 거주하고 있는 시민들이 생활하면서 느낀 불편함과 시정사항을 시 당국에 건의할 수 있는 통로로 활용되고 있다. 또한 공장지대가 밀집되어 있어 외국인근로자가 많이 몰려 있는 가와사키 시는 '외국인시민대표자회의' 설치를 시 조례로 명문화하고 있다.

일본 내 주요 도시에는 국제교류센터가 건립돼 있어 이주민들의 사회문화 적응을 돕고 있다. 1981년 창설된 요코하마 국제교류센터는 상담, 국제이해교육, 다언어 정보 제공, 외국인자녀들의 교육지원 등 다양한 국제교류사업을 추진하고 있다. 요코하마는 인구 360만 명의 대도시로

2008년 현재 150여 개국 7만 5,000여 명(시 전체 인구의 약 2%)의 외국인이 거주하고 있다. 이들 중 중국계가 가장 많고 재일코리안, 필리핀, 일계브라질인 순이다. 2005년 9월에 문을 연 신주쿠 다문화공생센터도 일본어학습 코너, 자료정보 코너, 외국인상담 코너, 국제이해 강좌나 국제교류를 위한 다문화 공간 등을 운영하고 있다.

일본은 다문화가정과 일계브라질인 등 외국인 이주노동자들이 증가하는 추세여서 2005년부터 다문화공생을 국가적 차원의 주요 과제로 설정하였다. 다문화공생정책은 외국인들에 대한 행정 서비스 향상, 인권 보장, 이(異)문화에 대한 이해와 개방적인 태도가 확립된 지역사회 건설을 목표로 하고 있다.

일본의 다문화정책 중 외국인 자녀에 대한 지원으로 주목받고 있는 것은 언어적 지원이다. 특히 가나가와 현은 방과 후 일본어 교실에 일본어 전담교사를 운영하고 있고 가와사키시의 경우 학교에 외국인자녀가 5명 이상 있으면 전담교사를 별도로 배치한다. 일본어가 서툴러 수업을 따라가기 어려운 학생이 있는 경우 학교 측은 국제교류센터 등에 통역 요청을 할 수 있다.

학교에 배치되는 통역자원들은 주로 국제교류센터에 등록된 자원봉사자들이다. 최근 일본에서는 통역 의뢰 요청이 늘어나 초등학교나 중학교, 보건소 등 공공기관에 통역요원들을 배치하여 외국인자녀들의 학교생활과 외국인들의 일본사회 적응을 돕고 있다. 요코하마 국제교류센터의 경우 외국인들을 위한 상담은 영어나 중국어, 한국어 등 7개국 언어로 이루어지는데 30명의 자원봉사자들이 교대로 근무 하고 있다.

또한 자원봉사자들은 한 달에 한 번씩 다국어로 발행되는 소식지도 직접 발행하고 있다. 이들 자원봉사자에 대한 국내 연수는 1년에 2회 실시하고 있다. 2001년 7월 오다이바(お台場)에 문을 연 도쿄 국제교류센터는 일본에 유학 온 학생들을 위한 편의시설을 제공하고 있는데 800여 개의 최

신식 룸과 국제회의장, 유학정보센터 등을 갖추고 있다.

6) 외국인 정책 주요 동향 및 추이

일본은 1980년대 이후 경제의 글로벌화가 급속히 진전되면서 정주 외국인이 급증하는 현상 때문에 '다문화 공생' 개념이 등장하였다. 다문화 공생이란 '서로 다른 문화적 배경을 가진 사람들이 차이를 인정하고 존중하며 대등한 관계를 형성하는 것'으로 정의될 수 있다. 최근 일본 정부는 '다문화 공생 사회'의 실현을 정책 목표로 제시하고 있으며 이에 따라 다문화정책을 추진하고 있다.

표 3.7 일본정부의 1950년대 이후 외국인 정책 동향

연도	외국인 정책과 다문화공생에 관한 동향
1950년	외무성 출입국관리청 설치
1951년	샌프란시스코 평화조약 체결, 출입국관리령(입국관리령) 제정
1965년	한일 국교 정상화
1972년	중일 국교 정상화
1975년	가나가와 현 독자적 국제 교류 촉진, 민간교류라고 지칭함
1979년	국제인권규약 비준
1980년	중국 귀국자 수용, 인도차이나 난민 수용: 외국인 배우자 증가
1981년	난민조약 가입, 출입국 관리 및 난민인정법(입국관리법)제정 (1982년 시행: 기능연수생 제도), 중국 잔류 일본인 조사 시작
1983년	유학생 수용 10만 명 계획
1984년	취학 비자 수속 간소화(아르바이트 인정)
1985년	플라자합의
1987년	외무성, 지방공공단체 국제 교류 지침 시달
1988년	국제교류협회(전국 및 지부) 설치
1989년	입국관리법 개정(1990년 시행)

연도	외국인 정책과 다문화공생에 관한 동향
1990년	일계인 유입 급증: 외국인 연수생 증가; 지방자치단체들 내향적 국제화 촉진
1993년	외국인 기능실습제도 도입
1995년	일본 한신아와지(阪神淡路) 대지진 후 시민 단체 활동에서 '다문화 공생' 개념 등장
1999년	입국관리법 개정(2000년 시행)
2000년	다문화 공생 정책으로의 전환
2000년	법무성 '제2차 입국관리법 기본 계획' 책정
2001년	외국인집주도시회의 발족
2002년	오사카 시 국제화 추진 기본 지침 마련
2003년	경제단체연합회 '다문화 공생청' 설립 제언: 유학생 수용 10만 명 달성
2005년	가와사키(川崎(かわさき)) 시 다문화 공생 사회 추진 지침 책정: 총무성 다문화 공생 추진에 관한 연구회 결성
2006년	총무성, 다문화 공생 추진 프로그램 발표: 입국관리법(入管法) 개정(2007년 시행: 외국인에게 전자 방식 개인 식별정보 의무화)
2009년	입국관리법(入管法) 개정(외국인등록제 폐지, 외국인에게도 주민대장법 적용)
2010년	연구기능제도 개정(입국 후 2개월부터 노동관계법령 적용, 부당 알선 외국인 강제 퇴거

주: 山脇啓造(2007), 依光正哲(2005), 이원경(2010) 참조.[12]

그러나 서구 국가들은 주로 정부 주도의 다문화정책과 법적 지원이 특징이지만, 일본정부의 외국인 정책은 기본적으로 보수적인 태도를 취하고 있어 정부의 정책지원보다 시민사회의 운동이 활발하다. 특히 외국인이 많이 거주하는 지자체를 중심으로 외국인의 일본사회 적응을 돕는 각종 의료 · 복지 · 교육 지원프로그램이 실시되고 있다.

일본정부의 다문화교육정책은 이주노동자 자녀들의 공립학교 의무교육의 무상취학을 허용하고 있으며 이들의 일본사회 적응을 돕기 위해 일본어 지도 및 상담교원을 각 학교에 배치하여 이들 학생의 수업 이해를 도

12 최병두. 『다문화 공생』, 푸른길 학술, 2011. p. 40.

울 수 있는 교사용 참고도서와 지도서를 보급하고 있다. 또한 이주민 지원을 위해 공민관이나 국제교류센터를 설치하여 일본어 교육을 실시하고 있으며 지역 상황에 맞는 교육프로그램을 추진하여 일본어 교육과 함께 각종 언어로 상담 가능한 외국인 전용 창구를 개설하고 있다. 각 지자체에서는 국제교류원 등 전문인력을 배치하고, 의료통역, 재해통역 등 각 분야별 통역을 양성하는 사업을 추진하고 있다. 또한 어학 교육, 문화 교육, 통역 서비스 분야의 자원봉사를 활성화하여 일반인들의 관심과 참여를 높이고 있다.

상호 이해 및 보건 · 복지 정책으로는 지역사회에서 의사소통을 위한 다양한 언어 자원을 제공하고 거주와 교육, 노동, 의료, 복지, 보건, 방재 등 기본적인 생활환경을 보장하면서 타문화에 대한 주민 의식 계발과 주민 자립 및 사회참여를 촉진하는 상호 교류의 활성화에 주안점을 두고 있다.

일본 지자체들은 다문화가족 지원사업으로 외국인을 국제교류원으로 채용, 공무원을 대상으로 외국문화와 사회구조에 대한 교육을 실시하고 있다. 미에 현(縣)에서는 외국인 의료 서포트 프로그램 운영, 시마네 현(縣)은 AMDA 국제 의료정보센터를 개설하여 다언어 진료 병원, 정보 제공, 진료 과별 문진표를 13개 국어로 번역하여 제공하고 있으며, 오사카 부(府)는 2005년부터 2007년까지 '외국인서포터 1,000명 육성 사업'을 실시하였다.

5. 일본정부의 일계인 귀환 정책

1) 노동력 수급환경 개선과 고용시장의 흐름

일본의 글로벌화와 더불어 '국제이동' 가운데에서도 '사람의 이동'이 주목받게 되었다. 글로벌 이동이란 상품이나 자본의 국가 간 이동과 마찬가지로 사람이 모국에서 타국으로, 개도국에서 선진국으로 이동하는 것을 가리킨다. 이러한 현상에 따라 일본에서도 1980년대 이후 외국인노동자의 입국이 매년 증가하고 있다.

그러나 외국인노동자의 증가 양상이 시대와 함께 변화해 오고 있다. 기존의 외국인 노동자의 이미지는 불법입국, 혹은 불법취업이나 돈 벌기 위한 단기체류의 성격이 강했으나 최근 IT혁명의 영향으로 먼저 IT기술자의 전문기술직 분야의 외국인노동자가 필요 불가결한 상황이 도래하였다. 이러한 문제는 여타 선진국에서도 우수인재(외국인 전문 과학기술 인력)의 외국인노동자의 자국 유입이 본격적으로 논의되어 오고 있는 실정이다.

2000년대 이후 일본경제는 불황을 넘어 회복의 기미를 보였지만 여전히 완전한 경제 회복은 불투명한 상태이다. 더구나 저출산고령화 사회를 맞이하여 노동력, 기술계승, 노인연금, 의료 및 양호 등 사회보장제도의 유지가 매우 어려운 실정이다. 다른 선진국에서도 저출산고령화 사회가 문제되고 있지만 특히 일본 총인구의 추이는 평행 상태를 지속적으로 유지하면서 매우 빠른 속도로 고령화가 진행되고 있다.

이러한 일본의 저출산고령화 사회의 완화책으로서 외국으로부터의 이민이나 외국인노동자의 유입정책이었다. 그러나 여러 가지 사회적 위험성 때문에 개도국에서 선진국으로 사람의 이동은 주로 우수인재(전문 과학기술 인력) 중심이 되어 왔다.

일본의 경우 현재 당면하고 있는 노동인구 감소의 대응전략으로서 청소년, 여성, 고령자 등의 일본 국내 노동자들이 활약할 수 있는 환경 정비와 유능한 외국인 과학기술 전문 인력을 수용하여 생산성 제고와 다양성의 메커니즘을 살려 글로벌화를 추진시켜나가는 것이 주요 과제로 대두되었다.

이를 위해 일정 수준 이상의 자격과 기능을 가지고 있으며 업무와 생활에 지장이 없을 정도로 의사소통이 가능한 일본어를 습득한 외국 과학기술인재에 대해서는 적절한 수용과 일본 내 취업이 가능하도록 개선해왔다.

일본정부는 우수인재 외국 과학기 술인력의 연수 및 기능실습제도의 개선(기능실습의 제도화, 유치기업 및 기능실습생 등 쌍방의 필요에 따라 고도의 기능을 습득한 사람에 대한 체류자격 변경, 기능실습대상 직종의 확대 등)을 통해 체류자격 '기능'의 범위를 확대해오고 있다.

특히 일본사회가 저출산고령화 사회가 급속도로 진행되고 있는 가운데 수요가 높아질 것으로 예상되는 분야(양호, 간호)에서는 FTA/EPA를 포함한 국가 간 협상에서 합의된 경우라도 제도 개혁을 통해서 적극적으로 개방할 것으로 예상되고 있다.

국외로부터 우수 유학생을 일본 내에 체류하도록 유도하기 위하여 취업하기 쉬운 환경을 정비하고 체류자격의 변경 기준이 완화, 일본 유학경험자에 대한 체류기간의 대우 및 취직 지원, 외국 과학기술 인력에 대한 공정한 채용과 처우 개선을 시도하고 있다. 중장기적으로는 일본 이외의 법 제도를 참고로 외국 과학기술 인력의 영주허가의 취득에 관한 일반 법률정비도 검토하고 있다.

우수인재(과학기술 전문 인력)의 이동은 일본뿐만 아니라 전 세계적으로 중소기업 부문에서 일어나는 현상이다. 우수인재들이 비교적 단기간, 외국에서 전문직이나 연구직으로 일하면서 고도 지식이나 연구자 네트워크를 구축하여 타국(모국)으로 이동하는 현상을 '두뇌순환'이라 하며 일본에서는 특히 IT 관련 업계에서 외국인 기술자 고용이 증가해 왔다.

1990년대 이후 우수인재의 글로벌 이동이 증가하면서 두뇌순환의 세계적인 조류가 형성되어 미국, 영국, EU, 뉴질랜드, 오스트레일리아, 중국, 대만 등에서도 우수인재 유입을 통해 산업 이노베이션과 기업의 활성화를 도모하기 위한 출입국관리정책 개정을 서둘러 왔다.

일본정부 역시 우수인재(과학기술 전문 인력) 유입은 주로 자연과학계의 전문지식을 가진 사람을 대상으로 제도개혁을 추진하여 3개년 계획을 세워 과학기술 전문 인력을 적극적으로 수용해야한다는 방침에 따라 2001년 12월에 IT기술자의 수용 기준을 완화하였다. 일본은 미숙련 노동자들의 유치에는 부정적이지만 고도의 과학기술 전문 인력 수용을 적극적으로 유도하여 기업의 이노베이션 추진에 활력을 불어넣고 있다.

2) 일계인 모국귀환의 사회적 제도적 배경

일본의 일계인 수용정책은 1980년대에 경제대국으로 부각된 일본으로 돈벌이 목적으로 자격 외 취업자로서 다수의 일계인들이 유입된 것을 계기로 시작되었다. 당시 브라질의 경제가 악화되어 1985년의 플라자합의로 엔고 달러화의 약세가 진행된 것 또한 큰 요인이었다. 3D산업의 기업 입장에서는 노동력 부족을 해결하기 위해 그들을 필요로 했으며 그 후 일본정부는 입국관리법을 개정(89년), 시행(90년)했다. 이에 따라 일계인 3세까지를 정주자격을 부여하여 정식적으로 받아들이기 시작했다.

이러한 입국관리법이 개정된 지 10년이 넘은 시점에서 일본정부는 일본에 정주할 의향이 있는 일계인을 대상으로 영주자격을 취득할 것을 권장하였다.[13] 그러나 최근에는 외국인 고도인재를 수용하기 위해 일계인에

---

13 위의 보고서. p. 20.

대한 일본정부의 태도가 바뀌기 시작했다. 일본정부는 일계인이 고도성장기에 지역 경제를 지탱하고 경제 발전에 공헌했음을 인정하면서도 경제 불황 가운데 고용, 주거, 아동교육 등 문제가 심각해지고 있는 일계인에 대해 무조건 정주자격을 주는 것이 아니라 일자리 유무 등에 따라 입국요건을 강화시켰다.[14]

일계인이 받은 정주자격은 '정주자'의 제3호-4호에 주로 해당이 되는데 그 내용은 다음과 같다.

제3호. 일본인의 자녀로서 출생한 자의 친자녀
제4호. 일본인의 자녀로서 출생한 자로 과거에 일본 국민으로서 본국에 본적을 소유한 적이 있는 자의 친자녀의 자녀

이것은 쉽게 말하자면 '일본인의 자손'에 한정한다는 내용이었다. 이것을 달리 말하면 일계인 2세들은 '일본인의 배우자 등'이라는 체류자격을 가지고 있으며 일계인 2, 3세의 배우자는 '정주자' 자격으로 체류할 수 있다는 것이다. 일계인 4세의 경우 첫째, 일계인 3세의 부, 혹은 모와 동거하는 미성년의 친자녀, 둘째, 미성년자도 혼인한 경우 성인으로 취급, 셋째, 만 15-19세까지의 친자녀를 초청할 경우 입국의 목적을 명확하게 할 필요가 있으며, 넷째, 취업을 목적으로 한 입국의 원칙적인 금지, 다섯째, 수행요건심사 등 2, 3세와 비교해서 상당히 까다롭다.[15] 이상의 내용을 간단히 정리하면 〈표 3.8〉과 같다.

14 日本経済新聞 電子版.「外國人高度人材, 受け入れ促進 出入國管理基本計畫」, 2010.

15 최근에 3세의 친자식으로서 인정을 받아 취로제한도 완화되고 있다. 그리고 원래 20세(일본 나이)가 되면 친자식으로서의 자격이 상실되었으나 입관법의 해석이 개정되어 20세를 넘어도 일본에 체류하고 취로할 수 있게 되고 있었다. 다만, 출국 시에는 1년 이내에 재입국수속을 이행하지 않으면 3세의 친자식으로서의 자격은 상실된다.

표 3.8 세대 구분별 체류자격과 특기사항

세대 구분	체류자격	특기사항
일계인 2세	일본인의 배우자 등	부모가 일본 국적을 이탈하기 전에 출생, 일본인 부(父)가 출생신고 등
일계인 3세	*정주자	특별입양아의 친자녀는 3세에 해당되지 않음
일계인 2-3세 배우자	*정주자	배우자 단독 체류 금지
일계인 4세	*정주자	취업 목적 입국은 원칙적으로 금지 (다만 최근 완화 추세)

* '정주자'는 1990년의 '출입국관리 및 난민인정법'을 규정된 체류자격이며, 주로 일계인을 대상으로 상정한 것임.[16]

일계인에 대한 수용정책의 방향은 '정책의 기본원칙' 차원에서는 첫째, 일계인에 대한 차별을 없애고 서로가 같은 국가에서 공생하며 일하는 파트너십 의식을 가지고 상호 이해 · 협력의 추진, 둘째, 일계인도 권리를 향유하기만 하는 것이 아니라 납세 및 사회보험 부담 등의 의무를 다하게 한다는 것이다.

'출입국관리와 체류관리' 차원에서는 첫째, 일계인을 둘러싼 문제에 대한 해결의 실마리가 보이기 전까지는 4세 이후의 수용은 신중히 검토, 둘째, 입국관리법의 '신분 또는 지위에 기초한 체류자격의 요건 변경을 신중히 검토, 셋째, 일계인의 실태를 정확히 파악하기 위해 새로운 체류관리제도를 활용한다는 계획이다.

'노동과 고용' 차원에서는 첫째, 사회보험 가입 확보 등을 통한 고용정상화를 위해 사회보험 가입의 확인과 정기적인 보고의 의무화, 둘째, 일본 국내에서 노동하는 것이 경험과 능력의 신장에 도움이 되어야 하며 이를 위해 일계인의 정직원화를 촉진시킨다는 것이다.

---

16 石田智恵, 「1990年入管法改正を経た〈日系人〉カテゴリーの動態 -名づけと名乗りの交錯を通して-」, 2009, p. 1.

‘사회통합’ 차원에서는 첫째, 일계인에 대한 일본어와 생활규칙에 대한 교육체제 강화를 위해 지방자치단체가 교육체제를 정비하고 고용 시에는 기업, 지역에서는 NPO 등이 교육 담당, 둘째, 아동교육에 대한 체제 정비를 위해 일본인과 동등한 의무교육, 셋째, 공교육에서의 다문화교육 추진과 현지어 통역자의 배속, NPO법인 등에 의한 보수교육체제와 현지 학교에서의 교육체제 정비, 넷째, 공부를 하면 보다 행복한 삶을 누릴 수 있다는 성공모델 제시, 다섯째, 체류허가 갱신 시 납세증명서 및 사회보험가입증명서의 첨부를 의무화하였다.

‘행정상의 체제’ 차원에서는 첫째, 정주자형과 데카세기형(돈벌이형)을 구별하고 특히 전자에 대한 사회통합 문제와 관련하여 지방자치단체뿐만 아니라 국가의 재정적 지원을 강화하고 문제점의 원만한 해결을 위해 이민 송출국과의 협력관계를 구축하고 있다.[17]

3) 외국인노동자 수요 증가와 대체 인력 일계인의 귀환

일본정부의 외국인 유입정책은 기본적으로 유럽 선진국들과 마찬가지로 우수인재(전문기술 인력)는 적극적으로 유치하고 단순 기능 인력은 제한한다는 방침을 기본으로 정하고 있다. 1987년부터 시작된 일본 버블경기 약 10년간 외국인 유입이 급속히 증가하기 시작했다.

이들의 입국 유형을 살펴보면 첫째, 엔고현상으로 필리핀 여성들이 돈벌기 목적으로 풍속업을 중심으로 도일하는 여성들이 증가하였다. 둘째, 일계인 2세-3세들이 친족 방문으로 도일하여 이민자손의 지위와 신분으로 취업하기 시작했다. 셋째, 1988년부터는 방글라데시, 파키스탄 등의 남아시아, 이란 등 중근동지방으로부터 외국인 노동자의 유입이 증가하기

17 社団法人日本経済調査協議會(2008) 「外國人労働者受入れ政策の課題と方向-新しい受入れシステムを提案する-」, pp. 21-30.

시작했다.

이러한 상황에서 1988년 외국인노동자 정책의 기본방침을 발표하게 되었다. 주요 내용은 '우수인재(과학기술 전문 인력)'의 적극적인 수용과 '단순노동자'의 수용에는 신중한 태도를 견지한다는 방침이었다. 따라서 일본인들이 할 수 없는 전문 과학기술 분야의 우수인재, 즉 법률사무소, 외국인 예능인 및 해외 요리사, 상용, 교수, 흥행, 기술제휴, 숙련노동 등은 1990년 입국관리법 개정으로 체류자격이 확대되었다. 또한 1990년대 연수제도의 규제완화, 1993년 기술실습제도가 도입되었다.

2000년에는 법무성 입국관리국이 '제2차 출입국관리기본계획'을 채택하여 중장기적으로 저출산고령화 사회의 도래로 한층 노동력이 부족할 것으로 예상되는 양호노동 분야에서 전문 기술 인력으로 인정되는 인재에 대하여 적극적으로 유입정책을 시도하고 사회적 수요를 고려하여 유입정책을 긍정적으로 개정해 나가고 있다.

일본정부는 저출산고령화 사회의 도래로 경제 규모와 경제성장, 저출산고령화 사회의 속도를 완화시키기 위한 방편과 대책으로서 외국인 노동자의 유입으로 보완하려는 정책을 전개해왔다. 일본은 저출산고령화 대책과 이민 및 외국인노동자 정책의 현실적인 대안으로서 4단계의 유형화 정책을 도입하고 있는데 주요 내용은 다음과 같다. ① 충분한 저출산 대책보다는 인구구성의 시정을 위하여 대규모 이민을 포함한 외국인노동자의 수용정책 ② 저출산 대책의 효과를 기대할 수 없기 때문에 노동력 수급의 불균형을 시정하기 위한 목적으로 외국인 노동자의 대량 수용정책 ③ 저출산 대책의 효과를 배가시키는 한편 기술 개발과 중요 생산 현장의 중핵을 담당하는 인재를 적극적으로 개발하기 위한 외국인 인재 유입정책 ④ 저출산고령화 사회의 도래로 수요가 확대되는 의료, 양호 혹은 육아지원 등의 분야에 한정하여 외국인 유입정책 등이다. 현재 홍콩이나 싱가포르 등이 가정부를 외국인 노동자로 대체하는 경우와 대만이 양호 노동자로서 외국인 유입정책을 실시하고 있다.

일본정부의 이러한 외국인 유입정책의 폐쇄성 지속, 단순 기능 인력 분야의 노동력 수용과 취업은 일본계(재외방인 및 일계인) 2-3세 동포(일계인)에게만 허용하고 타 외국인 노동 인력은 합법적인 유입을 금지함에 따라 불법체류자 양산을 초래(2002년도 불법체류자 수는 약 20만 명 이후 계속 감소 추세)하게 되었다. 그러나 불법체류자(비정규 노동자)에 대한 합법화 조치는 아직까지 실시하지 않고 있다.

이와는 반대로 1990년대 출입국관리법을 개정하여 일본계 2-3세와 그 가족들에게 정주자격과 함께 취업에 제한을 두지 않는 조치를 시행하였다. 1991년에는 일본계 이민자들을 위한 '취업알선센터'를 개설하였으며 특히 브라질 상파울루에는 '일 · 브라질 취업알선센터'를 설치하기도 했다.

일본정부는 1999년 '제9차 고용정책 기본계획'에서 향후 10년간의 시행규칙을 명시하였다. 주요 내용은 2002년-2005년까지 3만 명의 IT 인력 유치, 단순 기능 인력은 일본계 이민자와 기능실습생 제도를 변형시킨 제한된 경로를 통해 유치하여 활용한다는 계획이었다. 이미 1989년부터 노동성에 외국인고용대책실을 마련하고 개발도상국에 기술이전을 목적으로 '기능실습생 제도' 도입하였으며 2005년에는 2004년도 대비 10.6% 포인트 증가한 8만 3,000명이 입국하였다. 기능실습생 중 일본의 각종 자격시험에 통과한 자는 특정 분야에서 일할 수 있는 근로자 신분으로 전환하였고 이러한 숫자는 대폭으로 증가하였다.

이들 중 2005년 일본에서 생활하고 있는 남미에서 입국한 총 37만 6,000명의 일본계 2-3세 중 브라질 출신(30만 2,000명)이 대부분을 차지하였으며, 다음이 페루 출신이었다. 기능실습제와 외국인연수제는 지난 1991년 일본 법무성, 외무성, 후생노동성, 경제산업성, 국토교통성 등 5개 부처가 공동으로 설립한 국제연수협력기구(JITCO)에서 담당해 오고 있다.

현재 일계인들의 대다수는 자동차 산업이나 전자부품 산업과 같은 산

그림 3.1 일본정부의 일계인 수용정책 방향

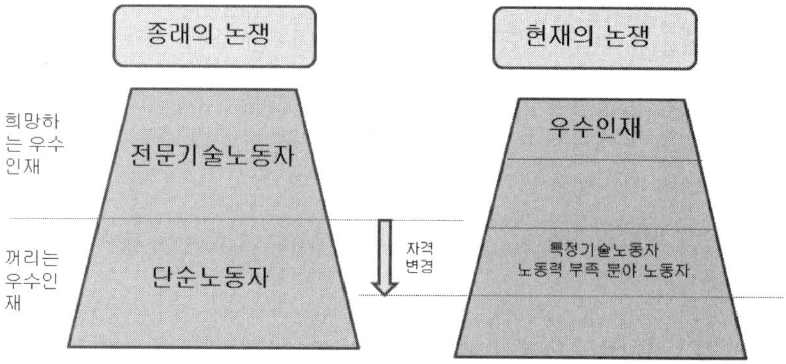

업에 종사하고 있으며 일본 산업 중에서도 매우 중요한 역할을 담당하고 있다. 그러나 고용 형태를 보면 정직원이 아닌 경우가 대부분이며 이것으로 인한 여러 가지 문제들이 발생하고 있다. 주요 문제로서는 불안정적인 고용 관계, 사회보험 미가입, 2세 교육에 대한 관심의 결여 등이다. 정주자격으로 수용된 일계인은 특정 산업에 집중되어 집거지를 형성하고 있다. 이러한 일계인들 중에는 정주화가 진행되고 있는 사례도 있으나 모국과 일본을 왕래하면서 생활하는 사례도 나타나고 있다.[18]

일계인의 돈벌이 이주는 처음에 연고모집형으로 진행되었다. 1985년의 엔고 이전인 일본으로의 돈벌이 이주가 붐이 되기 전에는 취업 가능한 체류자격을 가진 일계인의 대부분이 연고모집을 통해 이주했다. 이후 일본으로 돈벌이 이주를 간 노동자의 성공 기사가 브라질 일본어신문에 게재되자 돈벌이 이주 붐이 일어났다. 그리고 1990년의 개정입국관리법 시행 이후 돈벌이 노동자의 수는 급증했다. 그것으로 인해 일계인 거주지역에서는 일본식의 생활 규칙을 지키지 않는 일계인과 일본인 사이에 갈등이 생기기 시작했다. 그리고 의료와 아동교육에 관한 문제, 경제와 행정제

18 위의 보고서, p. 20.

도 등의 문제가 발생하여 일본인과의 공생을 모색할 필요가 생기기 시작했다.

군마 현 오타 · 오이즈미 지구나 시즈오카 현 하마마쓰 시는 일계인의 인구가 많아 에스닉 비즈니스나 브라질의 교육제도가 잘 정비되어 이들이 생활하는 데 매우 편리하다. 그리고 아이치 현 니시오 시의 일계인들은 공영주택에 거주하는 이들이 많은 지역이다. 이러한 경우 일계인의 조직화 및 공생을 모색할 필요가 있다. 그러나 나가하마 시의 경우에는 일계인의 수가 오타 · 오이즈미 지구나 하마마쓰 시와 같이 많지 않으며 파견업자가 일계인을 한곳에 모아놓고 각종 서비스를 제공하기 때문에 일계인이 조직을 만들거나 일본인과의 공생을 시도하기도 어려운 상황이다. 합리적인 경제 시스템은 원래 개방 시스템이며 국적에 상관없이 능력이나 업적 위주로 채용하는 것이 바람직하다. 그러나 일계인의 경우 일본기업 입장에서도 일계인 본인 입장에서도 돈벌이형의 고용형태를 선호하는 경향이 있다.

데카세기(돈벌이) 이외의 취업형태로서는 에스닉 기업으로서 브라질 숍이 있다. 브라질 음식점이나 각종 상점을 중심으로 에스닉 비즈니스를 형성하고 있으며 아동교육을 위한 브라질인학교 등이 설립되어 있다. 일계인의 행정적인 시스템을 보면 군마 현 오이즈미마치의 시도로서 모든 외국 국적 주민들의 '보험 가입'을 들 수 있다. 또한 외국인등록을 하러 온 외국인이 사회보험에 가입할 생각이 없을 경우 오이즈미마치의 국민건강보험으로 가입시키는 계획을 실시하고 있다.[19]

19 近藤敏夫.「日系ブラジル人の就労と生活」, 2005. pp. 1-14.

4) 일계인 인구 증가 추이 및 지역별 분포

(1) 일본 내 일계인 지역별 집거 지역

2011년도 말에 일본 법무성이 공표한 일본에 거주하는 일계브라질인의 추이는 전체적인 통계치를 살펴보면 일본에 체류하고 있는 재일외국인 중 세 번째로 많은 수치이며 2011년 말 현재 약 21만 명 정도가 거주하고 있는 것으로 나타났다.

일계인의 입국조치 완화를 시행한 1990년 일본 입국관리법 개정 이후 1991년부터 일계인의 인구 증가 추이를 살펴보면 2008년도까지 계속해서 증가 추세를 보여 일본 내 일계브라질인은 약 31만 명으로 최고치에 달했다. 그러나 2008년 글로벌 금융위기 이후 급감하기 시작하여 2011년도 말 현재 21만 명을 유지하고 있다. 이는 일본 경제불황 지속과 상대적으로 브라질 경제의 성장에 귀국하는 일계인들이 많았기 때문이다.

〈표 3.9〉에 제시한 바와 같이 일계인의 분포 지역을 살펴보면 일계인의 대부분이 아이치 현(나고야) 주변이나 시즈오카 현, 미에 현, 기후 현, 군마 현, 카나가와 현 등 주로 관동 북쪽 지역에 집거하고 있는 것으로 나타났다.

인구 100명당 일계인들 수치가 가장 높은 곳은 시즈오카 현으로 0.89명, 기타 미에 현이 0.81명, 아이치 현 0.73명, 군마 현 0.65명 등이다. 또한 지역 주민의 1%이상이 일계인으로 알려진 오이즈미마치가 있는 군마 현이나, 관동 북쪽 지역, 나가노 현, 야마나시 현이 일계인들의 상위 집거 지역이다.

전술한 바와 같이 이들 지역은 제조업[20]이 많고 공업생산액[21]이 높은

---

20 일본 내 제조업 사업체 수에 대해서는 http://todo-ran.com/t/kiji/10727 참조(검색일: 2013/8/22).

21 일본 내 공업생산액에 대해서는 http://todo-ran.com/t/kiji/10720 참조(검색일: 2013/8/22).

표 3.9 일계인 지역별 거주자 분포[22]

단위인구: 인구 100(2011년도 말 기준)

순위	도도부현	총수	인구 100명당 (%)	순위	도도부현	총수	인구 100명당 (%)
1	시즈오카 현	33,547	0.89	25	오키나와 현	267	0.02
2	미에 현	14,986	0.81	26	니가타 현	373	0.02
3	아이치 현	54,458	0.73	27	교토 부	409	0.02
4	군마 현	12,909	0.65	28	에히메 현	183	0.01
5	기후 현	13,327	0.64	29	후쿠시마 현	215	0.01
6	시가 현	8,710	0.62	30	야마구치 현	154	0.01
7	야마나시 현	3,311	0.39	31	야마가타 현	111	0.01
8	나가노 현	7,504	0.35	32	와카야마 현	88	0.01
9	후쿠이 현	2,510	0.31	33	후쿠오카 현	302	0.01
10	도쓰기 현	5,688	0.28	34	미야기 현	138	0.01
11	도야마 현	2,737	0.25	35	오이타 현	65	0.01
12	이바라끼 현	7,427	0.25	36	도쿠시마 현	41	0.01
13	시마네 현	1,125	0.16	37	이와테 현	68	0.01
14	사이타마 현	9,123	0.13	38	구마모토 현	54	0.00
15	카나가와 현	10,060	0.11	39	홋카이도	155	0.00
16	히로시마 현	3,043	0.11	40	고치 현	21	0.00
17	이시카와 현	1,181	0.10	41	도토리 현	16	0.00
18	치바 현	4,289	0.07	42	미야자키 현	26	0.00
19	오카야마 현	1,183	0.06	43	나가사키 현	31	0.00
20	효고 현	2,872	0.05	44	가고시마 현	37	0.00
21	나라 현	515	0.04	45	사가 현	13	0.00
22	오사카 부	3,001	0.03	46	아오모리 현	20	0.00
23	도쿄도	3,476	0.03	47	아키타 현	11	0.00
24	카가와 현	252	0.03	전국	210,032	0.16	

22 일본 법무성 외국인통계(2011년) 참조로 필자 작성.

지역들로 이곳에 일계인들이 많이 분포되어 있다. 브라질인과 비슷하게 1980년대 이후 등장하기 시작한 뉴커머 중국인(중국조선족 포함)들이 제조업이나 도시 서비스업에 종사하고 있는 것과는 다른 특징을 보이고 있다.[23] 이러한 현상은 이주 초기 단계에서는 비슷한 이주패턴을 보였지만 정착 단계에서 그들의 출신이나 일본어 능력 등 개별 요인들로 인해 일계인과 중국인의 일본 내 정착을 크게 좌우하는 요소로 작용한 것으로 보인다.

(2) 일본 내 일계인 집거 지역의 특징

2000년대 이후 전 세계적으로 300만 명의 브라질인들이 세계 각지로 이동하게 되면서 일계인들도 브라질국가라는 큰 틀 속에서 브라질인 글로벌 디아스포라 네트워크 구축이라는 조류에 합류하게 되었다. 이러한 디아스포라 네트워크 구축에는 일본 거주 일계인들이 대거 포함되어 있고 이들은 일본과 브라질의 경계인이자 초국가시대 중간자 역할을 담당하고 있다. 즉 일본-브라질 거주 일계인, 일본-브라질 사회문화의 중간 역할자로서 브라질 내에서는 개척이민자라는 자부심이 강했다.

그러나 전술한 바와 같이 일본 거주 일계브라질인들은 일본정부의 수요에 따른 노동이민(데카세기, 경제불황 영향)의 성격이 강하였고 그들 대부분은 일본에서 데카세기 공장노동자, 근로자들이었다. 일계인들이 1990년대 일본정부의 입국관리법 개정과 특혜 속에서 일본어도 모르는 저학력의 노동자들이 대거 귀국하였다. 귀국 당시 일계인노동자들은 어디에서나 환영받았지만 점차 일계인들이 많아지고 일본의 경제불황이 깊어지면서 점차 취업하기 힘들어지고 일본인들의 차별도 증가하기 시작했다.

또한 일계인들 대부분이 공장노동자들이다 보니 우선 먹고살기에 바

---

23 재일중국인의 인구 증가 추이에 대해서는 http://todo-ran.com/t/kiji/11582참조(검색일: 2013/8/22). 재일중국인(중국조선족 포함)은 2007년 재일코리안 인구를 초월하였으며 2008년 약 67만 명, 2009년 이후 감소 추세임.

빠 그들 자신의 정체성이나 문화에 관심을 가질 만한 시간적 여유가 없었다. 이러한 이유 때문에 향후 일본사회에서 정착하는 일계인들이 정주할 것으로 예상되지만 여전히 그들의 타향이자 모국인 브라질 귀국 지향이 강할 것으로 예상된다.

현지 일본 거주 일계인 A씨의 인터뷰에 의하면 자신의 정체성에 대하여 "나는 100% 브라질인이고 100% 일계인이다."라고 자신을 정의하였다. 이것은 어떻게 보면 일본정부가 민족적으로는 분명히 일본민족으로 일계 브라질인을 수용하고 있지만 사회문화적으로는 일본사회에 수용되지 못하고 있다는 현실을 그대로 반영하는 것이기도 하다.

이러한 일계인사회의 고민과 현실을 반영하여 일본에서도 일계인 집거지와 일계인타운이 형성이 일본 거주 브라질인들을 중심으로 진행되어 왔다. 현지 조사에 따르면 특히 군마 현 오이즈미마치 일계인들이 많이 모이는 집합 장소인 일계인타운에는 그들을 위한 브라질 음식 레스토랑과 에스닉 요리, 매년 7월 삼바 축제, 일계브라질인 축제 봄과 가을 연 2회, 카니발 연 1회, 매주 토요일과 일요일 일계인문화센터에서 브라질 음악 축제, 마을회 및 상가 번영회의 브라질인과 합작으로 다문화공생 축제 등 다양한 일계인 축제들이 개최되고 있다.

또한 일본 거주 일계인의 정착 유형은 각 지역의 특색에 따라 축제와 문화 형식도 다르게 나타나고 있다. 일본 거주 일계인들이 가장 많이 집거하고 있는 요코하마 시 쓰루미 구, 군마 현 오이즈미마치, 나고야 및 하마마쓰 시 등을 살펴보면 다음과 같은 집거지의 네트워크 유형을 보이고 있다.

이들 일계인 집거 지역의 공통점은 일계인들의 일본이주유형과도 상당히 밀접히 관련되어 있다. 일본정부가 1990년대 일계인들 대부분을 공장노동자로 수용했기 때문에 정부와 기업의 정책과 수요에 의해 결정되었다. 따라서 이들 지역 대부분은 일계인들을 대상으로 공장노동자들을 많이 필요로 하는 자동차 부품 조립 공장, 전자제품 조립 공장, 악기 산업 등이 밀집된 지역으로 한정되고 있다.

2007년도 일본 법무성 '등록외국인통계'에 의하면 일본에서 증가하고 있는 일계인의 '영주자' 자격 취득자의 분포는 아치 현과 시즈오카 현을 중심으로 한 동해 지역과 군마 현, 사이타마 현, 가나가와 현을 중심으로 한 관동 북쪽으로 이극화 현상을 보였다.[24] 이들 일계인 집거 지역에 거주하는 일계인들 영주자가 91%에 달해 일계인 집거 지역을 중심으로 영주자들이 많이 거주하고 있는 것으로 나타났다. 이는 일계인 공동체나 네트워크 확대된 지역에서 일계인들이 안정감을 누리며 일본 영주 지향이 강하다는 점을 확인할 수 있다. 여기에서는 현지 조사를 바탕으로 크게 세 지역으로 나누어 일계인 집거 지역의 네트워크 특성을 살펴보면 다음과 같이 정리할 수 있다.

① 대도시 거주 일계인

- 일계인만의 행사(나고야 및 하마마쓰 시)
- 나고야(도요하시 시) 단지 생활–산재되어 있어 네트워크 약함
- 하마마쓰 시(시즈오카 현)–집중도 강하며 네트워크 약함
- 요카이치(미에 현)–단지 생활로 네트워크 약함

② 중소 도시 거주 일계인

- 재일외국인과의 협력 및 다문화 공생과 사회통합(쓰루미 구, 도회지에서 근거리)
- 쓰루미 구(가나가와 현)–도심에 가까워 네트워크 중간

24 『ニッケイ新聞』. 2008년 11월 4일 자 신문보도 참조.
출처: http://www.nikkeyshimbun.com.br/081104-61colonia.html(검색일: 2013/8/22).

③ 현 및 군 단위 거주 일계인

- 전통적인 마을회, 번영회와 합력(군마 현 오이즈미마치)
- 오이즈미마치(군마 현)—시골 도시 분위기로 네트워크 강함

(3) 일본 내 '보이지 않는 소수자'로서 일계인 정착

전술한 바와 같이 일계인의 모국귀환 현상은 일본의 외국인 노동자 유치 정책 및 관련 분야와 직간접적으로 관련되면서 진행되어 온 것으로 생각된다. 이러한 이민 과정은 외국인노동자를 포함한 이민 연구에서 구상해 온 흡입배출요인(push-pull theory), 종속이론(dependency theory), 이민시스템(migration)등 세 가지 이론적 범위를 통해서도 보완 가능할 것이다. 하지만 이러한 기존의 이론들은 국가의 이민정책과 기업의 노동자 유치 및 현지정착 과정을 소홀히 다루고 있다는 측면이 있다. 따라서 일본정부의 외국인 노동자 유치정책과 제도적 배경을 심층적으로 다룰 필요가 있을 것이다.

일본 나고야에서 일계인 대상 기술전문학교를 경영하고 있는 M씨에 의하면 "일본의 후손인 일계인들이 일본정부의 특혜로 일본에 입국 가능함에 따라 대부분 데카세기 노동비자로 돈벌이를 위해 도일하는 경우가 많다. 이럴 경우 대부분의 일계인들은 하층민과 저학력자들로 구성되어 있고 일본 생활에 필요한 최소한 일본어도 전혀 할 수 없는 사람들이다." 라고 했다.

따라서 이들은 일본사회에 적응하기 힘들고 일본인과의 교류나 친목도 상당히 어려운 상황이다. 일례로 일본에서 2008년 글로벌 금융위기를 전후로 30만 명의 일계인들 중 10만여 명이 다시 브라질 귀국을 선택했다는 점도 이를 뒷받침하고 있다. 여기에는 물론 일본정부의 경제적 불황 지속에 따른 귀국 종용의 측면도 작용했지만 일계인들의 도일 목적이 경제적인 '저팬드림'을 목표로 하고 있다는 점도 브라질 귀국 선택의 이유로 설명 가능할지 모른다. 그러나 무엇보다도 일계인의 공동체형성에 영향

을 미치는 요인들은 거주국의 이민정책 이후 이민 20년 동안 일본사회 정착과정에서 그들 간의 상호 네트워크 구축, 문화공동체 형성이 여전히 어려웠다는 점을 들 수 있다. 전술한 바와 같이 일계인들이 네트워크 특성이 지역별로 다르게 나타나고 있는 점도 여기에서 기인한다고 볼 수 있다.

일계인의 정착 과정 실태 파악 차원에서 2013년 7월 현지 조사 결과에 따르면 점차 이러한 한계를 극복해나가는 과정으로 이해할 수 있는데 그 이유는 다음 다섯 가지로 일계인 사회의 특징을 정리할 수 있다. 첫째, 이주 초기 노동자 계층 일계인의 데카세기 일본행과 이주 기간의 장기화에 따른 고학력화 및 차세대 등장, 둘째, 일본 내 전 세계 국가 간 지역 간 이동의 다변화와 집거 지역에 형성된 일계인사회의 계층 분화, 셋째, 일계인만의 강한 연대의 민족 네트워크 존재, 넷째, 일계인 학교 및 기술학교를 통한 일본어 습득과 문화 적응, 다섯째 국적 취득과 결혼에 의한 장기체류자의 증가 등이다.

요약하면 일본에서 일계인들의 정착에 가장 큰 영향을 미치는 요인은 일본정부가 정책적 제도적 측면에서 일계인들을 1990년대 이후 외국인노동력의 대체 수단으로 활용했지만 아이러니컬하게 일계인들이 일본어와 일본 사회문화 적응에 실패했다는 점, 이들 도일자 대부분이 데카세기 공장노동자로서 머물러 에스닉 기업으로 전개되지 못했다는 점 등의 한계를 들 수 있을 것이다.

6. 일계인의 정착 요인

1945년 해방 이후 일본 최대의 소수민족 집단이었던 재일코리안의 전체 수보다 2007년부터는 재일중국인 숫자가 웃돌기 시작했다. 중국조선족의 일본진출과 특징을 살펴보면 다음의 여섯 가지로 정리할 수 있다. 첫째, 이주 초기의 엘리트층(유학생, IT 전문 기술자) 조선족의 일본행과 이주 기간의 장기화에 따른 저학력자 및 저연령화(노동자, 취학생), 둘째, 지역 간 이동의 다양화와 이주지역에 형성된 조선족사회 내부의 계층분화, 셋째, 조선족의 가족, 친척, 친구들 간의 민족 네트워크의 존재, 넷째, 다중, 다언어적인 상황과 그 특수성, 다섯째, 가족 공간의 변용, 여섯째, 장기체류자로서의 국적 취득 등의 경향을 꼽을 수 있다. 이 여섯 가지 경향들은 2001년도 실태조사 결과와 비교할 때 각각 그 특징을 파악할 수 있다.

조선족의 도일이 시작된 1980년대, 일본은 국제이민을 둘러싼 전환점을 맞이했다. 그 주된 요인은 소위 '보트피플'로 알려진 인도차이나 난민의 이슈화, 즉 미국을 비롯한 국제사회 압력으로 인해 일본이 1951년 "난민의 지위에 관한 조약"에 가입하고 1967년에는 "난민의 지위에 관한 의정서"에 서명하였다. 또한 '출입국관리령'(1951년)의 개정에 이어 1982년 '출입국관리 및 난민인정법'의 제정으로 인한 '1982년 체제'의 시작을 꼽을 수 있다. 이 시기 유흥업비자로 입국하는 아시아 여성, 1972년 중일수교 이후 귀국하기 시작한 중국 잔류 고아, 유럽이나 미국의 다국적기업에서 파견된 비즈니스맨 등 뉴커머의 유치와 더불어 버블경제하 단순노동력의 수요가 급증함에 따라 비합법노동자도 연이어 일본으로 입국을 하게 되었다.

특히 1982년에는 '유학생 10만 명 계획'이 제안되어 1983년의 "21세기에로의 유학생 정책에 관한 제언"과 1984년의 "21세기에로의 유학생 정책의 전개에 대하여"란 문부성(현 문부과학성) 유식자회의 보고에 의해 기본적인 틀이 정해진 계획이며 일반 중국인이 해외로의 자유로운 이동이 실질적으로 가능해진 것은 "중화인민공화국 공민 출경 입경관리법"이 제정된 1985년 11월 이후 동법이 시행된 1986년 2월 이후의 일이다. 1984년부터 사비유학이 가능해져 상해 및 복건성 출신자 중국인들의 도일이 증가하였으나 본격적인 조선족의 도일은 기본적으로 1986년 이후의 현상으로 파악된다.

1980년대 일본이 경험한 국제이민의 전환기는 일본정부로 하여금 "출입국 및 난민인정법"의 개정을 촉진시켰다. 1989년 12월에 공포되고 1990년 6월에 시행된 "개정출입국관리법"(이하 "개정입국관리법")은 첫째, 전문직을 중심으로 한 새로운 체류 자격의 부여, 둘째, 비자 신청 수속의 간소화, 셋째, 비합법노동자의 고용자 및 중계업자에 대한 형벌의 규정의 세 가지를 주로 개정하였다. 즉, 전문직 외국인에게 문호를 개방하는 한편, 미숙련노동자의 입국을 제한하는 일련의 정책적 움직임으로 볼 수 있다.

일본의 외국인 노동자 유입과 관련된 법제도와 정책, 다시 말하면 "10만 명 계획"의 실시, "개정입국관리법"의 시행, 신원보증인제도의 폐지 등 일련의 정책의 실시와 그에 따른 취학생, 비합법적 외국인들의 유입 및 전문직, 기술 분야의 외국인 유입의 맥락에서 파악되고 그 과정에서 국가와 기업의 역할을 추측해 볼 수 있다. 재일코리안의 경우 일본의 국가적인 관점에서는 "식민지 체제하의 조선인, 또는 그 후손"이란 타자화된 표상으로 인식되고 있음을 시사한다. 한편 21세기에 들어서서 뚜렷해진 기업의 역할, 즉 일본정부가 조선족 기술자를 우수인재로 받아들이고 다양한 분야에서 활용하려는 모습은 글로벌화의 치열한 인재 확보 경쟁에 대응하려는 기업의 피나는 노력의 모습으로 표현되고 있다. 전자가 배제, 후자가 포섭의 논리라면 조선족의 도일은 이 두 가지 논리가 융합된 국가와 기업의 정책 속에서 좌우되고 있는 것으로 생각된다.

표 3.10 일계인과 중국조선족의 수용 과정 비교

이동 배경	일계인(일본)	중국조선족(한국)
정치적 요인	• 일본정부 1990년대 입국관리법 개정으로 '정주자격'이 신설되어 일계인노동자 우대정책	• 1978년 시작된 중국의 개혁개방과 산업화에 따른 인구이동 • 1992년 한중수교 이후 한국과 일본 기업의 대량 진출 등
사회적 경제적 요인	• 1980년대 일본 경제의 호황에 따른 노동력의 수요 확대와 고령화 사회로 인한 노동력 부족 상태 초래 • 외국인노동력에 대한 임금 상승	• 이주자를 통한 성공 사례 전파 및 혈연과 지연 중심 이주 네트워크 • 1990년대 일본으로 IT기술과 일본어가 능숙한 동북삼성 출신자들

이동 배경	일계인(일본)	중국조선족(한국)
	• 일본인이 기피하는 3K업종에서 외국인노동력이 급격히 증대 • 1980년대 이후 일본의 저출산고령화로 이민이나 외국인노동자 유치정책	의 유학 및 취업, 한국으로는 국내 노동인구 부족에 따른 노동이주
출입국 관리법 개정	• 1947년 외국인등록령 제정, 치안 관리 대상 • 1951년 '출입국관리령' 분리 • 1969년 입국관리법안 외국인정치활동금지로 반대 운동에 의해 폐안 • 1979년 국제인권규약 • 1981년 국제난민조약 비준 • 1982년 출입국 및 난민인정법 제정 • 1984년 10월 '입국사전심사 종료증제도'라고 불리는 수속 절차 도입 • 1989년 외국인등록법 개정 • 1990년 개정입국관리법에 의한 '출입국관리 및 난민인정법개정' 정주자 신설, 정주자는 '법무대신이 특별한 이유를 고려하여 일정 체류기간을 지정하여 거주를 인정하는 자'로 정함 • 1991년 입국관리특례법 제정(일본국과의 평화조약에 의해 일본 국적을 이탈한 자 등의 출입국관리국에 관한 특례법) • 1996년 7월 일본인 자녀의 친권자로서 현실적으로 양육하고 있는 외국인 부모에게 '정주자격(1년)' 인정 • 1996년 12월 '출입국 관리 및 난민인정법 시행규칙' 개정으로 신원보증인제도의 폐지 결정 및 신청 서류 간소화, 비자 신청 부담 경감 • 2000년 "출입국관리 기본계획(제2차)" 단기체류 전문직의 체류기한 확대 • 2006년 5월 고노 타로 법무부대신 일계인 수용정책 실패 인정, 버블경제 붕괴 이후 3K노동자 일계인에서 중국인 연수생으로 이동 • 2008년 리먼 쇼크, 일계인 10만 명 브라질 귀국 • 2012년 5월 외국인 우수 인재 유입정책 실시	• 1990년대 초 약재 판매 보따리상인 위주 • 1994년 산업연수생제도 도입 • 1999년 '재외동포의 출입국과 법적지위에 관한 법률' 제정에서 중국동포 제외 • 2002년 '취업관리제(외국인력정책 중 재외동포 정책적 고려를 통해 입국함으로써 타 이주노동자와 차별화 및 분화)' 실시 • 2003년 '외국인 고용허가제' 도입을 위한 '재외동포 비합법 이주자 자진귀국 프로그램'을 통한 비합법 체류자 합법화 조치 • 2004년 '재외동포의 출입국과 법적지위에 관한 법률'의 중국동포 배제에 대한 헌법 불합치 결정 이후 법 개정으로 불법체류다발국가 조항에서 중국동포 배제 조치, 현지화와 모국과의 유대 강화 • 2005년 비합법 체류자의 합법화를 위한 자진귀국 프로그램 실시 • 2007년 중국동포 대상 '방문취업제' 실시

7. 일계인 증가와 일본의 사회적 문제

1) 노동자의 인권침해 문제

이주노동자들이 경험하는 문제들 중 가장 직접적인 영향을 받는 문제는 불안정 고용, 강제 노동, 저임금 노동, 노동재해상의 인권 문제 등이다. 이들 문제들을 상세히 살펴보면 다음과 같다.

첫째, 간접 고용에서 흔히 볼 수 있는 불안정한 고용의 인권침해 문제이다. 외국인노동자에 있어서 간접 고용 형태가 많은 것은 기업이 고용 보험이나 사회보험 · 후생 연금 등의 가입을 하지 않아도 되기 때문이다. 이것은 기업의 비용 억제로 연결되어 많은 기업들이 간접 고용을 택하는 것이다. 또 기업은 해고의 요건을 채우지 않아도 고용 해제는 언제나 가능하다. 즉 간접 고용 노동자는 보험에 미가입 상태인 채, 언제 해고될지 모르는 불안정한 상태에 놓여 있다.

둘째, 강제 노동에 의한 인권침해 문제이다. 악덕 취업자에게 패스포트의 유치나 아파트 등에 연금한 상태로 강제 노동을 당하는 경우이다. 이는 대도시 등에서 흥행 비자로 들어와 풍속업[25] 등에 종사하는 아시아인 여성에게 많이 발생하고 있다. 이들이 불법체류인 경우는 신체적 · 정신적 학대를 당하는 인권침해와 안전 문제가 일어나도 상담조차 꺼리며 두려움에 떨고 있는 형편이다.

셋째, 일본인에 비해 저임금 노동을 하고 있다. 브로커로부터 여비 일체의 공제나 숙소비, 식사비 등을 임금에서 공제당한 채, 지급된 임금이 부당하게 저액인 사례도 발생하고 있다.

넷째, 노동재해에 있어서의 인권침해 문제이다. 실제로 발생한 노동자

---

25 선량한 풍속에 영향을 미치는 영업으로 경찰의 허가를 필요로 하며 주로 매춘업을 뜻함.

피해보상보험 사고를 보면, 안전 위생 규칙을 제대로 지켰다면 발생하지 않았을 사고가 많다. 이는 노동 현장에서의 조작 위험성을 노동자에게 제대로 교육시키지 않았기 때문이다. 특히 불법취업의 경우는, 열악한 노동 환경인 3K업종에 종사하고 있는 자가 많기 때문에 노동재해가 자주 일어나는 것으로 추정되고 있다. 이들이 노동 현장에서 중대한 사고를 당했을 때 노동재해 보험이 적용되는 것을 모르는 경우가 많다. 또 알고 있을 때에도 불법 취업이 행정 기관에 파악되는 것이 두려워 노동자 피해보상보험 신청을 하지 않는 일이 많다.[26]

2) 사회보험 제도 문제

일본에서 이주노동자들은 기업주들이 보험료 지불 회피, 이주노동자들의 사회보험 제도에 대한 인식 미비, 무보험과 관리제도상의 미비 등이 발생하게 된다. 이들 문제들을 상세히 살펴보면 다음과 같다.

첫째, 외국인노동자를 고용하고 있는 고용주가 보험료 지불을 기피하고 있다는 점이다. 의료보험의 경우는 노사가 절반씩 부담하고 있다. 고용주는 이러한 부담을 줄이기 위해 간접 고용 형태로 외국인노동자를 고용하고 있다. 또한 유령 사무소도 있기 때문에 후생노동성의 감독이 미치지 않는 경우가 많은 상태이다.

둘째, 외국인노동자의 의식에도 문제가 있다. 사회보험료를 지불하는 것은 외국인노동자 자신이 받는 임금에서 그만큼 실수령액이 줄어들게 된다는 것이다. 이러한 이유로 고용주와 외국인노동자 사이에 이상한 의미의 '상생(윈윈) 관계'를 맺고 있는 것이다. 또 일부 외국인노동자들은 무보험이 문제가 되는 것조차도 모르는 경우도 있다.

---

26 정현수. 『외국인 노동자의 현실과 실태파악』. 2008. pp. 5-7.

셋째, 무보험에는 제도상의 미비점이 있다. 일본 정부는 외국인노동자들을 수용하고 나면 어디서 어떤 사람들이 무슨 일을 하고 있는지 국가 자치의 베이스가 없기 때문에 파악하는 것이 어렵다. 따라서 취업 상황이나 보험 가입 상황을 체크하는 것은 현실적으로 불가능한 일이다.[27]

3) 외국인노동자 차별 문제

일본에 거주하는 외국인노동자들은 자의, 타의로 다양한 차별적 경험에 직면하게 된다. 이들이 가장 많이 경험하고 있는 차별은 주거지 입주 거부, 자녀들의 교육 차별, 차별적 발언 등이 거론되고 있다.[28]

첫째, 주거에 대한 차별 문제이다. 외국인이라는 이유만으로 입주가 거부되는 케이스가 많다. 부동산 중개업자가 외국인인 것을 알게 되면 대응하는 태도가 달라지며 외국인을 범죄자 취급하는 경우도 허다하다. 또 집주인으로부터 입주가 거절되기도 한다. 입주가 허락된다 하더라도 일본인의 보증이 필요하다. 실제 사이타마 현에서 '피부색 입주 차별사건'이 있었다.[29]

둘째, 교육에 대한 차별 문제이다. 외국인 자녀가 집단 괴롭힘을 받는 사건은 끊임없이 일어나고 있다. 학교가 학생들에게 다문화교육을 시킬 필요가 있다.

셋째, 공인에 의한 차별 발언의 문제이다. 2003년 7월 12일 에토 다카미 전 총무성 장관이 불법체류 외국인에 대해 "불법 체류자가 떼를 지어 강도짓을 하고 있다"[30]는 차별 발언을 하였다.

---

27 위의 보고서(2008) p. 8.

28 동경대학교. 『일본에 거주하는 외국인노동자 자녀들의 인권 및 생활에 관하여 번역문』. 2008. p. 11.

29 이란주·설동준. 『피부색은 달라도 모두가 평등합니다.』. 2004. pp. 188-204.

30 http://www.yahoo.co.jp/ 뉴스 자료 참고.

4) 일본의 외국인노동자 정책 방침 전환

일본정부는 1990년대 이후 이주노동자들이 급증하게 되자 이들을 관리·통제하기 위하여 이주노동자들에 대한 정책을 엄격히 규제하기 시작하였다. 주요 내용들은 다음과 같다. 첫째, 모든 사업주와 정부, 지방공공단체는 외국인을 고용할 때와 이직했을 경우 이름, 체류자격, 체류기간 등을 후생노동대신에게 의무적으로 보고해야 한다. 둘째, 사업주의 보고는 고용보험 자격 취득계와 상실계의 제출이 필요한 사람에 대해서 국적 및 체류자격, 체류기한을 보고해야 한다. 셋째, 사업주가 보고를 게을리 하였거나, 허위보고 시 벌금형에 처한다. 넷째, 후생노동대신은 법무부장관으로부터 외국인의 체류에 관한 사항을 확인하기 위한 요구가 있을 때에는 정보 제공을 해야 한다.

일본정부는 노동력 부족으로 계속해서 외국인노동자를 수용할 수밖에 없는 형편이다. 그러나 외국인노동자의 선별적인 유치와 체류, 취업 관리의 강화를 목적으로 한 '새로운 외국인고용상황보고 법안'을 마련하여 현재 시행하고 있다.[31]

5) 외국인노동자와 사회통합 문제

일본정부는 이주노동자들의 입국을 엄격히 하고 있지만 기업의 수요에 따라 이들을 받아들일 수밖에 없는 상황에 처해 있다. 거기에다 일본사회에서 이주노동자들은 불안정 고용에 따른 자녀들의 이지메, 소수민족에 대한 일본인의 차별 의식, 범죄 예비군적 시각 등으로 사회통합에 여러 가지 부정적인 요소들이 혼재하고 있다.

---

31 厚生勞動省(2007). 고용대책법 http://www.mhlw.go.jp/index.shtml 참조.

외국인노동자들의 일본 사회통합을 방해하는 요인들을 살펴보면 다음과 같다. 첫째, 일본 정부의 '단순 외국인노동자'의 수용 금지 정책과 외국인노동자의 수요 실정에 따르는 괴리 현상이다. 일본 정부는 '단순 외국인노동자'를 수용함으로써 사회·경제에 미치는 악영향을 우려해 신중하게 검토하겠다는 기본 방침을 계속 견지해왔다. 그럼에도 불구하고 단순노동 분야의 인력 부족으로 외국인 연수제도 확충과 규제 완화를 추진하여 일계인노동자의 유치를 통한 고용 대책을 마련하기에 이르렀다. 그러므로 현행 법 제도와 외국인노동자와의 실정에는 상당한 괴리가 존재하고 있다.

둘째, 기업이 외국인노동자를 고용하는 불안정고용 형태 문제를 들 수 있다. 또한 부모의 불안정한 고용은 잦은 이사로 인하여 학교 성적부진과 이지메 등의 문제로 이어지고 있다.

셋째, 일본 주민의 의식 문제를 들 수 있다. 일본인의 동화주의적인 의식은 통합의 큰 장애가 되고 있다. 지역 주민의 이러한 의식들은 외국인노동자를 일본사회의 소수자로서 자신의 주장을 표현하기 어렵게 만들고 그들의 자신감마저 위축시키는 결과를 초래하고 있다.

넷째, 외국인을 범죄 예비군으로 보는 부정적인 시각이다. 이러한 시각은 언론 매체와 정치가 및 공인들에 의한 차별 발언이 원인이라고 할 수 있다. 이로 인해 외국인에 대해 부정적인 이미지를 생산하거나, 대중매체에서 스테레오 타입을 양산시킬 우려가 존재하고 있다.[32]

글로벌화와 전 세계적인 추세로 볼 때 일본에서의 외국인노동자의 필요성은 부정할 수 없는 현실로 외국인노동자의 인권이 더욱 확실히 보장되는 사회로 나갈 필요가 있다. 따라서 일본 정부는 사회통합을 위해 노동자의 정착화에 대응할 수 있는 수용제도와 체제를 정비하는 이민정책으로 전환할 필요가 있으며 일본의 기업들도 외국인노동자의 정당한 취업이 가

32 http://www.jca.apc.org/apfs/NL/news_200203.html 참조.

능하도록 노력해야 할 것으로 생각된다.

기업의 고용주는 노동관계 법규를 준수해야 함은 물론이고 외국인노동자에 대한 생활 지원과 사회보험 가입에도 적극적인 대처가 필요하다. 한 지역 안에서 다른 문화나 생각, 생활 습관을 가진 사람들을 인정하고 이해하며 함께 살아가는 방법을 공유하고 외국인을 생활자로서 인간으로서 지원하고 또 무엇보다 사회 구성원으로서 그들을 이해하는 것이 일본사회의 배타성을 줄여가는 방법이라고 할 수 있다.

또한 외국인노동자와 사회통합 부문에서 외국인들이 겪는 고충에 대하여 구체적으로 조사하고 지속적으로 연구하는 것이 필요하다. 왜냐하면 이들의 고충 문제 해결과 방안 제시가 사회 통합 정책의 근간이 되기 때문이다. 구체적으로는 외국인노동자들의 언어의 벽, 제도의 벽, 마음의 벽 등에 대한 구체적이고 실질적인 조사와 연구가 계속되어야 할 것이다.[33]

8. 이민정책과 일계인 사회 형성

이 연구는 일계인들이 1990년대 이후 왜 갑자기 일본에 귀환하게 되었는지 그 일본의 이민정책과 모국귀환의 배경에 대하여 살펴보고자 하였다. 일본에 체류하는 외국인들의 체류자격에는 별도로 '정주자'라는 조항이 신설되었다. 이것은 1990년 출입국관리 및 난민인정법 개정 시 신설된 것으로 법률에는 '일본 법무대신이 특별한 이유를 고려하여 일정한 체류기간을 지정하여 거주를 인정하는 자'로 정의되어 있다. 당시 신설된 '정주자'의 체류자격은 외국인 개개의 사정에 대하여 외무대신의 재량보다는 체류자격에서 특정 집단이나 외국인에게 체류를 인정하는 새로운 체류자

33 정현수, 『외국인노동자의 현실과 실태파악』, 2008. p. 11.

격제도로 발전되었다.

그리고 일본 법무대신이 특별한 이유를 고려한 결과 '일본인으로서 출생한 자의 실제 자녀'에 대하여 일률적으로 정주자격이 주어지게 되었다. 이러한 입국관리법 개정으로 일계인 1세들은 일본인이기 때문에 귀국에 문제가 없었지만 일본인의 후손으로 출생한 자녀들, 즉 일계인 2세들은 '일본인의 배우자 등'의 체류자격으로 체류할 수 있게 되었다. 더욱이 일계인 3세들도 이 법에 적용을 받아 체류할 수 있게 되었으며 일본에서 태어난 일계인 4세-5세들도 일본 체류가 가능하게 되었다.

이러한 정주자의 체류자격 신설에는 일본사회의 저출산고령화에 따른 기업의 수요에 의해 일계인 3세의 젊은 청년들을 저임금노동자로 흡수하기 위한 전략 중의 하나였다. '정주자'의 체류자격에는 '일본인의 배우자자격 등'과 같이 체류 중의 활동에는 제한이 설정되어 있지 않았다. 일본에서 일계인들이 단순노동이든 아르바이트이든 생업을 위해 일할 수 있게 되었다. 이러한 입국관리법의 개정으로 일계인 3세의 브라질인과 페루인들이 대거 도일하게 되었다.

그러나 이러한 일본정부의 '혈연'에 의한 일계인 귀환정책은 많은 문제점을 유발시켰다. 먼저 '정주자'의 입국 우대를 받고자 일계인 3세를 사칭하는 외국인들이 대거 이주하는 사태가 발생하였다. 문화적으로는 혈연에 의해 사람을 구별하는 습관이 없는 이민 국가인 브라질이나 페루 정부에 혈연 증명을 요구할 수 있는 방법이 전혀 없었다. 1996년 7월 법무성 입국관리국은 "일본인의 자녀를 부양하는 외국인 부모의 취급에 대하여"라는 문서를 통해 일본인 자녀의 친권자로서 현실적으로 교육하고 있는 외국인 부모에게도 '정주자자격(1년)'을 부여하였다.

2006년 일본정부는 1990년 입국관리법 개정에 의한 일계인 모국귀환정책에 대한 실패를 인정하였다. 당시 일본정부가 일계인들을 수용할 의사나 태세가 불분명한 가운데 노동자로서 수용했던 점을 반성하고 일계인의 정주화에 대응한 정책과 다문화공생사회를 지향하게 된 것이다.

요약하면 일계인 모국귀환은 1980년대 경제대국으로 부상한 일본으로 돈벌이 목적으로 자격 외 취업자로서 다수의 일계인들이 유입된 것을 계기로 시작되었다. 당시 브라질의 경제가 악화되어 1985년의 플라자합의로 엔고 달러화의 약세가 큰 원인이었다. 또한 일본 3D산업의 기업 현장에서는 노동력 부족을 해결해주는 존재로서 그들을 필요로 했으며 이를 위해 일본정부는 입국관리법을 개정(89년)하고 시행(90년)에 들어갔다. 이에 따라 일계인 3세까지를 조건으로 정주자격으로 받아들였다.

1990년 일본정부는 입국관리법이 개정된 지 10년이 넘은 시점에서 일본에 정주할 의향이 있는 일계인을 대상으로 영주자격의 취득을 권장하였다. 그러나 최근에는 외국인 우수인재를 수용하기 위해 일계인에 대한 일본정부의 태도가 바뀌기 시작했다. 일본정부는 일계인이 고도성장기에 일본의 지역 경제를 지탱하여 경제 발전에 공헌했음을 인정하면서도 경제사정의 악화로 고용, 주거, 아동교육 등 문제가 심각해지자 일계인에 대해 무조건적인 정주자격을 일자리의 유무 등에 따라 선별하여 입국요건을 강화시켰다.

일본정부는 일본 거주 일계인과 해외 거주 일계인들을 대상으로 각각 별도의 이민정책을 시행하고 있는 것으로 생각된다.

먼저 일본정부는 일본인들이 해외로 진출하기 시작한 이래 145년이 경과된 지금 일계인 사회가 인재 육성, 일본어 교육 승계, 복지 등 다양한 문제에 직면해 있다는 점을 간파하고 다양한 노력을 시도해왔다. 특히 이들을 대상으로 한 일본정부의 일계인 글로벌 네트워크 구축은 1945년 일본 패전 이후 해외일계인 사회로부터 막대한 지원을 받은 것을 계기로 해외에서 활약하는 일본인들을 초청하면서부터 시작되었다. 현재 일계인 글로벌 네트워크의 대회 참가자는 주로 북·중남미, 아시아, 유럽 등 세계 23개국에서 일계인 4~5세들과 그 후손들이 참여하고 있다. 대회 운영상 중점 사업은 일본문화와 일계인 사회, 재일일계인, 일계인 유스(Youth) 등 세 개 분야이다.

해외일계인대회는 지금으로부터 55년 전인 1957년 제1회 대회를 시작으로 올해 53회를 맞이하였다. 당시 일본인 해외이주자는 연간 1만 5,000명으로 최전성기를 누렸다.

일계인대회는 해외일계인협회가 주관하고 있으며 공익재단법인으로 해외일계사회와의 유대, 일계인 글로벌 네트워크 개설에 의한 실시간 단체 정보 제공, 일본과 일계인 사회와의 협력 강화에 초점을 두고 있다. 대회의 목적은 해외 거주 일계인들의 국제 협력과 파트너십 구축, 정체성 확립, 차세대 인재 육성 등 세 가지인데 주요 내용을 살펴보면 다음과 같다.

첫째, 국제 협력과 파트너십 강조이다. 일계인대회에서 무엇보다도 힘을 쏟고 있는 분야가 일계인 차세대 육성 문제이다. 이것은 해외 각지에 거주하고 있는 일계사회의 차세대 인재를 국제 협력의 중요한 파트너로서 인정하고 일계인 민간기업과 일본과의 파트너십 강화, 이주지에서의 경제사회 발전 공헌에 초점을 두고 있다. 차세대 분과에 참가하고 있는 일계인 대부분은 20-30대의 젊은 청년들로 구성되어 있다. 여기에서는 일계인사회의 장래를 짊어지고 있는 차세대의 역할, 이들의 활약상에 대한 논의가 기탄없이 이루어진다. 대회에서 차세대들은 일본인 이주자들의 자손으로 해외에서 태어나 일계인으로서의 정체성을 유지하면서 거주국 사회와 일본사회를 가장 잘 이해할 수 있는 귀중한 인재로 인식되고 있다. 대회를 통해 이들은 거주국과 일본을 연결하는 다리(가교) 역할을 기대하고 있으며 일본 외교의 귀중한 민족 자산으로 대우받고 있다.

둘째, 문화 전승을 통한 정체성 확립이다. 일계인대회를 통해 일본문화와 일계사회 분과에서는 일계사회의 차세대 청년들이 구세대로부터 일본문화를 계승하고 현재 문화에도 관심을 가지고 신세대 일계인으로서의 정체성을 확립시키는 데 주안점을 두고 있다. 따라서 해외일계사회에 대한 지원과 해외 박물관 및 자료관과의 연계를 중시한다. 또한 해외 현지 일계사회에서 활약하는 일계인전문가를 초청하여 주제별 발표 후 차례로 참가자들로부터 의견을 듣는다.

일본정부는 대회를 통해 일본문화를 올바르게 계승하기 위해 각국 해외일계사회와의 교류를 확대하고 각각 과거의 노력과 작금의 현상을 평가하는 것을 매우 중요시하고 있다.

이런 의미에서 매년 한 번씩 해외일계사회의 대표들이 일계인대회 때 모여 각국의 일본문화의 실정을 청취하는 대회로 이끌어 가고 있는 것이다. 이외에도 일계인의 이중국적 허용 문제와 일계인 1세의 고향 방문 사업도 동시에 추진하고 있다.

셋째, 차세대 인재 육성에 중점을 두고 있다. 일계인대회 시 재일일계인 분과에서는 일본문화 보급 이외에도 일본어 교육에 많은 힘을 쏟고 있다. 일본에서 생활하는 재일일계인은 1985년부터 증가하여 이미 25년을 훌쩍 넘고 있다. 1980년대 후반부터 정착하기 시작한 재일일계인들은 한때 30만 명 이상이 거주하기도 하였다. 2008년 글로벌 금융위기와 리먼 쇼크 이후 12만 명 정도가 브라질로 귀국했다. 현재 일본에서 생활하고 있는 약 20만 명의 일계인들 대부분은 일본에 정착하기 위해 노력하고 있다.

일계인대회에서도 일본에 이주한 일계인노동자들의 고용 문제, 일계인 자녀의 교육 문제 등에 관심을 가지고 일본사회의 일원으로 잘 적응할 수 있도록 돕고자 그들이 직면하고 있는 생활 문제를 다루고 있다. 이 사업은 일본정부의 '외국인과의 공생사회 실현'이라는 연장선상에서 이루어지고 있다. 해외에서 생활하고 있는 일계인들 역시 일본어 실력 부족이 일본인 중심의 '글로벌 축제'를 쇠퇴시켰다는 반성하에 거주국에서 오랫동안 일본문화와 일본어를 차세대에 전달하는 언어 교육에 힘을 쏟고 있다.

이러한 노력이 결실을 맺어 최근에는 차세대 청년들을 중심으로 일본문화, 일본어에 홍미를 가진 일계인들이 급증하게 되었다고 한다. 일본정부도 여기에 힘입어 일본문화와 일본어를 확대 보급하기 위해 강력한 정보발신 방안을 강구하고 있으며 글로벌 시대 민간기업에서 우수한 일계인 청년들이 기업 경영의 중추적인 역할을 담당할 수 있도록 각국 일계인기업에 고용을 요청하고 있다.

다음으로 일본에 거주하는 국내 일계인에 대해서는 일본 내 경제사정으로 인한 고용 악화, 일계인의 정착 문제, 세계적인 인재 유치 경쟁의 추세에 따라 2008년 7월 우수인재의 유치 추진에 필요한 시책의 검토를 목적으로 내각관방장관 하에 '우수인재 유입추진회의'가 소집되었다. 그리고 2009년 5월 동 회의에서 승인된 '외국인 우수인재 유입정책의 본격적 전개'(우수인재 유입추진회의보고서)를 통해 '포인트제도 도입'에 의한 '우수인재 우대제도의 창설'이 제안되었다.

2010년 3월에는 법무대신이 정한 '제4차 출입국관리 기본계획'에서도 우수인재 유입을 촉진하기 위한 조치로서 포인트제를 활용한 우수인재의 출입국상의 우대조치를 강구하는 제도 도입을 검토하게 되었다. 이러한 과정을 거쳐 일본 각 관계부처에서 제도 도입에 대한 검토가 진행되었고 방법의 일환으로 우수인재 포인트제도를 실시하기 위한 법무성 고시가 2012년 3월에 제정되어 5월 7일에 시행되었다.

일본정부의 외국인노동자 유치 문제는 일본사회의 저출산고령화에 따른 외국인노동자의 수요와 유치-일계인노동자 귀환-우수인재 유입정책으로의 전환이라는 일련의 과정을 거쳐 진행되어 온 것으로 판단된다. 결론적으로 일본정부의 이민정책은 우수인재 유치라는 국가전략의 기본적인 틀 속에서 외국인노동자에 대한 국가적 민족적 차별이 확실히 존재하지만 표면상으로는 외국인들을 평등하게 대하고 공생과 통합이라는 사회적 이슈를 중시하면서 우수인재에 대한 '선별'과 단순노동자의 '배제'라는 이중적인 제도화가 진행되고 있는 것으로 보인다.

제4장
해방이전 일본 제국주의 만주국 문화영토 건설과정

1. 일본의 신국사상과 만주국 건설 이념

1930년대 일본의 만주 이민은 중국 침략의 선봉 부대인 관동군(關東軍)[1]에 의한 국책 이민이었다. 만주 각지에 관동군의 보호하에 거류민회가 조직되고 일본인 학교를 개교하고 재향군인회와 국방부인회 분회도 조직되었다. 학교 교사들도 당시 일본에서 45엔, 47엔 하던 월급이 만주에서는 200엔쯤이나 되었고, 기차도 만철(滿鐵, 남만주철도회사)을 이용하면 무료였다.[2] 따라서 일본 군대의 위력을 빌어 일확천금을 꿈꾸는 대륙 진출의 기회주의자에게는 매력이 있었을 것이다.

그러나 조선인 · 중국인에게는, '왕도주의'의 기치하에 '오족협화(五族協和)'를 위한 번영된 국가 창출이라는 만주국 건국이념은 양두구육(羊頭狗肉)의 정치적 슬로건에 지나지 않았다. 만주에서 일본 이민들에게 나누어준 것은 일본 군부가 소만(蘇滿) 국경 지대의 중국인 · 조선인들로부터 싼값에 강제적으로 사들인 기경지(旣耕地)였다. 그중에서도 주로 조선인 농민들이 경작한 수전(水田)은 일본인들이 강한 집착을 보였기 때문에, 경지를 빼앗긴 조선인 농민의 비율은 중국인 농민보다 훨씬 높았다. 따라서 일본인 만주 이민은 현지 주민을 '비적(匪賊)'의 길로 내몬 요인이었다.[3]

고대부터 자국의 영토였던 조선인에게 만주국 건설은 명백히 역사와 국토의 침탈이라는 원초적 반감이 존재했다. 고구려 유민들이 발해를 건국한 것과 마찬가지로 간도는 명백히 조선 유민들이 망국의 한을 품고 개척한 '영토'였다. 간도 이주민들은 1932년 만주 건국, 중일전쟁, 국공내전 등으로 이어진 수난 속에서 많은 희생자를 내면서도 영토 의식을 지금까

---

1 러일전쟁 결과 획득한 남만주철도 및 요동반도 관동주(關東州)의 조차지(租借地)의 수비대였으나 그 후 70만 대군의 관동군으로 독립 편성된 막강한 전력으로 발전하였다.

2 만철은 일제의 대중국 식민통치 기구로, 이는 철로 연변 지역에 대한 행정권을 소유하였는데 이를 부속지라 칭하였다. 만주사변·화북사변 중 만철은 일제가 경제침략을 진행하는 중요 기구였다.

3 尹健次·鄭道永 譯, 『현대일본의 역사의식』, 한길사, 1990. p. 23.

지 사수하며 간도국가의 꿈이 응축된 연장선에 '연변조선족자치주'가 건재해 있다.

여기서 일본이 침략으로 이민족을 유린하면서 자국민에게는 공감과 동조를 얻어낸 침략논리와 정책의 존재를 가정할 수 있을 것이다. 동시에 일본의 1895년 대만영유에서 1945년 패전까지 반세기 동안이나 침략을 계속 이어나갈 수 있을 만큼의 강력한 지속력을 가지고 있었던 대외팽창 · 식민지개척의 사상적 원천은 무엇이었던가를 알아볼 필요가 있다.

일본이 장기간에 걸쳐 침략전쟁을 계속해온 정신적 배경에는 살아 있는 신으로 추앙됐던 천황의 신성을 떠받드는 '종교'와 '신국의식'이 깔려 있었다. 이 장은 이러한 침략의식을 생산하고 합리화하기 위한 이데올로기적 토대 가운데 하나를 일본 제도불교가 제공했다는 문제의식에 착안하고 있다.

2. 일본의 일련종(日蓮宗)과 파시즘 형성

해외에 건립된 신사를 비롯한 대륙에 진출한 일본의 각종 종교가 왜 그렇게 집요하게 현지인에게 '신국일본'의 교리를 의심할 바 없이 설파할 수 있었을까. 그것은 일본의 종교가 몸소 천황제군국주의 파시즘의 핵심을 이루는 '천황제국체관'에 귀의해 버린 것과 무관하지 않다.

"'황국' 일본은 신성하고, 따라서 일본인도 신성하다"는 사고방식은 유사 이래 일본 국민 의식의 기초에 있었다. 또한 '황조(皇祖)숭배'는 일본인의 신앙이었다. 군국일본의 침략성은 이러한 재래의 신성(神聖)국가사상을 교묘하게 포섭하여 일본을 총동원체제로 몰고 갔다. 일본의 천황제국가 이데올로기가 서구의 제국주의에 촉발되었다고 하지만, 일본의 근대 대외침략 이데올로기는 고대에 생성된 신도 · 황국사상에서 유래되었다는 설이

지배적이다.

태평양전쟁이 일어나기 전 1940년 미국에서 이승만이 『Japan Inside Out(일본 내외기)』[4]을 출판하여 천황제군국주의의 호전성과 황군(皇軍)의 배후에 종교를 지목하여 장차 미일전쟁을 예견한 군국 일본 연구서를 공개했다. 이승만의 연구는 일본 민족의 배후에 있는 커다란 단결력과 추진력은 '황도(皇道)사상'이라고 지적했다. "일본인들은 신도적인 신비주의로부터 출발하여, 극단적 애국심으로 결합된 특수한 전쟁 심리를 점차적으로 발전시켰다. 그들의 유전적인 민족 야심은 해외를 군사적으로 정복하려는 것이며, 천황숭배의 신도적 개념과 함께 '전쟁예찬'의 사상도 성장하였다"는 것이 그의 통찰이다.

일찍이 일본의 식민지 지배하에 있던 조선이나 대만에서의 동화정책을 검토한 미국의 일본연구가 D.C 홀틈은 전시하 1943년 시카고에서 출판한 『Modern Japan and Shinto Nationalizm』[5]에서 다음과 같이 주장했다.

"자신은 우월인종이고, 자국은 신이 결정한 무비(無比)의 국체를 가지고 있다는 일본의 맹신 앞에는 그 지배하에 있었던 모든 민족에게 오직 굴종이 있을 뿐이었다."

또한 "「국가신도의 해외진출」이라는 장(章)에서 일본을 '자기도취에 빠진 민족'으로 규정, '그 지배에는 피지배자들을 마음으로부터 복속시키려는 강렬한 결의가 수반'되어 있는 것이 특징"이라고 지적하고 있다. 즉 일본인은 식민지 지배를 정당화하기 위하여 일본국 · 일본인의 우월성을 강변하고, 피지배자들의 모든 것을 열등하고 무가치한 것으로 배척하는 나르시스트가 되고 말았다는 것이다.

태평양전쟁 중 『Fortune』(1944년 4월 호)지에 일본 특집호가 실렸다. 전시

---

4 한국에서는 이종익 譯 『일본군국주의의 실상(實像)』(나남, 1987)으로 번역, 출판되었다.

5 일본에서는 深澤長太郎 譯 『日本と天皇と神道』(逍遙書院, 1950)로 번역, 출판되었다.

하 일본의 정치, 경제, 군사 등 폭넓게 일본을 논하고 있지만, 특히 천황제에 관해 내놓은 분석은 다음과 같다.

"천황은 무슨 일이 있으면 항상 내세워지는 존재이다. 일본의 침략전쟁의 근원은 단지 외교나 무역의 문제에 한정되는 것은 아니다. 그 근원은 일본인의 심성, 일본 사회구조의 깊은 곳으로부터 발양되고 있으며, 위험한 사회적, 심리적 구조의 급소가 되어 있는 것이 천황이라는 존재이다. 천황을 중심으로 하는 것이야말로 맹목적, 열광적인 충군애국, 특권계급의 전제정치, 군대가 고취하는 진군의 나팔이 일체가 되어 근대 일본은 그 안에 안주해 왔다."[6]

이와 같이 『Fortune』은 천황제 국가체제에 주박(呪縛)되고, 천황에 신들린 '야마토 민족의 우월성'에 함몰된 일본군국주를 분석하고 있다.

이상에서 근대 일본인의 국체관이나 천황제군국주의 이데올로기의 근원에 국가신도가 있음을 살펴보았다.

문제는 불교 지도자 중에도 신화에 바탕한 민족우월주의를 고취하는 사람이 존재한다는 사실이다. 일본 근대화 과정에서 나타난 내셔널리즘은 당시 전통 일본불교 교단으로 하여금 국수주의적 내셔널리즘을 형성하도록 만들었다. 일본불교 제종단의 국수주의적 경향은 신도(神道)와의 전통적인 관계 속에 이미 잠복되어 있었던 것이다.

특히 일본 종교에서 국가주의적인 경향을 띠고 있는 것은 일련종(日蓮宗)의 모든 종파이다. 메이지 시대 이후 일련이 '가장 일본적 불교종파 개창자', '민족종교화한 불교'로서의 이미지는 다음과 같은 언설에서 유래되고 있다.

"우리 일본국은 전 세계 가운데 인도 중국보다 뛰어나고, 세계만방에도 월등해 있는 국가이다(『神国王御書』)."[7] 그 이유는 일본 고유의 민족신이

---

6 熊澤安定 譯. 『大日本帝國の研究』. 현대사출판회. 1983에서 인용.

일본을 보호하고 있기 때문이다. 즉 "첫째는 천황가 조상인 천조대신(天照大神), 둘째는 야하타신(八幡大菩薩)[8], 셋째는 산신령(山王) 등의 3,000여 神社의 신들이 주야로 일본국을 수호하고 있기 때문이다(『神国王御書』)."

일련은 일본국이 본래 우수성을 가진 국가로서 실체적으로 인식하고 있으며, 일본민족 토착신인 신기(神祇: 하늘의 신과 땅의 신)를 적극적으로 위치시키고 있다. 신기는 일본 본래의 신들로 일본의 민족성을 상징하는 존재이자, 국가·민족을 초월한 외래 종교인 불교와는 다른 체계에 속하는 신들이었다.

일련은 일본이란 현실 국토 그 자체를 신성시하며, 국토지상주의를 설파하였다. "위대한 야마토(大和)는 신의 국가이다. 이 국가만이 태양의 여신에 의해 그녀의 자손들에 전해져 왔다."[9] 그는 확실히 이러한 견해를 인용하여, '신기'·'신국'이라는 상징적인 용어를 자주 사용하였다. 말하자면 "일본은 신국이다. 세계에서 진귀한 본존(本尊)이 이 일본에만 존재한다고 할 것 같으면, 일본국은 문자 그대로 '신국으로서 불교국에 해당된다(『兵衛志殿御返事』)'. 일본은 불교의 문맥상 세계에서 으뜸가는 뛰어난 국토·국가라고 말할 수 있다" 등의 일본 우월주의 혹은 국토지상주의를 주장하였다.

일련의 대표 저서 『입정안국론』은 일본에서 국가론의 효시로 일컬어진다. 법화신앙과 민족 고유의 샤머니즘의 신기를 결부시켜서, 국가주의식 정치활동을 의도하는 즉 '왕불명합(王仏冥合)'의 불법을 역설, '입정안국(立正安国)'이란 국가불교를 창도하였다.[10]

---

7 茂田井教亨, 「日蓮의 國家觀」, 『現代思想特集=日蓮』, p. 65에서 재인용. 한눈에 국가 중심의 입장을 주장하는 것처럼 해독되는 이 문장만을 놓고 보면, 자못 세계 제패를 노리는 제국주의자처럼 보인다. 明治 이래의 제국주의적 일련종 신도들은 이 한 구절을 발췌해서 호소한 측면이 있다.

8 문제는 야하타신(八幡神)이 신도에서 말하는 전쟁의 신이라는 사실이다. 야하타(八幡)는 고대로부터 무사의 신앙이었다.

9 일본 국토를 신성시하며 나아가 일본국의 우월성을 호소하는 사상은 일본 민족의 바이블 『日本書紀』에 유래하는 '神國思想'이다.

10 東京大學仏教青年會 編, 『國家と仏教』, (日本青年教育會出版部, 1947, pp. 86-87.

결국 '종(種)으로서의 민족'에 '신성'을 부여해 '국가와 종교의 통합'을 도모하는 국가신앙을 강조한 것은, 황조신을 받드는 국가신도뿐만 아니라 불교인 일련종도 마찬가지였다. 이러한 허구적 전통 종교와의 근친성으로 인해 근대 일련종은 일본 파시즘 진영 안에 많은 신자・동조자를 확보했다.

타나카 치가쿠(田中智学, 1861-1931)는 메이지 이후 침략적 내셔널리즘 발양의 출발선상에 일련종을 침략적 제국주의와 합체시켰다. 1861년 출가하여 일련종 승려였던 타나카 치가쿠(田中智学)는 1879년 환속하여 '일련주의(日蓮主義) 운동'은 국체 선양의 제1 요건으로 강화해야 한다는 신념을 품고, 1884년에는 '立正安国会'를 결성하였다. 1995년 청일전쟁이 일어나자 '국도회(国祷会)'를 개최하여 오랜 과거(久遠)의 석가를 '천조대신(天照大神, 천황가의 선조가 되는 여신)' 즉 일본 황제로 간주하고, 일본 황제가 사법이 횡행하는 청나라를 무찌르기를 기도하였다.[11]

타나카(田中智学)는 근대 천황제를 일련종(日蓮宗) 교리에 의해 의미를 부여하고, 일본 국체의 불교적 의의를 국민에게 계몽하고자 동분서주했다. 그는 일본에 의한 세계 통일을 주창하는 등 극단적인 범일본주의적 정치문화 육성을 중심에 두었다.[12] 국가주의적 일련 신봉을 대표하는 타나카의 저술은 강한 국가주의, 국수주의를 바탕으로 한 일련주의(日蓮主義)를 유포시켰다. 1901년 『종문의 유신(宗門之維新)』을 집필 간행하여 세계통일교로서 '대일본국교(大日本国教)'를 제정하고, 일련을 대원수로 하고 『법화경』을 검으로 하여 사교(邪教)를 없애는 침략적 절복(折伏: 상대를 언설로 제압하여 엎드리게 한다는 일련종 특유의 포교 방법)을 향하여 진군하자고 외쳤다.[13] 『종문의 유산(宗門

11 田村芳朗. 「近代日本の歩みと日蓮主義」. 田村芳朗·宮崎英修 編集. 『日蓮と法華経』. 春秋社, 1972. p. 13.

12 松岡幹夫. 『日蓮仏教の社會思想的展開』. 東京大學出版會, 2005. p. 16.

13 田村芳朗. 『法華経』. 中央公論社, 1969. p. 154.

之維新)』에서 그는 "법화(法華)적 침략은 선(善)침략이자 성(聖)침략이고, 대의(大義)이다"며 침략 행위를 공명정대한 대사명이라고 자화자찬하는 등 황당무계한 논리를 주장하였다.

그는 『법화경』의 진리인 '일념3천(一念三千)'의 법설과 일본국체가 이명동체(異名同体)라고 해서 국체론적인 일련주의를 창시하고, 천황제 국가주의의 시류에 편승하여 천황 주체의 세계통일국가 수립을 주창했다. 그러기 위해서는 군사력도 중요했다. 세계통일을 위한 최종 전쟁에서 일본이 승리하지 않으면 안 되기 때문이다.[14]

1904년 러일전쟁에 즈음해서는, 타나카(田中)는 '국도회(国祷会)'를 주최하고, 『세계통일의 천업(天業)』을 간행하여 출정 군대에 기증하였다. 그가 지향하는 일본에 의한 세계통일은, 정법(正法: 『법화경』)에 인연 있는 국가라는 표현에서 유래되는 일본국의 절대화에 경도되어, 그의 일련주의가 국가주의와 일체화되는 결과를 초래하였다.[15] 이와 같이 메이지시대 후반에 대두되어 이후 일세를 풍미한 일련주의의 선두에 서서 타나카(田中)는 대륙에 대한 침략의식을 고취하기 위한 이데올로기적 토대의 중요한 하나를 제공하였다. '팔굉일우(八紘一宇)[16]'라는 간명한 세계침략 목표를 집약한 단어가 바로 그것이다.

1903년, 『일본서기』에 나오는 "兼六合以開都, 掩八紘而爲宇"(六合을 겸해서 수도를 열고, 팔굉을 덮어 宇로 한다)의 문구를 빌어 그는 일본에 의한 세계통일의 원리로서 팔굉일우(八紘一宇)를 만들었다. 원래 일본 파시즘 이론 가운데 팔굉일우는 논리의 비약과 허위에 가득 찬 침략 선전인 '성전'의 무한 확대, '신국(神国)' · '황도(皇道)'의 우월성과 시혜의식은 그 근원을 팔굉일우 사상

14 가타야마 모리히데 / 김석근 譯. 『미완의 파시즘』, 가람기획, 2013. pp. 188-189.

15 柏原祐泉 / 원영상 外 譯. 『日本仏教史 近代』, 동국대출판부, 2009. p. 134.

16 八紘이란 전 세계, 따라서 八紘一宇란 전 세계를 한집으로 화합시킨다는 말이다. 속내는 땅끝까지 하나의 집처럼 통일하여 일본 천황의 통치하에 둔다는 뜻으로, 초대 神武천황 개국의 국시였다.

에 두고 있다. 팔굉일우는 2차 대전 중 성전의 슬로건으로서 널리 선전되었다.

다나카(田中智学)는 1차 대전 해인 1914년에 '국주회(国柱会)'를 설립, 그 후 1930년대까지 주요한 활동은 주로 군국주의적인 팽창정책을 종교적으로 지원하는 형태로 일본의 국위 발양에 힘을 쏟았다. 그 때문에 근대 일련종은 일본 파시즘의 사상체계 안에서 간과할 수 없는 지위를 차지했다.

혼다 닛쇼(本多日生, 1867-1931)는 현본법화종(顯本法華宗)의 승려로서 일련종 각 교단에 침략적 국책을 선동하는 종교적 지주 역할을 수행하였다. 혼다 닛쇼(本多日生)는 일련종의 여러 사원의 주지에 취임하고, 1905년 이후는 20수 년간에 걸쳐 일련종계 현본법화종(顯本法華宗)의 관장(管長)으로 근무했다. 거의 같은 시기 다나카(田中智学)가 '국주회(国柱会)'를 중심으로 활동했다면, 혼다 닛쇼(本多日生)는 '통일각(統一閣)'을 거점으로 하여 '통일단(統一团)'을 중심으로 일련의 교의와 국가주의를 융합시키고, 일련종 각 교단에 국가주의적 풍조를 만연시켰다.

이노우에 닛쇼(井上日召, 1886-1967)는 일련종의 승려 출신으로 신앙과 신자들의 힘을 충분히 이용하여 파시즘 운동을 추진했다. 일본 파시즘 운동에서 중요한 인물인 이노우에 닛쇼는, '신국' '황도'를 외친 모든 파시스트가 그렇듯이 신도를 숭배하였다. 이노우에 닛쇼(井上日召)는 1905년 척식대학(拓植大学)에 입학 후 곧이어 만주에 건너갔다. 만주에 있는 동안 이노우에(井上日召)는 육군 첩보부대에 근무하면서 대륙을 종횡무진 하다 1922년 2월 귀국했다. 1925년 경 부터 여러 가지 신비적 체험을 거쳐 이노우에는 일련종에 귀의했다. 그는 일련종 승려로서 일련종 교리를 설법하고, 『법화경』의 수련을 통해 차츰 파시즘에 의한 '국가개조'와 결부시켜 혁신사상을 청년들에게 주입시켰다. 그해 '입정호국당(立正護国堂)'을 건립하고, 신앙생활에 의해 국체관념의 고양을 도모하려고 하는 정신적 '국가개조' 운동에 착수하였다. 국가주의에 의한 농촌 청년을 지도하던 중 해군중위 후지이 히토시(藤井斉)와 연결되어 점차 테러리즘에 의한 무력개혁의 방향으로 기울어졌다. 그들 청년들이 이노우에를 맹주로 하는 무력투쟁에 의한 국가 개조를 꿈꾸는 혈맹단(血盟団)을 결성하여 정재계 요인 20명의 암살 계획을 실행하였다.[17] 여기에 참가한 해군엘리트 청년장교들이 1932년 '5 · 15사건'을 일으켜 일본의 국제고립화를 지양하고 국제 협력 노선에 의한 만주 침략 불인정을 내걸었던 이누가이 쓰요시(犬養毅) 수상을 수상관저에서 암살하였다. 이로써 일본의 정당내각 시대에 종지부를 찍고 군부 중심의 파시즘에의 길을 열었다.

일련종 각 교단의 지도자들의 선전 · 활동으로 우익 쿠데타에 일연의 신조 내지는 법화사상을 적용하는 자가 출현했다.

키타 잇키(北一輝, 1883-1937)는 일련종의 근본 경전인 『법화경』의 독실한 신자로서 1920년 이래 독경(読経)을 일상적으로 실천해왔다. 1919년 그가 쓴 『일본개조법안대강(日本改造法案大綱)』은 일본 군부에 지대한 영향을 끼친 파시즘의 경전이 되었다. 이후 일본 파시즘의 교조 키타(北一輝)는 전 생애를 파시즘 지도자로서 일관하여 '대외팽창주의' · '만몽(滿蒙)침략주의'를 노골화 하였다. 1903년 8월 28일에서 30일에 걸쳐 『사도신문(佐渡新聞)』에 연재한 "政界廓清策과 보통선거"라는 제목의 글에는 "일본제국의 장래와 4,500만 명의 자손의 장래를 위해 만한에 팽창하지 않을 수 없다"고 주장했다. 이보다 2개월 앞서 게재한 「일본의 장래와 일러 개전」이란 글에서 "만주, 조선, 그리고 시베리아의 동남부를 우리는 대륙에 있어서 발판으로서 삼아 먼저 이것들을 복속시키지 않으면 안 된다."[18]고 주장했다.

일련종 신자였던 키타(北一輝)도 일련종을 침략적 제국주의에 결합시켰다.

근대 일본의 흐름을 알기 위해서는 일련종 교리와 근대 일련사상의 전

---

17 万峰. 『日本ファシズムの興亡』. 六興出版. 1989. pp. 162-163.

18 위의 책. p. 103-104에서 재인용.

개에 대한 연구는 불가결하다고 하겠다.

3. 일련주의와 창가학회(創価學會) 성립

한편, 국가지상주의의 사상 경향과는 다른 차원에서 일련을 조명하는 연구와 신앙이 행해졌다. 일련주의라는 용어를 처음으로 사용했던 다카야마 쵸규(高山樗牛, 1871-1902)는 일련의 국가 이념을 국가 권위를 초월한 성스런 종교이념으로서 다시 파악하고 양심적 일련 연구의 기초를 만들었다. 다카야마 쵸규가 활동했던 시대는 거의 19세기 후반 즉, 청일전쟁 발발부터 러일전쟁에 이르는 기간이었다. 그는 처음에 침략주의를 고취시킨 일련주의자 다나카 치가쿠(田中智学)가 창도한 '국주회(国柱会)'의 영향으로 국가지상주 문필 활동을 한 바 있다.[19] 그러던 그가 만년 1902년 국가 가치의 상대화 즉 "진리는 항상 국가보다 크고, 이러한 취지에서 그는 진리를 위해서 국가의 멸망을 시인할 수 있다. ……"는 현세 국가 비판의 입장을 취하는 태도로 돌변하였다.[20]

다카야마(高山樗牛)는 1902년 4월, "일련과 기독"이란 논문을 저술하여 일련의 "왕지(王地)에서 태어난 몸이라면 따라 섬길 수밖에 없지만, 마음까지 따라 섬길 수가 없다"(『選時抄』)는 말과 성서의 "케사르의 것은 케사르에게 하나님의 것은 하나님에게"("마태복음")라는 말을 거론하였다. 즉 일련의 말도 성서의 말도 모두 왕국의 권위를 넘은 성스런 종교 세계의 권위를 강조한 것으로, 거기에서 타카야마(高山樗牛)는 새로운 '일련상'을 발견해냈던 것이다.

---

19 安世舟.「高山樗牛」. 田中浩 編.『近代日本のジャーなリスト』, お茶の水書房, 1987, p. 538.

20 橋河文三.「高山樗牛」. 朝日ジャーナル 編集『日本の思想家』,〈中〉朝日新聞社, 1978. pp. 78-83 참조.

특기할 점은, 기독교 사상가 우치무라 간조(内村鑑三, 1861-1930)도 다카아마와 같이 일련의 국가 사상이 응축된 『입정안국론(立正安国論)』의 저서에서 권력과 종교와의 관계에 주목, 그 국가론을 국가 권력의 '상대화'의 시도로서 파악했다. 저명한 기독교 사상가인 우치무라 간조(内村鑑三)가 일련을 연구한다는 것 자체가 일련이란 종교인에게 보편적인 권위를 부여하는 상징적인 일이 아닐 수 없다. 그는 저서 『대표적 일본인』[21]에서 일본을 대표하는 이상적 종교가로서 일련을 "우리들 일본인 중에 일련만큼 독립인을 생각할 수 없다. 실로 일련이 독창성과 독립심에 의해서 불교를 일본인의 종교로 만들었다"고 극찬하고 있다.

국가주의적 일련주의가 만연했던 전성기에 우치무라가 성서의 사상을 빌어서 일련의 '권력의 상대성', 또 '국가에 대한 종교의 초월성'을 언급하여 국가를 상대화시켰다고 평가한 것은, 일련론 혹은 일련연구로서는 특이할 만한 것이라 하겠다. 그러나 우치무라가 성서의 관점에서 권력에 항거한 일련의 종교적 비전에는 공감하지만, 그가 극복하지 못했던 봉건적 민중관 그리고 민족우월적 '신도'사상의 영향을 받아 내셔널리즘에 집착한 국가론자였다는 점에 대해서는 피력하고 있지 않다는 점은 문제이다.

종교를 사상 · 문화의 원천으로서 이해하고 있는 정치사상가 마루야마 마사오(丸山真男)는 일본 정치사상사 전체의 맥락 가운데 불교를 논하고 있다. 가마쿠라(鎌倉)불교는 일본불교의 전형(典型)으로 들고 있다.[22] 왜냐하면 막스 베버가 언급한 바, '중세의 주술(呪術)을 걷어낸 프로테스탄트 윤리의 근대적 합리성'에 비견(比肩)되는 일본의 대표 종교가로 마루야마(丸山真男)는 특히 일연을 들고 있다. 마루야마는 가마쿠라 시대 일연이 일본불교사 최초로 국가로부터 자립을 관철시킨 교의와 실천을 결합시켰던 사례를 지목

21 内村鑑三.『代表的日本人』, 岩波文庫, 1995. p. 176.

22 中島誠.『丸山眞男と日本の宗教』, 第三文明社, 1999. pp. 24-25.

하였다. 그에 의하면, “일본의 정토진종도 선종도 세계적 사상에 걸맞는 독창성과 보편성을 갖고 있지만, 오직 하나 일련종은 독창과 보편 사상을 가지고, 타종교·국가로 포교를 넓혀가는 실행력과 사명감을 완수하고 있다”고 치켜세운다.

그러나 “일련이야말로 기미국가신불교의 개혁적 결착”이라고 단언한 마루야마(丸山真男)의 학설에는 전혀 동조하지 않았다. 왜냐하면 같은 시기 카마쿠라의 극락사에서 닌쇼오(忍性)와 함께 있을 때, 닌쇼오(忍性)가 사회봉사에 헌신하고 있는 것을 알면서도 그것을 공공연히 비난[23]한 일련은 결국 불교를 몰랐던 것이다. 일련의 종교는 교리로서는 천태교학(天台教学)을 기본적으로 계승하고 있지만, 다른 한편으로는 주술적 요소나 신불습합(神仏習合)[24]의 요소를 내포하고 있다는 점에서 가마쿠라불교(鎌倉仏教) 가운데 가장 일본 전통과의 연속성이 두드러진다.

“일본불교에 있어서도 기독교에 있어서와 같이 가마쿠라(鎌倉)시대 하나의 민중종교가 출현했다. 또 루터나 캘빈이 유럽에서 행한 것처럼, 호넨(法然)과 신란(親鸞)이 기성 교단의 폐풍(弊風)에서 과감히 이탈하였다. 동서양을 불문하고, 종교개혁의 중심이 된 원리는 면학(勉学)이나 의식(儀式)에 의해서가 아니라, 신앙에 의해서만이 구제된다고 하는 교리였다”[25]고 단정한 나카무라 하지메(中村元)의 종교개혁론에도 결코 찬성하지 않았다.

일련 연구의 가장 대표적인 종교학자 토고로 시게모토(戸頃重基)는 메이지 이후의 일본 종교, 특히 일련에 초점을 맞춰, 내셔널리즘과의 관계를 잘 조명했다. 그는 일본의 종교사상은 오래된 내셔널리즘의 축이 된 국체신화를 극복할 수 있는 가치의 기준을 아직도 가지고 있지 않다고 지적했

---

23 日蓮의 4개의 격언에서 ‘율국적(律國賊)’으로 매도한 것은 세인으로부터 ‘닌쇼(忍性)’보살로 추앙받던 닌쇼였다.

24 신도와 불교가 서로에게 익숙해져 하나로 합쳐지는 경향을 神仏習合이라고 한다.

25 앞의 책(中村元, 『日本思想史』), p. 181.

다. 그럼에도 만주사변의 책임자 이시하라 칸지(石原莞爾)의 구상과 일련주의와의 관련을 언급하며, "그에게서 보이는 침략주의 사상은 메이지 이래 군의 전통과 국주회형(国柱会型)의 일련주의를 포함하는 것이며, 일련주의적 원점에서 유래하는 것은 아니다"라고 일련을 옹호하고 있다. 따라서 일련이 고집하는 종교사상에 대한 준엄한 비판을 가하지 않고, 단지 일련 숭배자들에게 모든 책임을 전가시키고 있는 점은 아쉽다고 하겠다.

2005년 일련종계의 승려 마쓰오카(松岡幹夫)는 동경대학원 종합문화연구과 · 국제사회과학 전공의 연구논문 "一蓮仏教의 社会思想的 展開"을 발간하였다. 이 논문에서는 근대에 있어서 일련계의 사상운동으로써 다채로운 일련불교의 사회사상적 전개에 대해 종합적이고 다각적인 관점에서 조명하였다. 현재 일련정종의 신자 단체로 구성된 창가학회(1991년 일련정종으로부터 탈퇴하여 현재까지 상호 반목) 내 동양철학연구소 연구원인 마쓰오카(松岡幹夫)는 근대 일련주의자들(田中智学·北一輝·石原莞爾 등)의 사상적 종교적 오류를 지적하였다. 하지만 그는 과거 창가학회가 군국주의적인 확대정책과 식민지 지배에 협력했던 전과(前科)에 대해 묵인하고 있다. 거기에다 그는 근대 우익적 일련주의자가 탄생했던 시대상황에 초점을 맞추었을 뿐, 근본적으로 일련의 불교관이나 언설 등에 나타난 세계관, 그리고 봉건적 국가관의 모순을 지적하지 않았다.

일본의 비판적 연구가들은 일련의 한계를 중세 불교사상가의 전형(典型)으로 비판하고 있다. 신도주의적 요소가 가미된 세계관, 종교적 국가관, 정치와 종교의 일치 등을 오류로 지적하고 있다.

불교학자 와타나베 쇼코(渡辺照宏)는 일련이 『법화경』의 신앙과 일본 민족 샤머니즘의 신기(민족 고유의 전통신)를 결부시켜서 국가주의식 정치활동을 의도하는 것이므로, 도무지 불교의 본류와는 무관한 것이라는 사실조차 깨닫지 못했다.[26] 신란(親鸞)이나 일련 같은 종파의 시조들은 대체로 주관적, 관념적 유희에 몰두했을 뿐이고 실질적으로 민중의 생활에 아무런 도

움도 주지 않고 오히려 신자들의 시주로만 생활했다고 혹평했다.[27]

일련종의 교리나 불교의 이해에 대한 철학적・종교적 비판서로는 우메하라 다케시(梅原猛)의 『미와 종교의 발견』이 있다. 종교적 철학적으로 신란(親鸞)을 예찬하는 교토학파(京都学派)가 그러한 것처럼, 우메하라(梅原猛)의 일련에 대한 비판 요지는 "『법화경』 신앙만을 고수한 나머지 불교를 너무 좁게 해석하고 있다. 결국 '자비의 가르침이 없는 배타성'"이라고 단언했다. 나아가 그의 저서의 말미에 "일련의 가르침이 너무나도 좁은 배타적 선악주의로 떨어져버렸다"고 지적하였다.

놀랍게도 2006년 서양인으로 일본 조동종(曹洞宗)의 선승인 브라이언 다이젠 빅토리아가 쓴 『전쟁과 선』이 2009년 한국에서 번역 출간되었다. 이 책은 일본의 선종을 비롯한 제도 불교가 국가 및 천황제와 유착하여 침략전쟁 수행에 협력했던 단말마적 행태를 많은 자료들을 바탕으로 폭로하고 있다. 일련종은 물론 불교 각 종단이 만주사변에서 태평양전쟁에 이르기까지의 15년 전쟁을 성전으로 찬양하고 고무했던 사실들을 낱낱이 들춰냈다. 일본 전통 불교종단이 국가를 위하고, 강한 사무라이 전사(특히 禅宗)를 만드는 정신적인 바탕을 만드는데 가장 효과적인 도구였던 사실도 밝혀냈다.

한국에서는 종교연구가 탁명환이 1993년 『현대종교』에 실린 논문[28]에서 "창가학회가 일본의 군국주의적인 위험한 교리를 가지고 있고, 종교단체이지만 정치집단이나 마찬가지이므로 받아들여서는 안 된다"는 주장을 한 바 있다. 이것은 일본종교라는 사실과 과거 식민지 지배 시기 한국에서 자행한 일련종단의 행태에 대한 반감의 발로로서 '왜색종교'로 비난・단죄하였다.

---

26 渡辺照宏 / 김진만 譯. 『日本의 仏教』. 한림신서, 1995. p. 58.

27 앞의 책, p. 60.

28 탁명환. 「왜색종교의 확산실태: 일련정종 창가학회를 중심으로」. 『현대종교』, 제227호, 1993.

2008년에는 대구가톨릭대학 사회학과 교수인 박승길이 『현대 한국사회와 SGI(국제창가학회)』를 출간, 창가학회(創価学会)에 의한 한국 포교를 한국불교에 결여된 종교의 사회적 실천의 긍정적 측면에서 논지를 전개하였다. 말하자면, 한국의 종교는 속세를 떠나 깨달음을 추구하는 주지주의적 요소를 중시하는 데 비해, 일본의 종교는 세속 생활에서 활동의 중시를 설파하는 사상적 경향이 있다고 대비시키는 것은 탁월한 통찰이다. 그러나 전체적으로 일본불교의 사회문제의 대응에서 보시와 자선행의 전통을 평가하면서도, 맹목적 국가주의로 경도된 근대사적 흐름을 보지 못하고 있는 점이 아쉽다 하겠다.

일련정종의 교의를 신봉하는 창가학회는 군국주의체제에 적극적으로 협력, 태평양전쟁 승리를 광선유포(廣宣流布)의 전조(前兆)로 파악하는 단말마적 행태를 보였다. 창가학회의 지도부는 중일전쟁에서 태평양전쟁에 걸쳐 군국주의체제에 적극 협력하는 즉 '진충보국(盡忠報国)'의 사상을 고취하는 전쟁협력 단체였다. 현재도 창가학회(創価学会)가 모체가 되어 1964년 창당된 공명당(公明党)이 자민당 우익 정권과 유착하여 우익 행보를 감행하고 있는 점에 대한 경계와 우려의 분석이 박승길 논지에서 전혀 보이지 않고 있는 점이 문제라고 하겠다.

최근 『창가학회와 재일한국인』(한울, 2013)을 쓴 제주대학 사회학과 교수 조성윤은 직접 도일하여 창가학회 소속의 재일한국인 신자들을 방문하여 면담하였다. 조성윤은 그들의 구술을 바탕으로, 많은 재일한국인들이 창가학회와 천리교(天理教), 영우회(霊友会) 등 일본 신종교에 입교를 한 동기를 밝혀 주목할 만한 연구성과를 내기도 하였다. 조성윤은 6년 동안이나 일본에서 생활하면서 민족 정체성을 고수하는 재일한국인들이 일본계 종교를 받아들이는 입신 동기와 신앙 형태를 고찰하여 역작을 출판하였다.

그러나 창가학회가 일련은 말법 시대의 본불로서 인식한 일련정종의 교리를 전 세계에 적극적으로 유포하려는 교리체계에 대한 인식과 연구가 없는 것은 한계이다.

과거 식민지 협력에 대한 반감 때문에, 한국에서는 일련종의 교리·사상적 관점에서의 객관적 연구가 전혀 이뤄지지 않고 있는 것은 문제이다. 또한 신자들은 신앙상의 입장 때문에 민중종교 출발과 이후 국가주의에 경도된 근대 종교사 흐름의 이면성에 대한 공정한 판단을 유보하고 있는 점도 문제라 하겠다.

국가신도에 관한 연구로는 콘도 요시히로(近藤喜博)의 『海外神社의 史的研究』(明世堂書店, 1943)이 있다. 이 연구는 기록이 중점이지만, 신국일본의 황신의 대륙 진출을 노래하고, '일본정신' '肇国(=건국)의 마음'을 찬미하고 있다.

반면, 스즈키 시즈오(鈴木静夫)·요코야마 미치요시(横山真佳) 편저 『신성국가 일본과 아시아』(勁草書房, 1984)가 있다. 여기서는 일본 군부에 의한 동남아 점령과 지배의 실태를 현지조사를 바탕으로 낱낱이 밝히고 있다. 서구의 논리에 의해 촉발된 일본의 침략성을 문제시하고 있다. 선민의식에 바탕을 둔 사고에 기초를 두고, 아시아 각국에 수출한 '황국사상' '대아시아주의'가 군국일본을 대표하는 팽창주의의 대표적인 침략사상이었다는 사실을 각국 현지인의 증언을 바탕으로 종합적으로 보여주고 있다.

군국주의 파시즘에 관한 연구로는 중국사회과학원 세계역사연구소 교수 만봉(万峰)이 집대성한 『日本파시즘의 홍망』(六興出版, 1989)이 있다. 일본 파시즘의 이론적 지도자인 키타 잇키(北一輝)·오카와 슈메이(大川周明)의 『중국과의 관계: 1931년 9월 18일 만주사변』은 중국의 항일 전쟁을 명확히 그리면서 일본 파시즘의 전체상을 체계 있게 보여준다.

일본 근대사에 관한 저작 가운데, 일본 파시즘에 대한 언급은 극히 간략하면서도 일반적인 내용뿐이다. 그나마 서술에도 약간의 불확실한 점이 있다. 이 점에서 만봉의 『日本파시즘의 홍망』은 주목할 만한 역작이라고 할 수 있다.

4. 일련종의 만주 진출과 만주국 건설의 사상 기여

1) 일본 식민지 개척과 일련종 진출

'황국(皇国)'은 일본인 모두의 사고의 기초였다. 메이지 이후 건국신화 속의 고대에서 가치의 근원을 찾아내, 복고주의와 국수주의에 기반을 둔 절대주의 천황제를 창출하여 일본을 총동원체제로 끌고 갔다.

1931년 당시 만주 침략의 상징인 '남만주철도회사'의 총재였으며, 1933년 3월 27일에는 국제연맹으로부터 탈퇴하여 일본의 '자주외교'를 추진한 주역이었던 마쓰오카 요스케(松岡洋右)는 당시 국제정치를 지배한 앵글로 색슨 민족의 가치를 단호히 부정하였다. 그는 일본 민족의 특수적 가치인 천황제를 중심으로 한 일본의 여러 전통적 가치를 일본 독자의 외교방침으로 정하고, 그것을 세계에 널리 알렸다.[29] 1940년 8월 1일 제2차 고노에 후미미로(近衛文麿) 내각의 외상이 된 마쓰오카 요스케(松岡洋右)는 '대동아공영권'이라는 말을 처음 사용하면서, 같은 날 발표된 기본국책요강 속에 '조국(肇国)의 대정신', '팔굉일우(八紘一宇)'라는 말을 사용했다. 즉 일본의 국시는 팔굉을 일우로 하는 조국의 대정신에 입각하여 모든 인류의 이상이 되어야만 한다. … 황국의 국시로서 팔굉일우라는 일본 제국 창건자의 이상은 먼저 일본, 만주국, 중국의 확고한 결합을 근간으로 대동아의 신질서를 건설하는 데 있었다.

메이지 정부가 초기 단계에 이미 주변국에 대한 침략 의도를 갖고 있었으므로, 일본 파시즘의 세계지배의 흉계와 망상은 히틀러 탄생 이전에 이루어진 일본의 종교적 소산으로서 집단원리가 있었다. 아니 고대부터 일본인들은 잠재의식적으로 모든 '분가'에 '황도주의'를 펼친다는 것은 세

29 馬場伸也, 『満州事変への道』, 中公新書, 1972. p. 39.

계의 '황국신민화'라는 침략주의적 발상의 잠재의식을 갖고 있었다고 해야 할 것이다. 근대에 이르러 그들의 해외 정복 야욕의 숙원은 천황숭배의 국체관념과 함께 '전쟁 예찬'의 사상으로 발전되었다.

야마토(大和) 민족의 진수(真髓)는 천황을 국가의 축으로 삼아 국민적 에너지를 결집하고, 만세일계의 천황이 전 세계를 통치하는 데에 있다. 천조대신(天照大神)의 자손으로서의 현인신 천황이 통치하는 일본국은 전 세계의 조국(祖国)이 되며, 따라서 신도는 모든 종교의 근원이 되어야 한다. 이러한 '황도'로부터 출발하여, 일본인들은 극단적 애국심으로 결합된 특수한 전쟁심리를 점차적으로 발전시켰으며, 이 정신은 '사무라이'라는 긍지 높은 전사의 민족을 만들어 냈다.[30]

따라서 시대의 대세인 양, 19세기 말부터 1942년까지 조선(196), 만주를 포함한 중국 본토(73), 대만(21), 사할린(11), 기타(6) 총 337개의 신사(神社)가 세워졌다. 천황신과 거기에 관련된 신들이 아시아 각국의 일본 점령지에 진출한 것은 일본에 대한 저항을 무마하여 지배에 동화시키자는 것이었다.

그런데 신사뿐만 아니라, 근대 일본불교 각파를 필두로 교파 신도, 기독교까지 신사를 능가하는 위세로 조선과 대만 그리고 대륙에 진출하였다. 황국사상의 세계관에 모두 포섭되어 일본불교 모든 교단은 아시아 침략에 적극적으로 가담하고 선봉에서 침략 의지를 고무시켰다.

일찍이 메이지(1868-1912) 이후 1920년대 말까지 제도 불교는 언제 어떤 일이 발생하든 일본이 수행하는 군사적 사업을 이데올로기적으로 지원하는 일에 적극적이었다.[31] 1876년 조선의 개항 이후 일본의 각 불교 종파는 침략정책에 편승, 조선과 중국 만주에서 식민지 개척에 적극 가담하였다. 정치 · 군사적인 침략을 효율적으로 수행하기 위해 그들의 각 종파가 앞을

---

30 이승만 / 이종익 譯 『일본군국주의 실상(實像)』, 두남, 1980. p. 43.

31 브라이언 다이젠 빅토리아 / 정혁현 譯 『전쟁과 禪』, 인간사랑, 2009. p. 125.

다투어 정신적 침략을 구사(驅使)하고 있었던 것이다.[32]

중국에 대해서는 정토진종(淨土眞宗)의 오타니파(大谷派)인 동본원사파(東本願寺派)가 상하이에 사찰을 건립한 때는 1876년이었으며, 정토진종 동본원사파가 1898년 오오타니 쇼신(大谷勝信), 오오타니 에이죠(大谷瑩誠) 두 형제를 개교(開敎) 격려차 파견하고, 다음 해 상하이(上海) 별원(別院)에 청국(淸国) 개교본부를 설치하였고, 1907년경부터는 쑤저우(蘇州), 항저우(杭州), 췐저우(泉州) 샤먼(廈門) 등에도 교선(敎線)을 넓혀갔다.

한국에서 포교 본부를 세운 것은 1877년으로 알려져 있다. 청일전쟁과 러일전쟁에서 승리한 결과로 일본이 아시아 대륙으로 팽창해 나간 것과 함께 정토진종의 선구자적 노력 또한 거듭 확장되었다. 1918년까지 본산인 서본원사파(西本願寺派)는 한국에 총 34개의 포교부를 두었으며, 동본원사파는 58개 포교부를 설립하였다. 1941년까지 정토진종의 동서 본원사파는 각각 만주에 총 53개와 80개의 포교부를 두었다.

또한 선종계 조동종(曹洞宗)은 1904년 한국에 최초의 포교부를 세운 것을 필두로 1912년까지 그 수를 21개 이상으로 늘려갔고, 전쟁이 끝날 때에는 100개를 넘어섰다. 조동선종의 만주 포교 활동은 1907년에 시작되었으며, 1940년까지 포교부 수는 총 37개에 달했다. 1907년은 또한 만주에 일련종(一蓮宗) 포교부가 최초로 설립된 해이기도 하다. 그 수는 전쟁 말기까지 20개를 넘어섰다. 그리고 정토종(淨土宗)은 1905년에 중국에 첫 사찰을 건립한 반면, 밀교로 대변되는 진언종(眞言宗)은 전쟁 중 여러 해 동안 만주와 중국 본토의 여러 지역에 300명이 넘는 승려를 주재시켰다.

대규모적이고 본격적으로 아시아 전도가 진전된 것은 1895년 청일전쟁 이후였다. 청일전쟁 무렵부터는 국가체제가 국가주의적 색채를 강화했는데, 동시에 교단불교의 체제도 대부분 그 시대의 경향에 편승하여 동

32 정광호, 『일본침략시기의 한·일 불교 관계사』, 아름다운 세상, 2001, p. 170.

조적인 자세를 취하였다.[33] 청일전쟁 당시 불교 각 종파는 현지 침략에 적극적인 협력체제를 펼치며 전쟁터로 종군승을 파견하여 군대포교, 전사자 추도(追悼), 군인 위문 등을 하도록 했고, 혹은 일본 내 병원의 위문, 간호용품 기증, 또는 출정 군인 가족의 위문이나 빈곤 가족 구제 등을 실시하였다.[34]

일본불교 각 종단이 러일전쟁에서 일본을 지원하는 방식은 이데올로기적인 군승(軍僧)을 파견하는 데에서 그치지 않았다. 러일전쟁에서는 각 종파의 전쟁 협력은 한층 강화되었다. 각 종파는 모두 파내의 말사(末寺)에 군사원호가 잘 진행되도록 '지시'를 내렸다. 전쟁을 정당화하는 대부분의 불교 교단이나 신도뿐만 아니라 기독교단까지 전쟁을 미화하고 정당화했다. 각 종단들은 전쟁을 지지하는 사람들을 동원하기 위해 종단이 후원하는 신문, 잡지 그리고 포교 자료를 활용했다.[35]

일본 국내의 제도불교는 전투에서 승리를 보장한다고 믿는 특별한 독경 예불을 드리는 것에서부터 병사의 가족, 특히 전사한 병사의 가족에게 재정이나 현금 원조 등 사회복지 활동에 이르기까지 모든 일에 지지했다. 수많은 불교 사찰들이 러시아 전쟁 포로를 수용하는 포로수용소가 되기도 하였다. 이러한 국내 활동과 마찬가지로 아시아 본토에서도 역시 야심찬 포교사업이 수행되었으며, 이러한 노력은 전쟁이 종결된 이후에도 계속되었다. 오히려 포교운동은 전후 몇 년 동안 증가했다.[36]

이후 일련종단뿐만 아니라, 일본의 모든 주요 종단들은 국가 및 천황제와 유착되어 일본의 전쟁을 이데올로기적으로 지원하는 종단활동을 지속했다. 이러한 포교사업들이 단지 일본 식민통치의 한 부분이었으며, 궁

33 栢原祐泉 / 원영상 외 譯. 『日本仏教史 近代』, 동국대출판부, 2009. p. 146.

34 앞의 책(정광호 『일본침략시기의 한·일 불교 관계사』). p. 200.

35 앞의 책(브라이언 다이젠 빅토리아 / 정혁현 譯 『전쟁과 禪』). pp. 172-173.

36 위의 책, p. 126-127.

극적인 목적은 '천황의 자비로운 영향력을 선전하려는 것'이었다. 일본의 모든 불교종단이 대륙에서 행한 대부분의 포교사업은 일본의 군사적 침략 및 점령 과정과 궤를 같이하며 전개되었다. 그중에서 가장 강력히 해외포교에 힘쓴 종단은 정토진종과 일련종이었다.

이러한 목적을 실현하기 위해 정토진종(浄土真宗)이 실천에 옮긴 한 가지 방식은 대륙 포교부들의 제단에 천황의 위패(位牌)를 두는 것이었다. 예배소 중앙의 아미타불상 옆에 놓인 이 거대한 위패는 식민지인들에게 일본 천황에 대한 경의와 충성 그리고 복종을 주입하려는 목적을 갖고 있었다. 이는 불교의 형식을 입고 천황숭배를 주입하는 하나의 방식이었다.[37]

일련종은 그 활동을 1881년 조선에서 개시하여 포교사 와타나베(渡辺日運)를 부산에 파견하였다. 일련종 승려 사노(佐野前勵)는 1895년에 조선에 건너와서 모든 조선불교를 일련종 밑으로 통합하고자 시도하였다. 야심만만한 사노(佐野前勵)는 한성에 포교사무소를 개설하여 일련종의 포교본부로 두고 이 땅의 전 사원을 일련종의 관할하에 두려고 획책하였다.[38]

메이지 30년대(1897-1906)가 되면 일본의 대륙에 대한 팽창 활동이 전개되어 일련종단은 거기에 편승, 침략 의식을 생산하였다.

1907년은 만주에 일련종 포교부가 최초로 설립되어 1945년까지 20개가 넘었다.

1920-30년대에 걸쳐 일련 사상은 팽창주의 사상과 결부되어, 일부 정치가 · 사상가 · 군인들의 마음을 사로잡은 사상적 원형이 되었다. 군국주의자와 일련교도 일부는 『법화경』 신앙하에 대륙에의 진군을 주장하는 우익 군인들도 있었다. 그중의 한명이 이시하라 칸지(石原莞爾)인데 그는 만주사변을 획책하고 만주국 창건을 주도한 책략가이다.

---

37 앞의 책(정광호 『일본침략시기의 한·일 불교 관계사』). p. 127.

38 강위조. 『일본통치하 한국의 종교와 정치』, 대한기독교서회, 1977. p. 82-83.

일련종단이 대륙에서 행한 대부분의 포교의 궤적은 일본의 군사적 침략 및 점령 과정과 궤를 같이하여 전개되었다. 1932년 만주사변 후 일련종 관장의 담화에 "특별히 만주국 건설을 목도한 우리 종단은 솔선하여 교선(教線)을 확대하여……"라는 선동 문구가 있다.[39] 여기에서 엿볼 수 있는 것은 일련종단의 자세에는 국책에 따라 혹은 솔선하여 그것을 담당하려고 하는 자세가 노골적이었다는 점이다.

2) 일련종 사상과 만주국 건국

일련의 종지(宗旨)에 의거하여 일본 중심적인 아시아 지배구상의 실현을 획책했던 이시하라 칸지(石原莞爾, 1889-1949)는 1919년경부터 일련신앙에 입신, 다나카 치가쿠(田中智学)가 창설한 '국주회'의 멤버가 되었다. 열렬한 일련종 신도 이시하라가 미국과의 세계 종말전쟁 운운하는 말을 사용했던 것도 다나카(田中智学)의 영향 때문이다. 다나카(田中)의 지론 즉 일본의 국체를 발양해서 세계에 일본의 진가를 알리고, 일본적 가치관에 세계를 굴종(屈從)시키는 데는 역시 큰 선전만으로는 안 되며 큰 전쟁이 필요하다. 전쟁을 하지 않으면 다나카(田中)가 이상으로 여기는 천황 중심의 '팔굉일우(八紘一宇)'[40]의 큰 세계는 실현되지 않을 수도 있다는 것이다.

다나카 치가쿠(田中智学)의 전쟁론과 또한 "말법의 세상에 一閻浮提(인간세계)에 전대미문의 대투쟁이 일어나고, 그 결과 일천사해(一天四海)가 묘법에 들어가 『법화경』의 진리로 통일되리라(一天四海皆帰妙法)"고 하는 일련의 『撰時抄(찬시초)』의 구절에 암시를 받아 이시하라는 독자적으로 세계종말전쟁론을 구상하여 『종말전쟁론』을 저술하였다. 여기서 다나카가 예언한 "一

39 鈴木靜夫·橫山眞佳 編著. 『神聖國家日本とアジア』. 勁草書房. 1984. p. 114에서 재인용.

40 팔굉이란 전 세계. 따라서 八紘一宇란 전 세계를 한집으로 화합시킨다는 말이다. 속내는 땅끝까지 하나의 집처럼 통일하여 천황의 통치하에 복속시킨다는 뜻.

天四海皆帰妙法은 48년 후에 도래한다.』라고 하는 대목을 일본이 세계적 전쟁에 참가해서 궁극적 승리를 거두는 해에 대한 예언으로 받아들여졌다. 그때 '일천사해귀묘법'의 상태가 찾아온다. 전 세계에 『법화경』의 가르침이 현실화되는 것이므로, 다시 말해서 이상세계가 실현되는 것이다. 궁극의 평화시대로 이후 전쟁은 더 이상 없다. 48년 후의 세계는 세계의 마지막 전쟁이 된다. 1918년부터 48년 후이므로 1966년이다. 다나카의 예언대로라면 그해의 2차 세계대전이나 3차 세계대전에 의해서 세계는 완전히 뒤바뀐다. 그날을 위해서 준비하지 않으면 안 되는 것이다. 일본을 미국의 국력, 산업력, 과학력에 필적하는 나라로 만들어 두지 않으면 안 되었던 것이다.[41]

이시하라(石原莞爾)는 만주에서 무엇을 구상하였을까? 어떻게 하면 일본이 최단기간 내에 부국이 될 수 있을까를 생각했을 것이다. 말할 것도 없이 만주에 묻혀 있는 풍부한 자원을 개발하고, 그 땅을 세계적 중화학공업지대로 키우는 것이었다. 그리고 만주의 산업력을 일본 본국과 연결시켰다. 결국 만주였다. 만주사변을 일으켜 만주를 사실상 영유했다. 이시하라는 그곳을 기점으로 일본을 세계에 으뜸가는 큰 산업국으로 만든다는 그런 비전에 사로잡혀 있었던 것이다.[42]

일본 본토만으로는 자원도 없으며 인구도 부족하다. 조선과 대만을 합쳐도 세계에서 제일가는 중화학공업을 구축하기는 어렵다. 하지만 만주가 있다면 가능하다. 만주는 일본이 종말전쟁을 완수할 수 있는 국력을 배양하기 위하여 필요했다.

이시하라(石原莞爾)는 1928년 이래 만주에 있었으며, 야심가의 임무는 만주 탈취의 청사진을 일본천황에게 제출하는 것이었다. 이시하라는 만주

---

41 가타야마 모리히데 / 김석근 譯, 『미완의 파시즘』, 가람기획, 2013. pp. 208-209.

42 앞의 책(가타야마 모리히데 / 김석근 譯 『미완의 파시즘』). p. 209.

가 일본에게도 또한 아시아에 있어서도 가장 중요한 의미를 갖는다는 확신 아래 만주국 건설에 몰두하였다.[43] 그는 만일 정부가 움직이지 않더라도, 관동군의 주도적 움직임에 의해 천하의 형세를 일변시키는 위업을 이룩할 수 있다고 하여, 관동군의 독단적인 음모에 의한 무력해결을 부르짖고 있었다.[44]

이시하라(石原)는 1928년 10월, 관동군 참모의 작전주임이 되었다. 마침내 여기서 그 세계종말전쟁론의 구체화를 지향하고, 그 서전(緒戰)으로서 관동군 고급참모(大佐=한국의 대령) 이타가키 세시로(板垣征四郎) · 나가타 테쓰잔(永田鉄山) 등과 모의하여 1931년 9월 18일 '만주사변'을 일으켰고 이듬해 1932년 3월 1일 괴뢰국 만주국을 건국시켰다. 이후는 도래할 세계종말전쟁에 대비하고, '동아연맹(東亞連盟)'을 결성하여 중일 협력 · 민족협화(協和)를 설파하고 부전(不戦), 제휴의 군사정책을 강조하기도 했다. 동아연맹 구상은 최종전쟁 준비를 위해, 보다 자발적인 아시아 각국의 협력을 구하는 수단일뿐더러 각국의 독립 자체가 목적은 아니었다.

결국 1937년 침략전 확대를 꾀하는 일본군의 대세에 의해서 중일전쟁에 돌입하자, 이시하라의 주장은 도조 히데키(東條英機) 일파에게 받아들여지지 않았다.

이시하라는 1939년 9월 '동아연맹협회'를 설립하고, 쇼와유신론(昭和維新論)을 주장하며 중일 제휴에 의한 구체화를 논했다. 그것은 만주국을 발판으로 하고 소련에게 대항하기 위한 것으로서 참인류애적인 중일평화론에 기초한 것은 아니었고, 일본 중심의 침략적 구상에 있어서는 도조(東條)와 같은 확대침략파와 다르지 않았다.[45]

---

43 仁科悟朗.「幻の帝國滿州國の終焉」.『滿州國最期の日(=別冊歴史讀本)』. 新人物往來社. 1992年 9月号. p. 41.

44 小島晋治·丸山松幸 / 박원호 譯.『中國近現代史』. 지식산업사. 1992. p. 124.

45 戶頃重基.『近代社會と日蓮主義』. 評論社. 1972. p. 148.

어쨌든 최종유럽전사 연구와 강렬한 일련신앙을 바탕으로 쓴 그의 대표작 『종말전쟁론』에 의하면 전쟁의 역사는 '결전(決戰)전쟁'과 '지구(持久)전쟁'의 반복이며, 구국의 '결전전쟁'이 종말전쟁이었다. 이 종말전쟁은 세계가 통일이 되기 위한 기초 작업이며, 팔굉일우(八紘一宇)의 발전과 완성은 무력에 의하지 않고, 올바른 평화적 수단에 의지해야 했다. 즉 세계가 통일되어야 영구평화가 찾아온다는 것이다.[46]

또 종말전쟁, 즉 왕도 · 패도의 결승전은 결국 천황을 신앙하는 것과 그렇지 않은 것과의 결승전이고, 구체적으로는 천황이 세계의 천황으로 만들어지겠지만, 한편으로는 서양의 대통령이 세계의 지도자가 될 것인지를 판가름하는, 인류 역사상 전무후무한 대사건이었다.[47]

근대 세계의 가열찬 생존경쟁에서 살아남은 두 나라가 머지않아 무력으로 승패를 가리게 되었다. 한쪽은 서양문명의 대표국으로서의 미국이었다. 다른 한쪽은 『법화경』신앙을 체현하는 일본이었다. 그것은 이시하라의 종교적 확신이다. 세계정세를 분석하는 평론이나 학문이 아니었다. 일본이 미국을 상대로 승리를 거두어 마침내 『법화경』이 약속하는 이상향을 세상에 가져다주는 것이다. 일본이 세계의 종말전쟁에서 승리하면 현세는 그대로 불국토가 되어 영원한 이상향으로 변한다. 이상향에는 더 이상 전쟁은 없다. 그러므로 그야말로 종말전쟁이다. 그러기 위해서는 일본이 '가진 나라' 미국 못지않은 국력을 가질 필요가 있다.[48]

만주사변의 결과물인 만주국 건국회의가 1932년 2월 16일 열린 날, 일본 국기도 청국 국기도 아닌 '난묘호렌게쿄(南無妙法蓮華経)'라고 적힌 통례의 문자가 적힌 깃발이 걸려있었다. 이 회의가 열린 2월 16일이라는 날짜의 중요성에 대하여 2월 16일은 일련의 탄생일이라고 전해진 날짜이기 때문

46 石原莞爾, 『最終戰爭論』, 中央公論社, 2001, p. 73.

47 위의 책, p. 82.

48 앞의 책(『미완의 파시즘』), p. 213.

이다. 이시하라는 만주국 건설이야말로 묘법연화경(妙法蓮華経)의 가르침을 이 국토에서 실천하면 불국토를 건설할 수 있다고 확신하고 있었다. 이시하라는 일련에의 맹세와 불국토 건설에의 확신이 거대한 제목 7문자로 체현되어 높이 내걸려 있었던 것이다.[49]

즉 이 세상 모든 사람들이 『연화경』에 귀의할 때, 이 세상은 그대로 불국토가 된다는 생각에서 비롯된 발상이다.

이렇게 보면, 만주국 건설은 그러한 기념해야 할 '대절복(=포교)'의 제1보가 되는 셈이었다. 따라서 그 제1보는 일련 탄생일이 되도록 조정되었다.[50]

앞서 언급한 다나카 치가쿠(田中智学)는 천황 절대주의와 일련의 법화사상을 교묘하게 결합시킨 인물이었다. 그는 일본은 『연화경』에 기초하여 세계통일을 달성해야 할 사명을 가진 특별한 나라라고 규정했다.

이시하라의 『종말전쟁론』과 세계인식은 다나카 치가쿠(田中智学)의 국체론의 연장선상에 있었다. 다나카의 일련주의(一蓮主義)가 이시하라에게 준 영향은, 이시하라의 종교관과 전쟁사관을 결합시키는 역할을 이 일련주의(일련主義)가 담당하고, 그것에 의해 종말전쟁이 형성되었다는 것이다. 이시하라가 종말전쟁론에서 인용한 일련의 '종말전쟁의 예언'은, 다나카가 1903-4년에 걸쳐 거행한 연설기록(『本化妙宗式目講義錄』) 안에 그 원형을 발견할 수 있다.[51]

종말전쟁의 근거가 되는 주요한 일련의 유문은, 『撰時抄』의 "전대미문의 대투쟁이 一閻浮提(전 세계)에 일어난다." 이시하라에 의하면, "일련 성인은 장래에 대한 큰 예언을 하고 있다. 그것이 어떠한 것인가 말할 것 같으면, 일본을 중심으로 하고 세계의 미증유의 대전쟁이 반드시 발생한다. 그때에는 本化上行이 또다시 이 세상에 나와서 本門의 계단(戒壇)을 일본국

49 入江辰雄.『日蓮聖人と石原莞爾』, たまいらぼ, 1984. p. 209.

50 위의 책, p. 206.

51 앞의 책(松岡幹夫『日蓮仏教の社會思想的展開』). p. 116.

에 세워, 거기서 일본의 국체를 중심으로 하는 세계통일이 실현된다."고 일련의 예언은 해석된다.[52]

국주회(国柱会)의 다나카 치가쿠(田中智学)는 요컨대 "일본국 전체가 법화 정신을 갖게 되고, 조정 또한 이 법이 국체의 내용이 된다는 사실을 인정하여, 그 결과 王法과 仏法이 일체가 된다. 그때 세계통일의 대표시로서 '本門戒壇' 건설의 칙명을 받았을 때, 비로소 일본국 스스로가 처음으로 자신의 진의와 정체를 인정할 수 있다"고 하는, 일련주의에 의한 '세계통일론'은 이시하라에 의해 이와 같은 형태로 받아들여졌던 것이다. 이시하라에 의하면, 本門戒壇 건립의 때야말로 세계종말전쟁의 때라고 이해했던 것이다.[53]

이와 같이 이시하라의 종말전쟁 구상은 병리학적 소양에 의한 유럽전쟁사 연구와 강렬한 일련신앙을 바탕으로 생겨나왔다. 이것은 일련종의 마력이라는 것을 잘 대변하고 있다.

5. 일련주의와 제국주의 사상

『마지막 황제』의 저자 에드워드 베아가 "제2차 세계대전은 이시하라(石原莞爾)의 만주침략 청사진과 함께 시작됐다."라고 지적한 것처럼, 일본은 만몽(滿蒙)에 대해 일련주의자들이 침략의 시대를 촉발시켜 갔다. 근대 일련주의는 만주와 몽고에 대한 침략적 의식을 생산하는 데 일조한 침략 이데올로기의 근간을 이루었다.

국가신도에 의한 군국 일본의 국체관이나 이데올로기의 근원이 있었

---

52 위의 책, p. 116.

53 中濃教篤, 「石原莞爾」, 田村芳朗·宮崎英修 編集, 『日本近代と日蓮主義』, 春秋社, 1972. p. 86.

음이 주지의 사실이다. 그러나 국체 이데올로기에 근거해 천황에 대한 충성심을 강화시키고 침략전쟁에 국민을 동원하기 위한 국가신도체제 외에, 체제화한 근대 일련주의라는 점을 상기해야 한다.

이시하라(石原莞爾)가 종교적 이상세계를 대망(待望)하며 대륙 침략을 정당화한 만주국 건설의 근원(策源)에는 일련이 있었다. 근대 일련숭배자들의 파시스트적 언행과 대외 팽창에 가담한 전과에 대한 책임은 일련에 있다.

한때 일본에서 베스트셀러였던 『악마의 포식(飽食)』이라는 책은 과거 일본이 만주 · 중국에서 저지른 만행과 인간이 극한 상황에 달하면 어느 정도까지 흉악해질 수 있는가를 잘 드러내고 있다. 저자 모리무라 세이치(森村誠一)는 이 책의 후기에서 다음과 같이 말했다. "이 책에 나오는 제 731 부대의 잔악한 행위에 대해 국민들은 벌이 무서워서 잔악한 명령에 따르는 것이 아니라 전쟁이라고 하는 국가적 집단의 광기 속에서 자기의 행위가 나라를 위하여 필요하다는 확신을 가지고 악마의 짓을 수행했다."라고 간파했다.

1947년 5월, 연합군 측이 개최한 극동국제군사임시재판의 법정에 선 이시하라 간지(石原莞爾)는 관동군의 군사행동의 정당성을 주장했다. 법정에서의 발언을 보면, 이시하라는 만주사변에 관한 한, 죄의식은 거의 없었다.

'대아시아주의' '팔굉일우'라는 조어가 일본제국주의를 견인한 교리체계였다면, 여기에 '종말전쟁론' '세계통일'과 같은 종말론적 도덕적 수사(修辭)가 가미되어, 일본 파시즘은 만주를 발판으로 전 세계 침략의 야망으로 질주하였다.

일련이 창도한 국가우월주의 사상이 제국주의와의 심정적 결합이야말로 근대 일본의 침략주의, 패권주의, 팽창주의, 군국주의, 식민지주의에 복선처럼 내재된 또 하나의 주술(呪術)이었다고 볼 수 있다.

제5장
일본인의 해외이동과 문화영토: 일본, 브라질, 미국

이 장에서는 일본, 브라질, 미국 등에 거주하는 일계인을 중심으로 재영토화 과정이라는 측면에서 그들의 생활 및 네트워크, 공동체문화에 대하여 살펴보고자 한다. 전술한 바와 같이 일계인이란 일본에서 해외로 이주하여 영주목적으로 생활하고 있는 일본인 및 그 자손의 2세-3세, 4세 등을 지칭하며 국적 및 혼혈을 불문하고 이들을 해외일계인이라 정의하고자 한다.[1] 일본에서 해외로 이주하여 생활하고 있는 일본인들은 거주국에서 일계인 공동체사회를 형성하여 이를 발전시키고 유지해왔다. 여기에서는 미국이나 브라질, 그리고 일본으로 귀환한 일계인들을 대상으로 그들 일계인 집거지와 생활문화, 즉 일계인의 공간적 치환과 재영토화 과정을 중심으로 서술할 것이다.

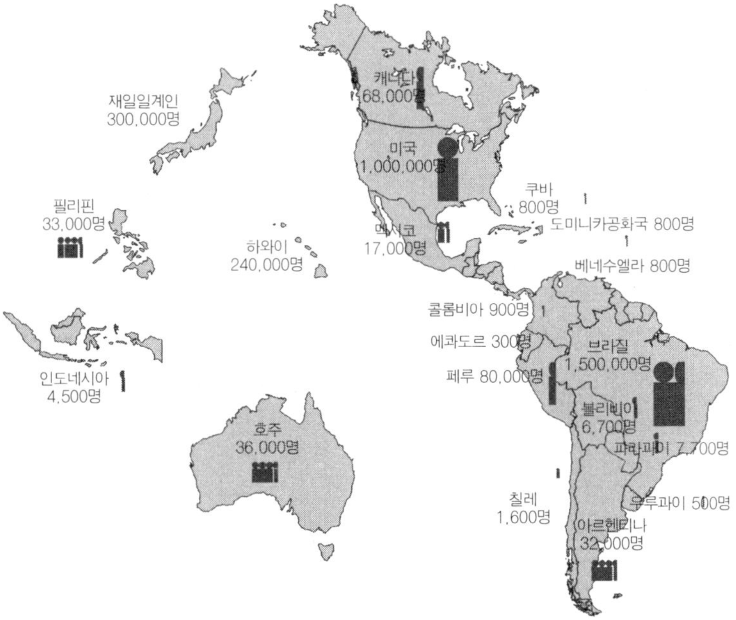

그림 5.1 2012년 현재 해외일계인 수[2]

---

1 http://www.jadesas.or.jp/aboutnikkei/index.html(검색일: 2014/07/10)

〈표 5.1〉에서 제시하는 바와 같이 2013년도 기준으로 세계 각국에 거주하고 있는 일계인들을 살펴보면 북미 지역, 중남미 지역, 아시아 지역으로 구분할 수 있다. 먼저 중남미지역의 일계인 거주현황을 살펴보면 멕시코 1만 7,000명, 쿠바 800명, 도미니카공화국 800명, 베네수엘라 800명, 콜롬비아 900명, 에콰도르 300명, 벨기에 8만 명, 브라질 150만 명, 페루 8만 명, 볼리비아 6,700명, 파라과이 7,700명, 칠레 1,600명, 우루과이 500명, 아르헨티나 3만 2,800명 정도이다. 북미 지역으로는 캐나다에 9만 8,900명, 하와이에 24만 명, 미국 본토에 130만 명 정도가 거주하고 있는 것으로 나타났다. 아시아 지역에는 일본에 약 21만 명, 오스트레일리아에 3만 6,000명, 필리핀에 3만 3,000명, 인도네시아에 4,500명 정도가 거주하고 있다.

해외일계인의 거주지역별 특성을 살펴보면 주로 북미 지역에는 미국, 하와이와 캐나다, 중남미 지역에는 브라질, 페루, 아르헨티나, 그리고 아시아 지역에서는 일계인의 모국인 일본에 많이 거주하고 있는 것으로 나타났다.

그러면 왜 아시아 지역에서도 일본에 일계인들이 많이 거주하게 되었는가? 여기에 대해서는 좀 더 구체적인 설명이 필요하다. 1980년대 이후 일본 기업의 노동력 부족과 수요의 확대로 1990년 일본입국관리법이 개정되면서 이후 2008년 리먼쇼크가 발생하기 전까지 약 31만 6,000명 정도의 일계인들이 일본으로 귀환하게 되었다. 이렇게 하여 도일하게 된 일계인 노동자들은 주로 일본에서 제조업 공업지대인 군마 현 오이즈미마치(群馬県大泉町), 요코하마 시 쓰루미 구(横浜市鶴見区), 시즈오카 현 하마마쓰 시(静岡県浜松市), 나고야 시 오수(名古屋市大須) 등지에 거주하면서 주로 자동차 부품 조립, 전자제품 조립, 악기 산업, 식품 공장 등에서 노동자로 취업하게 되었다.

---

2 公益財団法人海外日系人協會 http://www.jadesas.or.jp/aboutnikkei/index.html(검색일: 2014/07/10). 필자가 원본을 수정하여 한국어를 추가했음.

그러나 2008년 세계적인 리먼쇼크 이후 경제위기와 세계적인 불황으로 약 10만 명 정도가 브라질로 재이주하였고 현재 20만 명 이상이 일본에서 생활해오고 있다. 2008년 리먼쇼크 이후 일본에서 생활하던 일계인들은 대량실업(일계인 전체 인구의 30-40%)의 위기에 처하게 되었다. 이들은 처음부터 단순기능인력으로 일본에 이주했기 때문에 가장 먼저 일본기업에서

표 5.1 2013년 해외일계인 거주자 현황

지역	국가	해외거주자 수
북미 지역	캐나다	98,900
	미국	1,300,000
	하와이	240,000
중남미 지역	브라질	1,500,000
	페루	80,000
	아르헨티나	32,000
	멕시코	17,000
	쿠바	800
	도미니카공화국	800
	베네수엘라	800
	콜롬비아	900
	에콰도르	300
	볼리비아	6,700
	파라과이	7,700
	우루과이	500
	칠레	1,600
아시아 지역	일본(일계인)	210,000
	오스트레일리아	36,000
	필리핀	33,000
	인도네시아	4,500
합계		약 300만 명 이상

일계인들이 구조조정의 대상이 되었다. 그들이 기업에서 해고당하게 된 가장 큰 이유는 문화적 차이와 일본어 능력에 따른 의사소통의 문제였다.

이렇게 일본기업에서 해고당하게 된 일계인들은 원래 그들의 일본 입국 목적이 데카세기(단기간 돈을 벌어 귀국하는 것)였기 때문에 일본에 체류할 적당한 근거를 찾기도 어려웠다. 더구나 일본정부는 일계인의 해고에 의한 사회적 문제 야기와 범죄 발생을 두려워하여 이들에게 브라질로의 귀국을 종용하게 되었다. 일본 후생노동성은 리먼쇼크 이듬해인 2009년 4월부터 일계인의 브라질 귀국을 지원하는 '일계인 실업자에 대한 귀국지원사업'을 실시하였다. 브라질 귀국 조건은 일계인 실업자 및 부양가족의 귀국 여비를 지급한다는 것이었다. 일본정부는 브라질 귀국자들에게 귀국에 필요한 여비를 일계인 1인당 30만 엔, 부양가족 1인당 20만 엔씩을 추가로 지급한다는 조건으로 일계인들의 귀국을 적극 추진하였다. 이러한 일본정부의 일계인 귀국지원사업에 의한 귀국자수 2만 1,675명(브라질 국적 2만 53명, 페루 903명, 기타 719명)에 달했다. 일계인 귀국자들 중 일본 내 귀국자 수가 가장 많은 현은 아이치 현(5,805명)과 시즈오카 현(4,641명)으로 일계인들이 가장 많이 거주하고 있는 현이었다.

일계인들이 일본에서 다시 브라질로 재이주하는 데 있어서 일본정부의 조건도 대체로 까다로웠다. 일본정부는 "일계인들이 당분간 같은 신분으로 체류자격을 획득하여 재입국을 인정하지 않는다."라는 단서를 달아 귀국지원을 감행했기 때문이다. 구체적으로 일본의 고용과 경제정세가 개선될 때까지 약 3년간 일계인 노동자의 일본 재입국을 인정하지 않는다는 것이 일본정부의 조건이었다. 하지만 3년간의 입국제한 기간이 지난 시점에서 일계인의 자유로운 일본 입국은 아직까지 개선되지 않고 있다.

1. 브라질 일계인의 생활과 문화

일계인의 브라질 이주는 지금부터 105년 전인 1908년 6월 18일에 가사토마루(笠戸丸)를 타고 781명이 상파울루로 이주하면서 시작되었다. 그 후 1929년부터 아마존으로의 일본인 이주도 개시되었으나 1934년 브라질 정부가 외국인이민을 제한하는 법률을 제정하여 이민자 수가 극감하였다.[3] 제2차 세계대전 이후 1952년에 아마존 이주가 다시 재개되어 젊은 일본인 이민자들이 대거 몰려들면서 일계사회를 활성화시켰다. 그러나 일본인의 브라질 이주자 수는 1945년 이전의 약 1/4 수준에 머물렀고 일계인사회는 주로 전쟁 전의 이주자들과 그 후손으로 구성되어있다고 볼 수 있을 것이다.

전술한 바와 같이 일본인의 브라질 이주의 역사는 1945년 이전에는 1908년 카사토마루(笠戸丸)로 781명이 이주한 것이 최초이다. 이것은 1907년 미즈노(水野) 황국식민회사 사장과 보테료 상파울루 주 농무장관과의 사이에 조인된 계약에 의한 것이었다. 초기 이주자는 커피농장의 고용농으로 브라질 동남부(상파울루 주)로 이주하는 자가 많았고 이주정착 과정에는 많은 우여곡절이 있었다. 1916년에는 고용농으로부터 독립된 자가 자발적으로 이주지를 설립하게 되었고 1928년에는 브라질 척식조합이 설립되어 자영농 이주자를 위한 집단 이주지가 설립되었다. 한편 1928년에는 남미척식회사가 설립되어 이듬해 아마존 이주도 개시되었다. 그러나 1934년 브라질 정부가 외국인 이민을 제한하는 법률을 제정하여 일본인 이민자는 1935년 이후 급감했다. 브라질 이주의 최고 전성기는 1933년-34년으로 연간 2만 명 정도가 이주하였으며 1945년 이전 일본인 이주자 총수는 1941년까지 약 19만 명에 달했다.

---

3 在サンパウロ日本総領事館 http://www.sp. br.emb-japan.go.jp/jp/comunidade/history_jp.htm (검색일: 2014/07/13)

1945년 이후 일본인 이주는 1952년 아마존 이주를 필두로 재개되어 1960년에는 일본-브라질 양국 정부 간 이주협정이 체결되었다. 이후 일본인 이주는 국제 협력사업단(JICA)[4]에 의한 입식지의 설정, 이주자의 송출, 원호 등을 주축으로 이주사업이 전개되었다. 전후 일본 최고의 이주 전성기는 1954-61년 사이로 연간 4,000-7,000명 정도가 이주하였지만 이주자 총수는 5만 3,657명 정도였다. 이후 브라질 이주는 일본의 생활수준 향상, 80년대 이후 브라질 경제 불황, 브라질 정부의 이주자 선고의 엄격화 등으로 크게 감소하였다. 1993년에는 JICA도 이주자 송출 업무를 중단하였기 때문에 이민자는 10명 내외 정도였다.

1988년 상파울루 인문과학연구소의 일계인인구 샘플조사에 의하면 이주자를 포함한 일계인 총수는 123만 명으로 거주지는 브라질 전 지역으로 확대되었지만 그 가운데에서도 상파울루 주가 약 70%, 파라나 주에 약 10%정도가 집중되어 있는 것으로 나타났다.[5] 일계인 세대별 혼혈 정도는 2세가 6%, 3세가 42%, 4세가 63% 정도로 혼혈 경향이 두드러지고 있는 것이 특징이다.

그 밖에도 브라질 일계인 회사는 해외 최대의 규모로 일계인은 브라질 연방하원의원, 주의회의원, 시장 등을 비롯하여 정치, 경제, 문화예술 등 다양한 분야에서 활약하고 있는 것으로 나타났다. 브라질사회에서도 'Japones Garantido'(일본인은 신뢰할 만하다)라는 평가를 받고 있는 것으로 나타났다. 1998년에는 브라질 이주 90주년 기념식전이 개최되어 당시 오부치 외상(小渕外相)이 참석하기도 했다.

4 JICA는 일본해외협회연합회와 해외이주진흥회사가 63년에 합병되어 만들어졌으며 1974년에 해외이주사업단과 다른 정부기관이 일원화되었음.

5 위의 홈페이지 참조.

1) 브라질 일계인의 인구분포와 생활

브라질 일계인들은 주로 어디에 거주하고 있는 것일까? 브라질 상파울루 인문과학연구소가 1988년에 수행한 일계인표본조사를 통해서 살펴보면 다음과 같다. 〈표 5.2〉에 제시한 바와 같이 현재 브라질일계인의 총 인구수는 약 140-160만 명에 이르는 것으로 추정되고 있다.[6] 이는 브라질의 총인구 약 1억 9,870만 명[7]의 1% 정도에는 못 미치는 수치이다. 거주지역 또한 위의 조사지역을 토대로 추정하여 상파울루 주[8]에 약 70%, 파라나 주[9][10]에 약 10-15%정도가 거주하고 있으며 나머지는 브라질 전역에 흩어져서 거주하고 있다. 최근 30년 동안 일본의 생활수준 향상, 브라질경제의 불황 등 경제적 · 문화적 요인으로 일계인의 인구이동이 매우 활발하게 이루어지고 있다.

일계인은 브라질에서 비교적 높이 평가받고 있는 것으로 나타났다. 그 이유는 일계인들이 정치, 경제, 문화예술 분야에서 대거 활약하고 있는 것만으로도 충분히 짐작할 수 있다. 한 예로 브라질의 최고학부인 상파울루 대학생들 중 과거에는 약 15%가 일계인의 자녀들이었으며 교직원들도 약 8%가 일계인이었다. 이러한 비율은 일계인의 인구가 총인구 대비 1%에도 미치지 못한다는 점을 감안할 때 매우 높은 수치임에는 틀림없다. 상파울루 대학에서 2000년도에 처음으로 각 학과의 수석을 표창했는데 수상자

---

6 在サンパウロ日本總領事館 홈페이지(약 160만 명)와 JICA 홈페이지(약 150만 명. 상파울루인문과학연구소(약 140만 명)를 참고하여 작성하였음.

7 THE WORLD BANK(2012): Brazil. Population. http://www.worldbank.org/en/country/brazil(검색일: 2014/07/13).

8 在サンパウロ日本總領事館 홈페이지에 의하면 약 150만 명의 일계인 중 약 40만 명이 상파울루권에 거주하고 있다고 추정하고 있음.

9 히구치 나오토(樋口直人, 2001)에 따르면, 파라나 주의 북부에 위치한 론드리나시나 마링가시를 중심으로 일계인이 집거하고 있음.

10 우호·자매도시인 일본 효고 현(兵庫縣) 홈페이지에 따르면 2011년 현재 약 15만 명의 일계인이 거주하고 있는 것으로 나타나고 있음.

표 5.2 브라질 일계인의 지역별 남녀별 분포[11]

브라질 지역	남	여	성별 미상	총계
북부 지역	18,000	15,000		33,000
동북 지역	11,000	17,000		28,000
상파울루 시	163,000	159,000	4,000	326,000
대상파울루권	90,000	78,000	2,000	170,000
상파울루 주	204,000	187,000		391,000
리우데자네이루 주 이스피리투산투 주 미나스제라이스 주	39,000	48,000	1,000	87,000
남부지역	72,000	71,000	1,000	143,000
중앙-서부지역	28,000	19,000	2,000	49,000
총계	625,000	595,000	8,000	1,228,000

사진 5.1 브라질 상파울루 리벨다지 일본인촌[12]

87명 중 17명이 일계인이었다고 한다.[13] 이와 같이 현지 일계인들은 교육열이 높아 자녀 교육에 힘쓰고 있으며 대학 졸업자의 비율도 현지인에 비

11 サンパウロ人文科學研究所. ブラジルに於ける日系人口調査報告書—1987・1988—. 人口の地域別分布 http://www.cenb.org.br/cenb/index.php/articles/display/312(검색일: 2014/07/13). Grande São Paulo(상파울루 시 제외. Estado de São Paulo(상파울루 시와 대 상파울루 권을 제외).

12 http://cafe.daum.net/haraharu/_album/112?q=%B8%AE%BA%A7%B4%D9%C1%F6 (검색일: 2014/07/15)

13 アンジェロ・イシ(2010). 『ブラジルを知るための56章』 明石書店.

해 매우 높은 편이다. 이러한 결과 브라질사회 각 분야에서 활약하는 일계인들이 증가하게 된 것이다.

일계인들은 주로 상파울루 시 중심부의 리벨다지(Liberdade: 자유)에 일본인촌을 형성하여 주변 지역에 집거하고 있으며 브라질에서 일본문화의 발신지 역할을 하고 있다. 리벨다지는 항구도시 산토스에서 올라와 상파울루 시내로 들어가는 길목에 자리 잡고 있다. 이 지역은 지금은 상파울루구 중심지이지만 맨 처음에는 이탈리아 이민자들이 자리 잡고 살다가 20세기 초 일본인들이 유입되면서 일본인 상업지와 주거지가 들어서 일본인촌을 형성하게 되었다. 여기에는 일본인뿐만 아니라 중국인들까지 몰려들었고 최근에는 한국인들이 가세하기 시작하면서 한중일 식당과 동양식품점들이 모여들어 글로벌 아시아촌을 형성하고 있다. 리벨다지(Liberdade)의 유래는 옛날 이곳 광장에 교수대가 설치되어 있었는데 이곳에서 죽은 영혼을 달래는 의미로 자유라는 뜻의 리벨다지로 바뀌었다고 한다. 리벨다지에는 브라질-일본문화복지협회, 상파울루일본-브라질원호협회, 브라질도도부현연합회의 사무소 및 각 일본 현인회나 복지단체, 문화단체 사무소, 그리고 일본어신문사와 레스토랑, 슈퍼마켓 등 각종 일본 관련 시설이 들어서 있다.

2) 일계인 단체와 네트워크

(1) 브라질일본도도부현인회연합회(県連 : KENREN)

먼저 현연(県連: KENREN)은 일본 47개의 도도부현인회 출신 회원들로 구성되어 있기 때문에 일계인사회에서는 가장 일본과의 유대가 강한 단체 중의 하나다. 여기에서는 이 단체의 일계사회, 일계인 네트워크, 일본과의 관계 등에 주목하여 이 단체가 주최하거나 공동개최하는 행사 및 활동에 대해서 살펴보고자 한다.

① 일본축제(Festival do Japao)

브라질일본도도부현인회연합회(ブラジル日本都道府県人会連合会)가 1998년부터 주최하고 있는 '일본축제(Festival do Japao)'는 중남미에서 가장 큰 규모의 일본문화축제[14] 중의 하나로 매년 7월에 개최되고 있다. 이 축제는 일본 각 지역의 향토요리나 향토예능을 일계인뿐만 아니라 브라질인들에게 널리 알리는 것과 동시에 전통문화의 계승 및 세대 간의 융합과 소통을 목적으로 삼고 있다. 이 행사는 브라질 일본이민 90주년을 기념하여 시작되었는데 해를 거듭하면서 참가자 수가 증가하여 2002년도부터는 상파울루주의 공인행사가 되었다.[15][16]

축제가 개최되는 기간 동안에는 각 일본 현인회나 단체가 운영하는 향토요리 포장마차 운영, 일반기업의 전시장, 물품 판매 목적의 바자회, 일본문화의 전시 및 실연, 매직 쇼와 같은 여흥 등이 열린다.[17]

② 신년 축하회

일본에서는 구정보다 신정을 더 중요하게 여긴다. 일계인들도 일본에서와 마찬가지로 매년 신정인 1월 1일에 새해를 축하하며 친목과 교류의 시간을 함께 보낸다. 이 축하회는 브라질에 있는 일계인 단체들이 공동으로 개최하고 있으며 브라질 일계인들의 교류의 장이 되고 있다.

---

14 ブラジル日本都道府縣人會連合會. イベント. 日本祭り 17回フェスティバル・ド・ジャポン. http://www.kenren.org.br/ja/eventos/icalrepeat.detail/2014/07/04/111/20%7C21%7C22/17(검색일: 2014/07/15)

15 ブラジル日本都道府縣人會連合會. 2011年 事業報告書. http://www.kenren.org.br/ja/multimidia/imprensa/item/informativo-kenren-2012(검색일: 2014/07/15)

16 일본축제 관련 기사 '제15회 일본축제 약 4만 헤알(12월 15일 현재 1,803만 8,000원)의 흑자'(2012.12.04) http://www.saopauloshimbun.com/index.php/conteudo/show/id/11518/cat/105(검색일: 2014/07/15)

17 개인 블로그 'ブラジルとブラジルのマーケティングあれこれ'. http://blog.goo.ne.jp/fukui-br/e/1ed99755bf4022b4cc9f9c95d4fe0f35(검색일: 2014/07/15)에서 인용.

사진 5.2 브라질 일본축제(Festival do Japao)[18]

③ 이민의 고향순례[19]

1968년에 브라질 일본이민 80주년을 기념하여 시작된 활동의 하나로 초기 브라질 이민자들의 고향을 방문하여 브라질 각지에 흩어져서 생활하고 있는 일계 콜로니아 주민들과 교류를 실시하고 있다. 이 교류를 통하여 브라질 일계인의 정신적 유대를 강화하고 네트워크를 형성하는 것이 활동의 주요 목적이다.[20]

(2) 상파울루일본-브라질원호협회(サンパウロ日伯援護協会)

이 협회는 브라질 거주 일계인의 복지와 의료서비스를 제공하는 민간 공익복지단체이다. 1959년에 '일본이민원호협회'로 창립되어 1972년에 지금의 명칭으로 개칭하였다. 2010년 3월 29일부터는 새로 개설된 원협(원호협회)사회복지센터를 본부로 삼아 활발히 활동하고 있다.[21] 원협의 활동

18 ブラジル日本都道府縣人會連合會ホームページ. イベント. 縣連主催. http://www.kenren.org.br/ja/eventos/year.listevents/2013/12/11/(검색일: 2014/07/15).

19 여기서 '고향'이란 일본이 아닌, 브라질로 이민을 와서 처음으로 정착한 지역을 말함.

20 위의 홈페이지 참조.

을 주로 일계인집거지(상파울루, São Paulo), 마투그로수두술(Mato Grosso do Sul), 미네스제라이스(Minas Gerais), 고이아스(Goias), 리우데자네이루(Rio De Janeiro) 각 주를 순회 진료하고 있다는 점이 특기할 만하다.[22]

① 벚꽃축제

일본에서 매년 4월에 열리는 벚꽃축제와 마찬가지로 브라질 일계인들도 상파울루 일본-브라질원호협회의 주최로 매년 7-8월에 벚꽃축제를 개최하고 있다. 이제 벚꽃축제는 올해로 45회를 맞이하였으며 역사 깊은 일계인 축제 중의 하나가 되었다.

사진 5.3 일계인 벚꽃축제 포스터

② 브라질 일계인 네트워크

일계인 네트워크는 브라질 내 각종 일계인 단체를 통해 형성되고 있다. 그중에서 가장 대표적인 단체는 브라질 일계인 사회에서 일계인 3대 단체(日系コロニア御三家[23])로 불리는 브라질일본문화복지협회(Bunkyo), 상파울루 일본-브라질원호협회(Enkyo), 브라질일본도도부현인회연합회(KENREN) 등이 있다.

---

21 サンパウロ日伯援護協會ホームページ http://www.enkyo.org.br/japones/index.html(검색일: 2014/07/15)

22 2012년에 실시한 순회 진료지역에 대해서는 위의 홈페이지 巡回診療를 참조. http://www.enkyo.org.br/japones/assistencia.htm(2014/07/15)

23 サンパウロ新聞 http://www.saopauloshimbun.com/index.php/conteudo/show/id/4152/menu/3/cat/101(검색일: 2014/07/15)

이들 단체 중에서 특히 지연(地縁)에 의해서 형성된 현연(県連: KENREN)은 주목할 만하다. 현연(KENREN)에서는 하부조직인 현인회(県人会)에서도 구성원들이 활발하게 교류하고 있으며, 각 현인회가 일본 내 모국고향인 48개 도도부현(都道府県)과 각각 밀접한 관계를 형성하고 있다. 특히 브라질 오키나와 현인회 같은 경우, 오키나와 현(沖縄県)이 개최하는 세계일계인대회의 하나인 '세계 우치난추대회(世界のウチナーンチュ[24]大会)'에 매년 1,000명이 넘는 참가자가 브라질에서 참가하는 등 매년 모국과 활발한 교류를 통해 네트워크를 형성하고 있다.

2. 미국 일계인의 생활과 문화

재미 일계인의 역사는 1841년의 나카하마(中浜) 만지로 표류사건 이후 1899년까지의 '이민 초기', 1900-1936년의 '이민과 배일(排日)운동기', 1937-1945년의 '태평양전쟁과 강제수용기', 1946-1965년의 '전후부흥기', 1966년 이후의 '보상운동기'의 다섯 가지 시기로 구분할 수 있다[25]. 이 중 '이민 초기'와 '이민과 배일운동기'에 해당되는 1841-1936년 사이에 이주한 이민과 그 후손들이 오늘날 재미 일계인의 대부분을 구성하고 있다.

재미 일계인은 '태평양전쟁과 강제수용기'에 공동체 생활에 매우 심각한 타격을 받았으나 전후 제442연대 전투부대 출신인 고 다니엘 이노우에가 재미 일계인으로서는 최초로 미국 상원의원으로 선출되었고, 나중에 조지 아리요시가 하와이 주 지사로 선출되는 등 미국사회에서의 일계인

24 오키나와인은 자기들과 일본 본토인(야마토인)을 구별하여 자기들 스스로를 우치난추로 자칭하고 있음.

25 全米日系人博物館. 日系アメリカ人の歩みをたどる. http://www.janm.org/jpn/jpnprogram/jpnlessonplan.pdf(검색일: 2014/07/5)

지위는 계속 향상되어 나갔다. 그리고 1990년 10월부터 약 8만 명의 재미 일계인 강제수용 피해자들에게 미국정부에 의한 사죄와 1인당 2만 달러의 보상금이 전달되어 일계인의 미국정부에 대한 신뢰가 회복되기도 하였다.[26] 오늘날 재미 일계인은 미국사회에서 '모범적인 마이너리티(Model Minority)'로서 평가받고 있다.

1) 지역적 분포와 이민생활

일본에서 실시한 국세조사(2000)의 결과에 따르면 미국의 일계인 인구는 순혈 일계인이 79만 6,700명, 기타 민족과의 혼혈까지 포함하면 114만 8,932명으로 나타났다. 이들이 거주하는 지역을 살펴보면 캘리포니아 주에 28만 8,854명(순혈), 39만 4,896명(혼혈 포함)이 거주하고 있으며 미국에서 일계인이 가장 많이 집거하는 주라고 할 수 있다.[27] 또한 남쪽 캘리포니아 지역에는 미국 최대의 일계인 커뮤니티가 설립되어 있으며 42개 현인회(県人会), 현인회협의회, 남캘리포니아일계상공회의소, 일미(日米)문화회관, 전미(全米)일계인박물관, 경로(敬老)시니어 · 헬스 · 케어 등 일계인 단체가 다수 존재한다.[28] 다음 〈표 5.3〉에 나타난 바와 같이 국세조사(2000)의 10년 후에 실시된 미국 인구조사국 조사(2010)에 따르면 일계미국인의 총인구는 130만 4,286명으로 약 10년간에 일계인 약 15만 명이 증가한 것으로 나타났다.

---

26 위의 홈페이지 참조.

27 在ロサンゼルス日本國總領事館. 日系人社會: http://www.la.us.emb-japan.go.jp/web/m07_06.htm(검색일: 2014/07/14).

28 위의 홈페이지 참조.

표 5.3 미국 내 아시아 이민집단[29]

미국 내 아시아 집단	아시안의 비율(%)
중국계	4,010,114(23.2)
필리핀계	3,416,840(19.7)
인도인계	3,183,063(18.4)
베트남계	1,737,433(10.0)
한국계	1,706,822(9.9)
일본계	1,304,286(7.5)
아시안 총합계	17,320,086(100)

표 5.4 일계인 거주지역[30]

일계인 거주지역	일계인 인구(명)
캘리포니아 주	288,854
하와이 주	201,764
뉴욕 주	37,279
워싱턴 주	35,985
일리노이 주	20,379
텍사스 주	17,120
뉴저지 주	14,672
오리건 주	12,131
콜로라도 주	11,571
미시간 주	11,288

〈표 5.4〉는 미국에서 일계인들이 많이 거주하고 있는 지역을 나타내고 있다. 일계인 분포에 대해서는 국세조사(2000)의 결과를 살펴보면 캘리

29 Pew Research Center analysis based on Elizabeth M. Hoeffel et al., The Asian Population: 2010, U.S. Census Bureau, March 2012.

30 일계인이 다수 거주하는 주. 출처: 在ロサンゼルス日本國總領事館. 日系人社會: http://www.la.us.emb-japan.go.jp/web/m07_06.html(2014/07/15).

포니아 주 28만 8,854명, 하와이 주 20만 1,764명, 뉴욕 주 3만 7,279명, 워싱턴 주 3만 5,985명, 일리노이 주 2만 379명, 이하 텍사스 주, 뉴저지 주, 오리건 주, 콜로라도 주, 미시간 주 순으로 일계인들이 많았다. 이것을 정리하면 〈표 5.4〉와 같다.

〈그림 5.2〉는 미국 인구조사국 조사(2010)에서 발표한 아시안과 일계인의 거주지를 나타낸 것이다. 미국의 인구조사국의 조사결과를 살펴보면 전술한 국제조사(2000)의 결과와 거의 유사하게 일계인들이 미국 서해안과 하와이에 집중되고 있음을 추정할 수 있다.

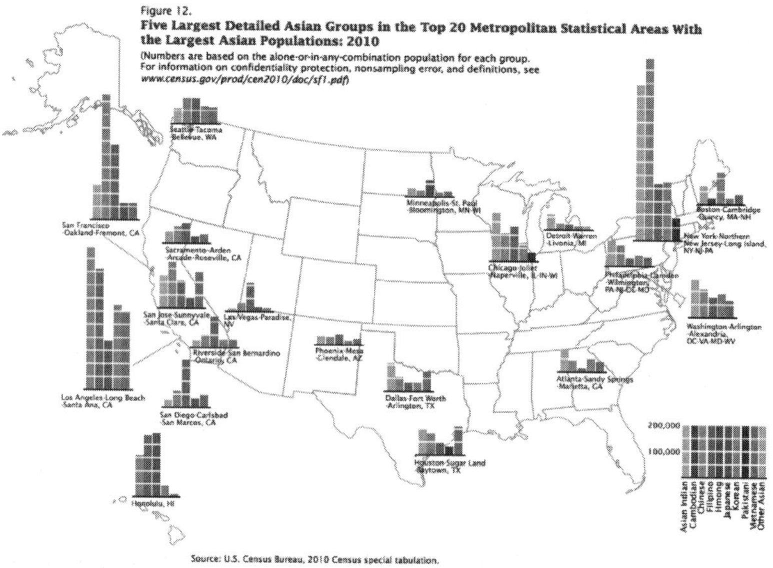

그림 5.2 미국 내 아시안과 일계인 집중 거주지역[31]

---

31 U.S. Bureau, 2010 Census special tabulation. 보라색으로 표시된 집단이 재미일계인임. Five Largest Detailed Asian Groups in the Top 20 Metropolitan Statistical Areas With the Largest Asian Populations: 2010 참조.

미국 내 일계인의 집거지는 로스앤젤레스의 '리틀 도쿄(Little Tokyo)'를 비롯하여 샌프란시스코의 일본인촌, 샌 호세의 일본인촌, 시애틀의 일본인촌 등이 존재한다고 한다. 일본인 집거지에서는 일계인 관련 행사나 축제 등 다양한 문화행사들을 주관하고 있다.[32]

2) 일계인의 집거지와 네트워크

재미 일계인의 정체성은 미국에 거주하는 다른 소수민족 이민자들과 마찬가지로 세대 간의 격차가 크고 또한 같은 세대 속에서도 출신 지역, 이민 후 정착한 지역에 따라 정체성에 큰 차이가 발생한 것으로 보고되고 있다[33]. 그러나 일계인들은 미국에 대한 국가정체성은 매우 강하며 그들은 100% 미국인이라고 할 수 있다. 이러한 요인 중에 하나는 제2차 세계대전 시 겪은 고통과 차별에 의해 일본적인 것을 부정하게 되었고 백인에 동화하려고 하는 성향을 강하게 갖게 되었다고 설명하고 있다.

이 때문에 원래 일본이민자들이 가지고 있었던 일본적인 미덕이라든지 준법정신이 점차 사라지고 모델 마이너리티(Model Minority)로서의 지위도 무너져가고 있다고 지적하고 있다. 그리고 일계인은 예전처럼 비일계인과 결혼하는 것을 꺼려하지 않고 기 비율도 점차 증가하는 경향[34]이 있기 때문에 앞으로 더욱 혼혈화가 진행되면 일계인은 외모로 판단하기가 어려운 소수민족 중의 하나가 될 것으로 전망되고 있다. 에부치(江淵, 1980)는 일

---

32 Japanese-City.com. 2013 Most Clicked on Japanese Events. http://www.japanese-city.com/calendar/events/p/popular-dual.php(검색일: 2014/07/15).

33 岩野雅子. "ビジュアル・リタラシーとカルチュラル・リタラシー：繪本に讀む日系アメリカ人のアイデンティティ——異文化理解の一例として—" 『山口縣立大學國際文化學部紀要』 第3号, 1997. p. 53.

34 이미 1972년에는 로스앤젤레스의 일계인 중 45%가 비일계인 배우자와 결혼했으며 잡혼의 비율은 계속해서 높아지고 있음.

계인 2세와 3세의 일본문화에 대한 관심도를 조사한 바 있다. 그의 조사 결과에 의하면 결과 일계인 3세가 일계인 2세보다 일본문화에 대한 관심이 높으며 행동이나 인격적인 측면에서도 더욱 미국화가 진행되고 있음을 밝혔다. 이것은 최근의 재일코리안 2-3세와 비슷한 양상을 띠고 있다고 생각된다.

① **일계인 2세들의 주 일본축제**(Nisei Week Japanese Festival)

캘리포니아 주 로스앤젤레스의 리틀 도쿄(Little Tokyo)에서는 매년 7-8월에 일계인 2세들의 주로 정하여 일본 축제를 개최하고 있다. 일계인 2세들의 주인 일본축제는 1934년 재미일계인 2세들에 의해 시작되었으며 올해로 73회를 맞이하고 있다.[35] 이 축제는 재미일계인의 축제 중에서 가장 오래된 축제 중의 하나로 알려지고 있다. 일계인 축제의 프로그램 내용으로서는 카니발, 퀸 콘테스트, 무대 공연, 그랜드 퍼레이드 등 장기간에 걸쳐 다양한 행사들로 진행되고 있다.

② **일본의 날**(JAPAN DAY)

일본의 날 축제는 2007년부터 시작되었다. 이 축제의 목적은 일본과 미국 시민의 교류 촉진, 뉴욕 시에 대한 감사의 표시, 일계인 커뮤니티의 연대 강화[36] 등에 있다. 매년 5월 12일에는 어머니의 날(Mother's Day)을 개최하고 있으며 포장마차, 일본문화 체험, 무대 공연, 4km 마라톤 대회 등 다양한 프로그램을 진행하고 있다.

---

35 NISEI WEEK JAPANESE FESTIVAL. http://www.niseiweek.org/(검색일: 2014/07/15).

36 JAPAN DAY @ CENTRAL PARK. ABOUT JAPAN DAY. http://www.japandaynyc.org/about-japan-day-2/about-japan-day/(검색일: 2014/07/15).

사진 5.4 일계인 2세들의 축제[37]와 일본의 날[38]

③ 일계인 네트워크

재미 일계인의 네트워크에 큰 영향을 미치고 있는 것은 일계인 단체라고 할 수 있다. 일계인 단체 중에서도 1929년에 미국에서 재미 일계인에 대한 인권 차별로부터 그들 자신들을 지키기 위해 설립[39]된 일계미국인시민동맹(JACL)이 가장 대표적이라 할 수 있으며 미국에서 가장 큰 일계인 단체 중 하나이다. 1929년부터 최근까지 일계인 사회의 인권과 공동체 유지에 가장 큰 역할을 담당해온 단체 중 하나이다.

그중에서도 일계인시민동맹(JACL)의 가장 큰 활동 중의 하나는 제2차 세계대전 당시 재미 일계인이 강제수용을 당한 것에 대한 보상과 그들의 권리 회복을 위해서 투쟁한 시민운동이다. 당시 일계인 보상 운동에 대해서는 일계인 사회 내에서도 찬성과 비판의 소리가 동시에 존재했으나 결

---

37 NISEI WEEK JAPANESE FESTIVAL. 2013 Nisei Week Poster Design. http://www.niseiweek.org/2013-nisei-week-poster-design/(2014/07/15).

38 JAPAN DAY @ CENTRAL PARK. http://www.japandaynyc.org/history-2/this-year-event/(검색일: 2014/07/15).

39 일본계미국시민연맹(JACL: Japanese American Citizens League)은 1929년 아시아계 미국인의 권리를 지켜내기 위해 설립된 단체로 일본계 미국인 시민 단체 중 하나임.

과적으로 미국정부의 사죄와 보상을 받아 냄으로써 재미일계인의 단결을 더욱 강화시키는 등 큰 성과를 얻게 되었다.

그 외에도 일계인 단체들 중에는 1980년에 결성된 일계인보상배상전국연합(NCRR)이 있으며 정치적 운동과 교육적 활동을 통한 재미일계인 운동의 일익을 담당했다[40]. 또한 일계미국인보상전국평의회(NCJAR)는 보상문제에 있어서 미국정부를 상대로 소송을 걸어 새로운 사실관계를 밝혀냈으며 보상 운동을 승리로 이끄는 데 큰 공헌을 하였다.[41] 이러한 재미 일계인 단체를 대표하는 3개 단체가 보상배상운동 시에는 매우 중요한 역할을 담당했는데 특히 일계인들 간의 연대를 강화시켰다. 그 밖에도 재브라질 일계인 단체와 같이 현인회(県人会)나 일계상공회의소, 일본문화회관, 일계인박물관 등 여러 단체들이 주로 일계인 집거 지역인 서해안을 중심으로 활발하게 활동해 오고 있다.

3. 일본 거주 일계인의 생활과 문화

1) 군마 현 오이즈미마치(群馬県大泉町) 일계인

군마 현 오이즈미마치(群馬県大泉町)의 총인구 수는 2012년 10월 31일 기준으로 4만 716명[42]이며 체류외국인수는 6,272명[43]이다. 이들 체류외국인

---

40 石朋次. "日系アメリカ人强制收容と補償問題". 『季刊靑丘』, 1990.

41 위의 같은 홈페이지 참조.

42 大泉町 홈페이지. 統計情報. 大泉町の人口・世帯(年別). http://www.town.oizumi.gunma.jp/01soshiki/06jyumin/01jyumin/1302686878-59.html (검색일: 2014/07/10). 최신 통계에 따르면 오이즈미마치의 총인구수는 2013년 10월 31일 현재 4만 739명이었음.

43 法務省(2012). "都道府縣別國籍・地域別在留外國人". 『在留外國人統計』. (hhttp://www.e-stat.go.jp/SG1/estat/List.do?lid=000001111233(검색일: 2014/07/10). 여기서 체류외국인 수는 6,272명이며 오이즈미마치 홈페이지(大泉町ホームページ)의 외국

중에서 브라질 출신자는 4,256명, 페루인은 913명으로 전체 체류외국인 수의 약 82%를 차지할 정도로 남미 국가 출신 일계인들이 많이 거주하고 있는 지역 중의 하나이다.[44] 이러한 외국인 거주 비율은 일본의 시정촌(市町村) 별 외국인 거주 비율과 비교했을 때 가장 높은 수치에 해당된다.

오이즈미마치(大泉町)는 1990년대 이후 외국인의 적극적인 수용을 유도해 온 지방으로 일계인에 대한 제도가 일찍부터 정비되어왔다. 1990년에는 오이즈미마치의 공립 초등학교 세 곳에서 일본어 학급의 개설 및 일본어지도 보조원의 배치가 이루어졌다. 1992년까지 초중학교 약 7개 교에 일본어학급이 설치되기도 하였다. 또한 1991년에는 포르투갈어를 구사하는 위탁직원을 오이즈미마치에서 채용하여 각종 일계인 상담 업무를 수행하게 하는 등 다문화공생 커뮤니티를 통한 시도는 매우 선진적이라 할 수 있다.[45] 이러한 오이즈미마치의 시도를 보고 일계브라질인 주민들도 일본인과의 교류를 적극적으로 활성화시키려는 목적으로 1991년부터 '오이즈미축제'에서 '삼바퍼레이드'를 병행하고 있다.

그러나 1995년경부터 외국인들이 대폭 증가함에 따라 지역 주민들과의 갈등이 발생하기 시작하자 1998년에는 '지구별 3자 간담회'가 개최되어 일계인을 비롯한 체류외국인들에 대해 지역 행사의 참가 독려, 쓰레기 분리수거 방법 등에 대해 본격적으로 논의하여 갈등과 분쟁의 해결에 힘쓰기도 하였다.[46]

인 수 5,859명과 약간의 차이가 있음.

44 法務省. 在留外國人統計. 2012年12月末. 國籍・地域別市町村別在留外國人. http://www.e-stat.go.jp/SG1/estat/List.do?lid=000001111233(검색일: 2014.07.15.).

45 濱田國佑(2006). "地域住民の外國人との交流・意識とその変化：群馬縣大泉町を事例として：第1章大泉町の概況と外國人住民の增加". 『調查と社會理論』 硏究報告書. 第22号. p. 13.

46 위의 같은 홈페이지에서 인용.

사진 5.5 오이즈미마치 일계인 카니발[47]

① 오이즈미 카니발(大泉カルナバル)

오이즈미마치에서는 2007년부터 매년 브라질문화의 이해 및 교류를 목적으로 '오이즈미 카니발(大泉カルナバル)'을 개최하고 있다. 카니발은 대개 9월에 이틀간 걸쳐 개최되며 삼바나 브라질음악, 그리고 브라질댄스와 함께 브라질요리를 즐길 수 있는 가장 큰 일계인들의 이벤트 중의 하나이다.

② 활기 넘치는 세계음식 뒷골목(活きな世界のグルメ横丁)

일본 전국에서 가장 외국인 거주 비율이 높은 오이즈미마치에서는 매월 넷째 주 일요일에 일본을 비롯한 브라질, 페루, 이집트, 이란, 인도, 러시아, 한국 등 다양한 국가의 포장마차가 한자리에 모인다. 그리고 세계 각국의 요리와 함께 무대에서 열리는 공연을 즐길 수 있다.

③ 일계인타운의 형성

오이즈미마치에서는 브라질 일계인타운이 형성되어 있으며 그곳에서 여러 가지 브라질문화를 체험할 수 있다. 일계인타운은 오이즈미마치에 돈벌이(出稼ぎ)로 온 일계브라질인 노동자들이 브라질의 생활이나 문화를

---

47 大泉觀光協會ホームページ.大泉カルナバル.
http://www.oizumimachi-kankoukyoukai.jp/calnabal.html(검색일: 2014/07/16).

사진 5.6 오이즈미마치 일계인타운[48]

그리워하여 브라질식당이나 슈퍼, 잡화점을 운영하기 시작하면서 형성되기 시작하였다. 이곳 일계인타운을 중심으로 일계브라질인 커뮤니티가 활성화되었다. 일계인타운에서는 일본에서 구하기 힘든 브라질 식품이나 잡화, 옷 등을 브라질에서 직수입하여 판매하고 있기도 하다.

④ 일계인 네트워크

오미즈미마치에서는 군마 현 지방자치단체로부터 도움을 받아 1993년부터 포르투갈어로 작성된 홍보지 『가라파(ガラッパ)』를 발행하고 있으며 지면을 통해 일계인 주민들에게 지역정보 및 외국인과의 마찰로 발생되고 있는 문제에 대해 정보를 제공하고 있다. 또한 브라질 쿠아라칭게터 시와 자매도시 결연을 맺고 국제 교류를 활발히 진행해 왔다.[49] 이러한 지방자치체 차원의 교류 이외에도 위에서 언급한 것과 같이 일계인타운을 통한 커뮤니티의 활성화와 기독교 교회를 통한 일계인의 네트워크 구축 등이 동시에 이루어지고 있다.

48 오이즈미관광협회 홈페이지, 브라질타운(大泉観光協會ホームページ.ブラジルタウン). http://www.oizumimachi-kankoukyoukai.jp/buraziru.html(검색일: 2014/07/16).

49 위의 홈페이지 참조.

2) 가나가와 현 요코하마 시 쓰루미 구(神奈川縣橫浜市鶴見區) 일계인

가나가와 현 요코하마 시 쓰루미 구는 2010년 10월 기준으로 전체 인구가 약 27만 2,178명[50]으로 2012년 12월말 지역 거주 체류외국인 수는 9,184명으로 나타났다. 체류외국인들의 분포를 살펴보면 남미(브라질, 페루) 출신자수가 1,566명(브라질 1,136명, 페루 430명)이며 그들이 전체 체류외국인 수에 해당되는 비율은 약 17% 정도였다.[51]

쓰루미 구에 거주하는 일계인을 대상으로 한 후쿠이(福井, 2009)의 연구는 2007년도에 오키나와 현 출신 볼리비아일계인에 대한 인터뷰 조사를 실시한 바 있다. 이곳 요코하마 시 쓰루미 구에 거주하는 볼리비아 출신 돈벌이노동자들이 왜 많은지에 대하여 2명의 청년 노동자와 두 가족을 대상으로 인터뷰를 실시하였다. 인터뷰 조사 결과, 이들은 친척이나 지인을 통해 정보를 입수하고 도일하는 사례가 많은 것으로 나타났다. 즉 볼리비아 출신 일계인 노동자들의 일본 이주와 정착 과정은 1990년대 전후 일찍부터 일본에 도일하여 사업을 경영하고 있는 남미일계인 기업 혹은 친척의 회사에 취업하는 사례가 많은 것으로 보고하였다. 이러한 연구 결과는 일계브라질인, 일계페루인 공장노동자들이 처음부터 알선업자를 통해 일본기업의 공장노동자로 입국하는 것과는 다른 이주 양상을 보인 것으로 나타났다. 쓰루미 구에 거주하는 오키나와 현 출신 볼리비아 일계인 노동자들의 취업은 전기 공사 관련업이 많은 것이 특징이다.[52]

---

50 横浜市ポータルサイト. 平成22年國勢調査. 人工等基本集計結果. 人口, 人口増減, 面積及び人口密度. http://www.city.yokohama.lg.jp/ex/stat/census/kokucho1010/01jinko-kihon/index-kekka.html(검색일: 2014/07/16).

51 法務省. 在留外國人統計. 2012年12月末. 國籍・地域別 市町村別在留外國人. http://www.e-stat.go.jp/SG1/estat/List.do?lid=000001111233(검색일: 2014/07/16).

52 福井千鶴. “南米日系人に關わる問題と解決策の一考察”. 『高崎経濟大學論集』 第52巻 第2号, 2009. p. 80.

3) 일계인 청년 유출과 사회문제[53]

일본에서 외국인집주도시회의에는 현재 군마 현 오타 시(群馬県太田市), 오이즈미마치(大泉町), 나가노 현(長野県) 2개 도시, 기후 현(岐阜県) 3개 도시, 시즈오카 현(静岡県) 7개 도시, 아이치 현(愛知県) 6개 도시, 미에 현(三重県) 4개 도시, 시가 현(滋賀県) 2개 도시, 고카 시(甲賀市) 등 26개 도시, 1개 옵서버 도시가 참가하고 있다. 이들 도시 모두 브라질 출신 일계인들이 많은 지역이며 군마 현, 시즈오카 현, 미에 현, 시가 현 등은 페루인이 2위, 나가노 현, 미에 현, 시가 현, 고카 시 등은 페루인이 3위를 차지하고 있다. 외국인의 절대 수 측면에서는 하마마쓰 시가 3.3만 명으로 가장 많고 인구비율로는 군마 현 오이즈미마치가 가장 높은 것으로 나타났다.[54]

일본에서 외국인등록자 수는 1990년대 이후 1만 명을 초과하여 브라질인, 페루인 등의 증가로 이세자키 시(伊勢崎市), 오타 시(太田市), 오이즈미마치(大泉町) 등 동부 지역의 등록자 수가 급격히 증가하였다.

2011년도 군마 현의 외국인등록자 수는 4만 2,233명이며 현 전체인구에 차지하는 비율은 2.11%였으며 현 총인구 중의 남미 출신자 비율은 0.93%정도였다. 일본 시정촌(市町村)별 등록자 수로는 이세자키 시가 1만 443명으로 가장 높았으며 이어서 오타 시, 오이즈미마치, 마에바시 시, 다카사키 시 순으로 높았다. 이들 다섯 시정촌이 외국인등록자 전체의 77%를 차지하고 있다. 또한 국적별 등록자 수로는 브라질인이 1만 3,077명으로 가장 많았으며 페루인은 네 번째를 차지하였다. 이세사키 시는 일본 전국 시정촌 중에서 페루인이 가장 많이 거주하고 있는 것으로 나타났다.

또한 시즈오카 현 하마마쓰 시나 아이치 현 도요타 시 등의 동해 지방

---

53 위의 논문, 福井千鶴(2009. pp. 71-87, pp. 81-82참조.

54 "群馬縣の外國人縣民の狀況と課題". p. 2참조.

에도 남미 출신 일계인 집거 지역이다. 특히 군마 현 오이즈미마치는 인구대비 15.56%로 전국 시정촌 중에서도 가장 높아 브라질인 커뮤니티가 형성되어 있어 일본어를 이해하지 못해도 생활할 수 있는 환경이 갖추어져 있다.

남미 국가들 중 일본인 이주자들에 의해 이주지나 비교적 일계인 집거지가 존재하는 지역은 볼리비아 산타크루즈 시내 및 오키나와 이주지, 산팡 이주지, 콜롬비아 카리 시, 바란키샤 시, 파라과이 아순니온, 이구아스 이주지, 필라포 이주지, 라 코루메나 이주지 등이다. 이들 지역들은 1990년 이후 일본 지역으로 데카세기 노동자들이 대거 진출함으로써 많은 문제점을 안고 있는 지역들이다. 특히 일본 데카세기 노동력으로 젊은이들이 대거 도일함에 따라 청년의 공동화 현상이라는 공통적인 문제점을 안고 있는 것으로 나타났다. 이들 데카세기 노동자들의 일본 유출은 일계인 협회, 일본인회, 이주지 일계인 협회단체, 상공회의소 등에서 큰 문제로 대두되고 있는 것으로 나타났다.

남미일계인 청년 데카세기 노동자의 유출 문제는 크게 다음과 같다.

첫째, 젊은 청년들의 데카세기 노동자들이 일본에서 돌아오지 않는 경우 많아 현지 일계인 사회에서 청년 공동화 현상이 나타나고 있다는 점이다. 이러한 현상은 현지 일계인 사회의 고령화와 피폐화를 초래하고 있는 것으로 나타났다.

둘째, 가업이나 가정을 계승할 청년들을 제외하고 현지에서 취업처가 거의 없는 상황이어서 데카세기 노동자로 전락될 수밖에 없는 상황에 놓여 있다.

셋째, 현지 이주지 및 일계인 사회에서 일계인의 경제 활성화와 확대가 늦어지고 있기 때문에 현지 일계인 청년들을 흡수할 수 있는 대안이 거의 없고 현지 사회에서도 일자리가 거의 없거나 저임금으로 인해 일본으로 데카세기를 희망하는 청년들이 많아지고 있다.

넷째, 일본인 이주지는 농업 위주로 일계인 커뮤니티가 발전되어 왔기 때문에 주요 산업은 농업 중심의 1차산업으로 경제 활성화를 위해서는 농업 관련 또는 다른 분야의 산업 다각화가 필요한 시점에 놓여있다.

다섯째, 일본인 이주지의 농업 중심의 산업구조는 토지의 면적이 제한되어 있고 영농의 축소화를 초래하여 농업경영이 어렵고 농지 분할이 어려운 상황이기 때문에 가업을 계승하는 청년들 이외에는 계승할 수 없는 상황에 있다.

여섯째, 일계인 사회가 농업 중심으로 발달되어 온 관계로 경제 활성화, 경제활동의 확대를 위한 다각화 등이 전문 지식과 전문가 부족으로 곤란한 상황에 놓여있다.

일곱째, 일계인 이주지에서는 복수의 청년, 특히 젊은 청년이 있는 가정에서는 일본으로의 데카세기를 떠나는 이들이 많은 것으로 나타났다. 데카세기 지역은 일본 이외에도 북미가 많다.

여덟째, 대학을 졸업해도 현지 사회에서 취업 자리가 없거나 임금이 낮기 때문에 대학에 진학하지 않고 고등학교 졸업으로 일본에 데카세기를 떠나는 청년들이 증가하여 일계인의 학력 저하가 심각한 상황이다.

아홉째, 일계인 3-5세대가 증가함에 따라 일본어 능력 저하가 문제가 되어 일본어 계승을 어떻게 유지할 것인가가 심각한 상황이다.

열째, 일계인 청년들 사이에 현지인과 일계인으로서 어느 쪽의 정체성을 가질 것인지 정체성의 혼란이 가장 큰 과제가 되고 있다. 또한 이주지의 불법점거 문제로 인한 현지주민에 의한 토지의 침략 문제, 자연재해 대응 능력으로 볼리비아의 이주지에서 주변 하천의 범람으로 인하여 홍수 피해를 받고 있지만 홍수 대책을 위한 예산 확보가 어려운 상황 등이다.

제6장
일계인의 가상공간과 문화영토

이 장에서는 일본에서 해외로 이주하는 이민송출이라는 이민사, 특히 일계브라질인 이민사를 중심으로 논의를 전개하고 마지막으로 이들의 이민사를 다루는 해외이주자료관에 대하여 가상공간의 문화영토화 측면에서 일계인 전시공간문화에 대하여 고찰하고자 한다.[1]

1. 일계인 브라질 이주와 일본 귀환

1) 일본인의 해외이주[2]

최근 일본 외무성이 2008년도 말에 발표한 재외방인은 111만 6,993명으로 전년도 비해 2.89% 증가한 것으로 나타났다. 〈표 6.1〉에 나타난 바와 같이 일본인의 해외거주는 1990년 이래 지속적으로 증가해 왔으며 특히 주목할 만한 것은 1999년 이래 여성의 수가 남성보다 상회하였고 이러한 현상은 현재까지 지속되고 있는 것으로 나타났다.[3]

해외에 거주하는 일계인들이 주로 남미 브라질을 중심으로 진출하게 된 이유는 당시 호주, 캐나다, 미국 지역으로부터 이민 제약을 크게 받고 있었기 때문이다. 1945년 해방 이전 일계인이 진출했던 국가는 대부분 미국이며 1898년경 한때 미국의 일본인 배척 운동이 일어나 일정 기간 동안 이민을 억제하기도 하였다. 일본정부의 해외이민정책은 1920년경에 재개되었으며 1921년에는 내무성 내에 사회국이 설치되어 이민을 장려하는

1 임성모. "근대 일본의 국내식민과 해외이민". 『동학사학연구』 제103집. 2008. p. 185.

2 '일계인(日系人)'의 정의는 일본 이외의 해외 지역에 이주한 후 거주하는 해당국의 국적 또는 영주권을 취득한 일본인 및 그 자손을 일컫는다. 또한 해외에 거주하면서 일본 국적을 유지하고 있는 일본인 장단기 체류자를 총칭하여 '재외방인'이라고 칭함.

3 외무성 홈페이지 http://www.mofa.go.jp/mofaj/toko/tokei/hojin/09/pdfs/1.pdf 참조. 일본인 남녀별 분포는 1999년 이래 처음으로 여성의 수가 남성의 수를 초과하였지만 2008년도 현재에도 여성이 전체의 51.7%로 남성보다 3만 7,000여명이 더 많은 것으로 나타났음.

표 6.1 1990년대 해외 거주 일본인 추이[4] (단위: 명)

연도	장기체류자	영주자	합계
1990	374,044	246,130	620,174
1991	412,207	250,842	663,049
1992	425,131	254,248	679,379
1993	432,703	254,876	687,579
1994	428,342	261,553	689,895
1995	460,522	267,746	728,268
1996	492,942	271,035	763,977
1997	507,749	274,819	782,568
1998	510,915	278,619	789,534
1999	515,295	280,557	795,852
2000	526,685	285,027	811,712
2001	544,434	293,310	837,744
2002	586,836	284,915	871,751
2003	619,269	291,793	911,062
2004	659,003	302,304	961,307
2005	701,969	310,578	1,012,547
2006	735,378	328,317	1,063,695
2007	745,897	339,774	1,085,671
2008	755,724	361,269	1,116,993

정책을 실시하였고 1929년에는 척무성이 이민 업무를 총괄하였다.

해방 전후 일본의 이민정책은 해외로의 대량 송출을 목표로 하였다. 일본정부는 1954년경 '이민 5개년 계획', '해외이주 10개년 계획' 등을 수립하였으며 유입국 중심의 동화주의를 표방한 바 있다. 전후 이민은 지역적으로 미국 51.4%, 브라질 27.2%, 아르헨티나 4.6%, 캐나다 4.3% 등으

4 외무성 홈페이지, http://www.mofa.go.jp/mofaj/toko/tokei/hojin/09/pdfs/1.pdf, p. 10 참조.

로 확대되어 왔다.

1995년을 기준으로 일본 국적 일계인의 숫자는 약 72만 명으로 미국이 약 21만 명, 브라질이 약 11만 명, 영국이 3만 7,000명으로 직업별로는 기업 관련자가 64.4%, 유학생과 연구원이 20.4%를 차지하고 있는 것으로 나타났다.

해방 전후 해외이민 역사가 100여 년이 경과되는 시점에서 일본정부는 일계인의 차별 문제, 중남미일계인 지원 문제, 80년대 이후 증가한 미국, 캐나다, 호주 등 선진국 이주자들 중심의 복지 문제와 세대교체, 정체성, 교육 문제 등에 직면하고 있다.

〈표 6.2〉는 최근 재외방인의 지역별 해외체류 현황을 나타내고 있다. 재외방인의 지역별 분포를 살펴보면 북미지 역이 39.1%로 가장 높은 비율을 차지하고 있다. 다음으로 아시아 지역이 26.0%를 차지하고 있으며

표 6.2 일본인 해외진출 지역별 추이[5]

지역별	2001	2002	2003	2004	2005	2006	2007	2008		
								합계	%	증감
전 세계	837,744	871,751	911,062	961,307	1,012,547	1,063,695	1,085,671	1,116,993	100%	+2.9%
아시아	173,824 (20.8)	187,952 (21.6)	206,521 (22.7)	234,734 (24.4)	260,747 (25.8)	277,735 (26.1)	287,157 (26.5)	292,632	26.0%	+1.9%
대양주	56,205 (6.7)	61,698 (7.1)	63,018 (6.9)	67,887 (7.1)	72,871 (7.2)	78,099 (7.3)	82,491 (7.6)	86,553	7.8%	+4.9%
북미	347,389 (41.5)	352,358 (40.4)	369,639 (40.6)	380,228 (39.6)	397,585 (39.3)	414,552 (39.0)	422,116 (38.9)	436,532	39.1%	+3.4%
남미	96,909 (11.6)	95,652 (11.0)	94,310 (10.4)	92,676 (9.6)	89,701 (8.9)	88,662 (8.3)	85,974 (7.9)	85,750	7.7%	-0.3%
서구	140,613 (16.8)	150,587 (17.3)	152,833 (16.8)	159,528 (16.6)	162,643 (16.1)	174,138 (16.4)	174,713 (16.1)	180,742	16.2%	+3.5%

주: 기타 지역은 1% 미만으로 중미·카리브, 중·동구, 구소련, 중동, 아프리카, 남극 등이 해당됨.
( )는 %임.

5 외무성 홈페이지. http://www.mofa.go.jp/mofaj/toko/tokei/hojin/09/pdfs/1.pdf, p. 11 참조하여 작성.

전반적으로 북미 지역이 매년 감소하는 경향을 보이고 있지만 아시아 지역은 증가 추세에 있다. 남미 지역의 경우 영주자의 고령화와 더불어 젊은 청년들의 일본 진출로 인하여 감소의 경향이 뚜렷이 나타나고 있으며 전년도에 비해 0.3% 감소하고 있다. 재외방인이 가장 많은 국가별로는 미국이 38만 6,328명으로 1위이고 중국이 12만 5,928명으로 2위, 호주가 6만 6,371명으로 3위, 영국이 6만 3,017명으로 4위를 나타내고 있다.

2) 1980년대 이후 일계인의 일본 귀환

1980년대 일계브라질인 사회의 중요한 변화 중의 하나는 일본 환류에 의한 일계인의 급격한 감소 현상이다. 글로벌 시대 일계인들이 일본에 입국하여 노동자로서 일하기 시작한 것은 1980년대 이후이다. 초기에는 브라질로부터 친족 방문으로 도일한 일계인들이 점차 일본사회에서 노동자

표 6.3 해외 체류 일계인의 수 (단위: 명)

국가(지역)	2005년			2007년			2008년		
	합계	장기체류자	영주자	합계	장기체류자	영주자	합계	장기체류자	영주자
북미	406,285	261,845	144,440	431,137	271,196	159,941	445,824	275,570	170,254
미국	351,668	235,824	115,844	374,732	247,771	126,961	386,328	250,294	136,034
캐나다	45,914	20,471	25,443	47,376	17,606	29,770	50,201	19,186	31,015
멕시코	5,530	3,528	2,002	5,849	3,859	1,990	6,046	4,037	2,009
남미	89,701	5,347	84,354	85,974	5,146	80,828	85,750	5,613	80,137
아르헨티나	11,917	559	11,358	11,562	413	11,149	11,696	446	11,250
콜롬비아	1,047	265	782	1,270	378	892	1,277	380	897
칠레	1,074	591	483	1,152	654	498	1,170	662	508
파라과이	3,694	303	3,391	3,672	315	3,357	3,712	326	3,386
브라질	65,942	2,217	63,725	61,527	1,894	59,633	60,578	2,186	58,392
페루	1,734	423	1,311	2,622	519	2,103	3,020	551	2,469
볼리비아	2,883	297	2,586	2,716	262	2,454	2,770	263	2,507

로 변모하기 시작하였다. 당시 주로 '단기체류' 비자로 입국한 일계인들은 1990년 '입국관리법'이 개정된 이후 '일본인 배우자', 혹은 '정주자'로서 일본에서의 체류자격 변경이 가능하게 되었다.

〈표 6.3〉은 해외 체류 중인 재외방인의 수를 나타내고 있다. 먼저 북미의 미국 지역과 남미의 브라질의 재외방인 수의 추이를 살펴보면 미국 지역은 점차 증가하고 있지만 브라질 지역은 감소하고 있는 것으로 나타났다. 브라질의 재외방인 수가 감소하는 이유 중의 하나인 일계브라질인들이 일본으로 유입되는 환류(역이민)현상이 증가하고 있다는 것을 말해 주고 있다.

일본후생성 '외국인고용상황보고(2003년)'에 의하면 일본 각 기업이 직접 고용하고 있는 일계인 노동자의 수는 1993년에 5만 9,400명, 1997년에

표 6.4 일계인의 직업별 분포(2008년 10월 기준)[6]

지역별(%)	민간기업 관계자(%)	보도 관계자(%)	자유업 관계자(%)
아시아(26.0%)	128,396(56.2)	469(27.7)	5,164(24.1)
대양주(7.8%)	5,460(2.4)	35(2.1)	1,833(8.6)
북미(39.1%)	56,326(24.7)	723(42.8)	6,414(30.0)
중미 · 카리브(0.8%)	1,850(0.8)	7(0.4)	348(1.6)
남미(7.7%)	1,496(0.7)	16(0.9)	345(1.6)
서구(16.2%)	26,598(11.7)	354(20.9)	6,740(31.5)
중 · 동구, 구소련(0.7%)	2,410(1.1)	36(2.1)	247(1.2)
중동(0.9%)	3,897(1.7)	19(1.1)	102(0.5)
아프리카(0.7%)	1,867(0.8)	32(1.9)	201(0.9)
합계(100)	228,301(100)	1,691(100)	21,394(100)

주: 해외재류 방인 수 통계에서 동거가족은 제외하고 이주자만의 숫자를 제시한 것임.

6 외무성 홈페이지. http://www.mofa.go.jp/mofaj/toko/tokei/hojin/09/pdfs/1.pdf, p. 34 참조하여 작성.

6만 2,600명, 2002년에 5만 400명으로 점차 감소하고 있는 것을 나타났다. 각 기업의 평균 인원을 보면 1993년에는 5.11명이었지만 2002년에는 2.35명으로 거의 두 배 정도가 감소한 것으로 나타났다.[7]

〈표 6.4〉는 재외방인의 직업별 분포 경향을 나타낸 것이다. 전 세계적으로 일본기업의 업종별 분포 기업을 보면 일반기업의 민간기업 관계자들이 큰 비중을 차지하고 있으며 보도 관계자나 자유업 관계자의 분포 비율은 낮은 것으로 나타났다. 특히 이들 지역들 중에서도 아시아 지역과 중동 지역에는 일계진출기업이 많아 기업 관계자의 비율이 상당히 높게 나타났다. 대양주 지역은 북미나 서구 지역과 마찬가지로 주로 유학생이 많으며 워킹홀리데이 비자에 의한 3개월 이상의 장기 체류자가 많은 것으로 나타났다.

2. 일계인 해외이주자료관 건립과 가상공간의 재영토화

1) 해외이주자료관 건립과 문화영토

일본인의 해외진출은 지금으로부터 140년 이전인 메이지 원년에 하와이로의 이민이 최초였다. 이후 일본으로부터 해외로 많은 사람들이 진출하게 되었다. 일본인의 해외진출자는 1945년 이전까지 약 77만 6,000여 명, 해방 이후에는 26만 2,000여 명에 달한다. 이들 일본인 이주자들은 세계 각지에 진출하여 일계인 사회를 형성하였으며 현지에서 일본문화와 전통을 지켜나가며 현지 사회의 문화 형성에도 중요한 역할을 담당하였다. 현재 해외에서 생활하는 이주자 및 일계인 수는 약 250만 명 정도로 추정되고 있다.

---

7 渡邊博顯. "間接雇用の增加と日系人勞働者". 『日本勞働研究雜誌』 No.531, October 2004. p. 36.

표 6.5 해외이주자료관 전시회 개최 현황[8]

해당연도	자료관 개관 및 활동내용
2002년 10월 4일	해외이주자료관 개관
2003년 10월 4일	자료관 개관 1주년 기념 특별강연회 '일본인과 신세계' 개최
3월 9일	특별기획전 '마쓰리전—외국문화가 된 일본의 마쓰리' 개최
4월 8일	일본천황 해외이주자료관 방문
2005년 7월 26일	특별전시, 요코하마와 하와이 역사기행, '알로하셔츠와 일본인이민 역사' 개최
9월 25일	'해외이주자료관 소식지' 창간
11월 1일	기획전시 '히로시마는 어째서 해외이주자가 많은가?' 개최
11월 11일	특별전시 '봄과 여름 배달되지 않은 편지전' 개최
2006년 3월 28일	특별전시 '히라오하치 사부로우전' 개최
5월 12일	특별전시 '캐나다에 이주한 일본인의 초상화전' 개최
8월 15일	특별전시 '파라과이전' 개최
2007년 2월 27일	기획전시 '뉴칼레도니아 일계인전' 개최
10월 2일	특별전시 '푸른 눈의 인형전' 개최
10월 16일	특별전시 '콜로라도일계인 100년 전 로키 산맥 밑에서' 개최
2008년 3월 18일	특별전시 '일-브라질 교류해 브라질 일본이민 100주년 기념 사진전—신세계로 건너간 일본인—' 개최
9월 17일	특별전시 '원더 아이스—미래로 연결하는 어린이들의 표정—' 개최
12월 9일	특별전시 'NOSSAS LENTES 우리들의 렌즈' 개최
2009년 4월 3일	특별전시 '축 페루 일본인 이주 110주년/일본에의 페루인 20주년사진전' 개최
4월 28일	요코하마 개항 150주년 기념 특별전 '요코하마 발 해외이주' 개최
7월 10일	특별전시 '요코하마 개항 150주년 기념 하와이일계인 역사화보집' 개최
8월 11일	아마존 일본인 이민 80주년 기념 특별전시 '아마존에 건너간 일본인의 궤적' 개최
10월 3일	아마존 일본인 이민 80주년 기념 특별강연 '아마존에 사는 일계인-열대우림과 삼림농업' 개최
10월 16일	기획전시 '바다를 건넌 신부이야기' 개최
2010년 3월 9일	특별전시 '이민생활—해외일계사회에서 먹는 것, 전달하는 것, 즐기는 것, 축하하는 것'
8월 13일	특별전시 '일계 2세 병사가 본 종전 직후 일본'

8 2011년 2월 일본 현지 해외이주자료관에서 수집한 자료를 바탕으로 필자 작성.

특히 1908년부터 시작된 일본인의 브라질 이주 역사와 1980년대 전후 일계인의 환류현상이 초국적인 글로벌 시대가 도래하면서 일본에서도 주목받기 시작하였다. 이러한 글로벌 시대의 시대적 배경 속에 탄생한 것이 일계인을 위한 해외이주자료관이다. 일본 JICA의 해외이주자료관은 일본으로부터 해외로 이주한 이주자의 역사, 생활, 체험이나 세계 각지에 존재하는 일계인 사회의 과거와 현재의 상태 등을 전시한 일본인 이주박물관의 성격을 가지고 있다. 2002년 10월에 개관한 이래 방문하는 모든 사람들에게 일본인 해외이주의 역사를 전달하거나 일본 국내에서 일하는 일계인과 그 자손, 그리고 일본의 다문화공생사회에 대한 이해를 높이기 위해 상설전시, 특별전시, 공개강좌 등 다양한 행사를 주관해 오고 있다(〈표 6.5〉 참조).

해외이주자료관에서는 일본인 해외이주자나 일계인의 현지에서의 고난과 경험 등을 간접 체험할 수 있는 곳이다. 일본 국내의 다문화공생에 대한 이해를 넓히고 전시관의 견학이나 워크숍을 통하여 국제 협력이나 이문화에 대한 흥미도 진작시키고 있다.

2) 해외이주자료관과 공간문화

해외이주자료관은 오프라인(Off-line) 전시관으로서 상설전시관, 특별기획전시관, 정보전시관, 일반수장고 및 사진수장고, 도서자료실이 갖추어져 있다. 그리고 온라인(On-line) 자료실로서는 웹사이트와 디지털자료관이 구축되어 있다. 그러면 이들 각각의 전시관의 특징에 대해서 간략하게 서술하고자 한다.

먼저 상설전시관에 대하여 살펴보면 크게 4개의 테마로 구성되어 있다. 상설전시관은 해외이주 역사, 신세계로의 참가, 일계인 구술생애사, 일본 속 일계인과 세계 속의 일계인 등으로 구성되어 있다. 일본인의 해외이주 역사 테마는 1639년 이후 2세기 동안 계속된 일본의 쇄국정책 이후 도쿠가와 막부에 의해 1866년 발행된 패스포트 등을 전시하고 있다. 일본과 하와이왕국 정부 간 체결된 '이민협약'에 의해 하와이에 건너가 사탕수수 밭에서 일한 '관약이민'이나 공부를 위해 북미에 건너간 유학생, 남미로의 국가정책에 의한 이주, 제2차 세계대전 중 혼란기로부터 1945년 전후 이주 재개 때까지의 시기를 구분하여 전시하고 있다.

신세계로의 참가 테마 코너에는 일본에서 태어나 자랐지만, 고국을 떠나 해외로의 미지의 땅에 이동하는 일본인들에 대해 전시하고 있다. 이들은 그동안 일본에서 단순히 돈벌이 노동자로서의 집단, 혹은 일본정부의 인구감소 정책의 희생자로서 '기민'이라는 종래의 부정적인 인식에서 탈피하여 일본인 이민자들이 새로운 문명 형성에의 참가자라는 보다 긍정적인 의미를 부여하고 있다. 따라서 여기에는 세계 각국의 문명 형성에 참가한 일본인들이 주로 어떤 사람들이었는가? 그들이 왜 해외이주를 결심하고 현지의 어떤 곳에서 정착하였으며, 현지사회에서 어떠한 공헌을 했는가?라는 인물 소개에 초점을 두고 있다.

일계인의 구술생애사 테마 코너에는 해외에 이주한 일계인, 혹은 그 자손으로 태어난 사람들의 수만큼이나 생애사가 존재하기 때문에 그들 각각에 대하여 소개하고 있다. 현지에 태어나 자란 일계인들은 한 사람 한 사람이 전혀 다른 삶을 살고 있지만 동시에 몇 단계를 공유하면서 살고 있기도 하다. 따라서 이 코너에서는 일계인의 출생, 교육, 성인으로서의 성장과정, 노령화 등 인생의 4단계로 구분하여 국가, 지역, 시대를 초월한 다양한 사진들을 소개하고 있다.

일본 속의 일계인 및 세계 속의 일계인 코너에는 일본인들이 본 일계인과 해외에서 일계인으로 불리는 사람들의 상이점에 초점을 두고 전시하고 있다. 여기에는 일본식 북이나 축제 등 해외에서 일계인들에 의해 전해지고 있는 일본문화를 소개하고 있다. 또한 일본사회에서 일계인들이 그

표 6.6 해외이주자료관과 공간문화 구성[9]

전시 공간 구성		전시 내용 및 특성
상설전시관	오프라인 (Off-line)	모두 4개의 주제로 구성 제1관 해외이주의 역사 제2관 우리들 신세계에 참가한다! 제3관 일계인 구술생애사(Life History) 제4관 일본 속의 일계인, 세계 속의 일계인
특별 및 기획전시관		이주 관련 특정 주제 발굴 및 전시(여성이민자, 일계인 2세 병사 등)
정보전시관		이주관 영상, 음성, 화상으로 전달하는 이주자의 생활
일반수장고, 사진수장고		세계 각지에서 수집한 다양한 자료의 수장
도서자료실		해외이주 관련 도서 및 문헌 자료, 마이크로필름
웹사이트 구축[10]	온라인 (On-line)	해외이주자료관 소장자료 DB 구축과 검색 시스템
소장자료 디지털화		세계이민 관련 자료의 허브로서 이주자료의 디지털네트워크화 프로젝트 수행

들 각각의 문화를 유지하면서 생활하고 있는 광경을 소개함으로써 글로벌 시대 일본 내에 살고 있는 다양한 일계인의 생활을 보여주고 있다.

특별 및 기획전시관에서는 해외일계인에 대하여 지금까지 크게 다루어지지 않았던 주제에 초점을 두고 전시를 기획하고 있다. 이러한 기획전시에는 여성이민자들에 초점을 둔 '바다를 건넌 신부이야기(2009년)' 등 해외이주자료관의 학술프로젝트 자료를 중심으로 전시하고 있다. 또한 일본의 패전기념일에 개최한 특별전시 '일계인 2세 병사가 본 종전 직후 일본(2010년)'에서는 제2차 세계대전 시 일본과 미국이라는 두 개의 조국 사이에서 고민하는 하와이 출신의 일계인 2세 병사의 존재와 갈등에 대하여 일계인 병사 자신이 촬영한 사진 등을 전시하고 있다.

---

9 2011년 2월 일본 현지 해외이주자료관에서 수집한 자료를 바탕으로 필자 작성.

10 http://search.jomm.jp/search/html/koukai/k_search.html.

상설전시실 정보관에서는 인류가 탄생하기 시작한 이후 이동의 역사를 표시하는 '세계이주지도'를 조작하거나 '증언영상시스템'을 통하여 실제로 이주한 사람들의 이야기를 영상으로 시청하거나 '디지털 이주공간'에서 컴퓨터로 이주에 관한 데이터를 찾아보거나 퀴즈에 도전하는 등 보는 것뿐만이 아니라 듣고, 만지고, 조사하고, 즐기고, 생각할 수 있는 다양한 전시 체험을 할 수 있다. 일본인 해외이주자들의 전쟁 전의 체험, 이주과정, 고향을 떠나게 된 이유 등 9개 테마로 구성된 68명의 증언영상 중 자유롭게 선택하여 시청할 수 있는 '증언영상' 코너에서는 이주 현지에서의 고난과 기쁨, 슬픔, 인생담 등을 이주자가 직접 이야기하는 형식으로 전달하고 있다.

해외이주자료관의 일반수장고와 사진수장고는 상설전시와 특별기획전시 이외에 전시품의 소장 자료를 보관하는 곳이다. 이들 전시품은 세계 각지의 일계인 단체나 이주자, 혹은 그 가족들이 보내오거나 기증한 귀중한 자료들을 포함하고 있다. 이들 자료 하나하나에는 소유자의 역사나 추억, 흘린 땀과 눈물들이 배어있는 소중한 자료들이다. 이러한 자료 이외에도 승선자 명부나 이주신청서, 도항허가증 등 귀중한 아카이브 자료도 다

표 6.7 해외이주자료관 전시 자료[11]

자료 형태	소장 건수
문헌 및 도서 자료	약 20,000건
아카이브 자료	약 5,000건(명부, 여권, 신분증명서, 계약서 및 증서, 신문, 회보, 보고서, 교과서 등)
사진, 영상, 음성 자료	약 10,000건(사진, 음화, 양화, 비디오필름, 카세트테이프, 레코드 등)
표본 자료(휴대물품)	약 2,000건(여행 짐, 트렁크, 일용품, 농기구, 어구, 북, 야구 용구, 오락 용품 등)

11 海外移住資料館. 『海外移住資料館だより』 2010特集号, 2010. p. 3.

수 소장하고 있다. 소장하고 있는 이주 관련 자료와 종류는 일본에서 가장 유일한 곳으로 일반수장고 이외에도 사진수장고를 갖추고 있다. 여기에서는 이주 당시의 상황을 전달하는 사진이나 영상 자료를 보존하고 있다.

도서자료실에는 위의 〈표 6.7〉에 제시한 바와 같이 일본 국내외에서 이주 관련 다양한 문헌 자료를 수집한 '도서자료실'이 병설되어 있다. 도서자료실은 이주 관련 자료에 특화된 자료실로서 연구자나 이주에 관심 있는 사람들에게 공개하고 있다. 이곳에는 도서 자료, 영상 자료, 그리고 이주자 송출에 관련된 귀중한 서류나 해외일계인 단체의 회보, 해외에서 발행되고 있는 일자신문 등 도서나 문헌 자료 약 2만 건, 아카이브 자료 약 5,000건, 사진이나 영상 자료 약 1만 건, 표본 자료 약 1만 건 등이 소장되어 있다. 이들 중 현재 해외에서 발행되고 있는 13개국 26지의 일자신문을 열람할 수 있으며 1900년대 전반에 발행되어 지금은 폐간된 일본어 신문 20지 등도 마이크로필름으로 공개하고 있다.

일본에 있는 일계인 관련 이민사박물관은 요코하마에 위치한 JICA가 운영하는 해외이주자료관, 히로시마 디지털박물관, 야마구치 현에 있는 일본하와이 이민자료관 등이 있다. 이들 중 해외이주자료관은 일본 국내 및 세계 각국으로 일본인의 해외이주를 테마로 한 박물관과 자료관을 연계하는 기능도 담당하고 있다[12].

해외이주자료관은 웹사이트 구축과 이주 자료의 디지털화를 통하여 온라인(On-line) 서비스도 충실을 기하고 있다. 또한 자료관의 정보시스템을 활용하여 일계인 관련 사진과 자료의 디지털 아카이브, 인터넷 상의 자료 전시, 네트워크를 통한 자료 검색 등을 실현하여 상호 소유하고 있는 이주 관련 자료가 유용하게 활용될 수 있도록 네트워크 체계를 갖추고 있다. 현재 히로시마 디지털이민박물관, 오키나와 볼리비아 역사자료관, 아르헨티

12 송석원. "일본정부의 일계인(日系人)정책-JICA의 해외일계인 지원사업을 중심으로". 『민족연구』, 2009.

나 일본인이민사자료관 등 3개의 인터넷박물관이 개설되어 상호 협력 체계를 갖추고 있다.

현재 해외이주자료관은 일본 학생들의 견학이나 국제이해의 시간 등 체험학습 장소로서 많은 학교가 자료관을 활용하고 있다. 또한 가장 큰 특징으로서는 주변에 차이나타운과 외국인 묘지 등이 있어 요코하마와 해외와의 역사적인 관련성을 확인할 수 있는 근린 시설도 함께 견학할 수 있으며 전시 중 일계인 강제수용이나 이주자의 생활, 직업 등 테마별 견학도 가능하도록 되어 있다.

또한 해외이주자료관에서는 학습 교재용 이민트렁크나 그림연극, 이민카드놀이 등을 개발하여 학습 현장에서도 활용하고 있다. 이민트렁크는 이민 관련 수업이나 사전 학습을 지원하는 교재이다. 상설전시물품의 주제마다 역사나 경험, 공헌 등에 관련된 휴대용 교재나 해설서 등이 준비되어 있다. 그림연극은 일계인들이 일본에서 경험하는 학교생활이나 가족 문제에 대하여 실화를 바탕으로 묘사하고 있다. 이러한 연극을 통하여 간단하게나마 일계브라질인의 이주루트나 현재를 이해할 수 있게 구성되어 있다. 이민카드놀이는 학생들이 카드놀이를 통하여 해외로 이주한 일계인의 역사, 이들 이주자의 생활과 기분, 일본에 살고 있는 일계인의 생활 등 글로벌시대 이민에 관한 다양한 정보를 자연스럽게 배울 수 있다.

3) 일계인의 문화영토

이 장의 연구목적은 두 가지였다. 하나는 일본인의 브라질 이주사를 정리하는 것이고, 또 하나는 메이지시대 이후 일본인의 해외이주와 1980년대 전후 글로벌시대 일본인의 환류 현상에 의한 관심 고조로 어떻게 해외이주자료관이 탄생하게 되었으며 어떤 자료들을 전시하고 있는지 전시문화를 분석하는 데 있다. 근대 일본의 에도 말기 1866년 이후 시작된 일본인의 하와이 진출과 이주 역사, 그리고 1924년 미국의 '배일이민법' 제정에 따른 일본인의 남미, 특히 브라질로의 이민 역사에 대해 개괄하였다.

1945년 전쟁 전후 해외로 이주한 일본인 수는 250만 명에 달하며 해외이민이 재개된 것은 샌프란시스코강화조약에 의해 일본이 주권을 되찾게 된 1952년 이후이다. 또한 1980년대 중반 이후 일본의 글로벌화와 더불어 남미에서 일계인들이 유입되면서 일본에서 '일계인'이란 용어가 1990년 입국관리법 개정 이후 국가의 행위로 인하여 '일계인'의 의미 형성에 상당한 영향을 미친 것으로 평가되고 있다. 따라서 이 연구에서 일계인이란 주로 1924년에 미국에서 '배일이민법'을 제정으로 일본인 이민자의 입국을 전면적으로 금지한 다음 해인 1925년부터 일본에서 브라질로 이주하는 일계브라질인의 이주사, 그리고 글로벌시대 본격적으로 시작된 1990년대 이후 브라질에서 일본으로 유입된 일계브라질 사회를 분석 대상으로 하고 있다. 전술한 바와 같이 일본에서 '일계인'이라는 용어는 사용자에 따른 사용 장면이나 활용 방법에 따라 그 단어가 현실적으로 가지고 있는 의미조차 상당히 변이될 수 있다는 가능성을 지적할 수 있을 것이다.

연구 결과를 제시하면 다음과 같이 정리할 수 있다.

첫째, 일계인의 브라질 이주사는 1908년 4월 고베항을 출발한 카사토마루(笠戸丸)에 승선한 781명의 일본인 이주자가 브라질 산토스항에 도착함으로써 남미로의 일본인 이주가 본격적으로 시작되었다. 일본인의 브라질 이주 배경에는 농촌 지역의 만성 불황, 1945년 전후 경기 불황으로 일본정부가 농촌으로부터 남미 브라질로의 이민송출을 중요한 해결책으로서 실시하게 되었다. 따라서 당시 구마모토, 후쿠오카, 오키나와, 홋카이도, 히로시마 현 등 농촌을 중심으로 전개된 브라질 이민은 1908년부터 1941년까지 도합 약 18만 명을 초과하였다.

둘째, 1980년대 일본의 글로벌화로 일계인 1세부터 시작되어 입국관리법 개정을 통해 급증한 일계인 2세-3세로 확대된 남미로부터의 외국인

노동자 유입은 당초 일본정부가 '일계인의 돈벌이 노동', '일계인의 U턴 현상'이라고 부르며 불법취업 외국인의 유입을 막고 일계인을 합법적인 노동력으로 인정함으로써 가전산업과 자동차산업에서의 노동력 부족을 해소하려는 의도를 가지고 시행하게 되었다.

셋째, 1908년부터 시작된 일본인의 브라질 이주역사와 1980년대 전후 일계인의 환류현상이 초국적인 글로벌시대가 도래하면서 일본에서 일계인이 주목받기 시작하자 이러한 시대적 배경과 필요성에서 2002년 해외이주자료관이 탄생하게 되었다. 해외이주자료관은 정보시스템을 활용하여 일계인 관련 사진과 자료의 디지털 아카이브와 인터넷상의 자료 전시, 네트워크를 통한 자료 검색 등을 실현하여 상호 소유하고 있는 이주 관련 자료가 유용하게 활용될 수 있도록 네트워크 체계를 갖추고 있다. 또한 일본인 이주사나 일계인의 이주지에서의 고난과 경험 등을 간접 체험할 수 있는 곳으로 일본 국내의 다문화공생에 대한 이해를 넓히고 전시관의 견학이나 워크숍을 통하여 국제 협력이나 이문화교육관으로 활용되고 있다.

이 장에서는 일본 근현대 이민사에서 일본 이민자들이 왜 북미의 미국 서부 지역 진출 이후 남미 브라질로 집중되어 왔는지에 대해 이주사적 관점에서 이들 이민자들의 이동과 일계인의 일본 환류를 쌍방향에서 고찰했다는 점이다. 또한 해외이주자료관의 이주사와 전시 문화 고찰을 통하여 일계인의 이주사를 교육적 차원에서 어떻게 활용되고 있는지에 대해 현대적 시각에서 분석했기 때문에 향후 한국사회의 다문화와 재외동포자료관의 건립과 활용 측면에도 시사하는 바가 클 것이다.

제7장
일계인의 민족정체성과 문화영토

일본사회의 저출산고령화에 따른 노동력 부족 현상으로 일본 산업계의 3D산업에서 일계인의 증가는 1990년대 이후 계속되어 왔다. 그리고 2000년 전후 외국인노동자의 유입 붐으로 매년 2만 명 이상의 브라질 출신 일계인들이 도일하게 되었다. 그로부터 18년 후인 2007년 일본 거주 일계인들은 약 30만 명에 달할 정도로 가파르게 증가해 왔다. 그러나 2008년 10월에 발생한 리먼쇼크로 인한 전 세계적인 금융위기로 일계인들이 일본에서 취업하기 힘들어지자 브라질로 다시 귀환한 일계인들(브라질 국적 외국인노동자)은 약 10만 명에 달했다.[1]

그러면 왜 이들 일계인들이 일본에서 남미 브라질로 재귀환하게 되었는가에 대하여 생각해볼 필요가 있다. 1990년 당시 일본정부는 일계인의 브라질 귀환 희망자에 대해 귀국비용을 일본후생노동성이 부담하는 '일계인귀국지원사업'[2]을 2009년 4월부터 1년간 본격적으로 실시하였다.[3] 이 사업은 일본에서 리먼쇼크를 계기로 세계경제위기에 직면하면서 남미 일계인 노동자의 실업률이 증가하게 되자 취업을 포기하고 모국으로 돌아가는 일계인을 대상으로 귀환자 본인에게 30만 엔, 그리고 부양가족에게 20만 엔의 귀국비를 지원하게 되었다. 일본후생노동성이 발표한 일계인 귀환제도의 분석 결과에 따르면 브라질, 페루 출신 등 일계인 총 2만 1,675명이 귀국한 것으로 나타났으며 이들 중 92.5%가 브라질 국적자였다. 이 제도는 당시 "같은 신분에 의한 체류자격으로 일본 재입국을 시도하지 않는다."는 조건이었기 때문에 일본 국내외로부터 일계인 노동자를 위한 '위자료 제도'라는 비판에 직면하였다. 이 때문에 일본-브라질국회의원연맹

1 『상파울루신문』 2012년 4월 27일자 보도. http://www.saopauloshimbun.com/index.php/conteudo/show/id/8660/cat/105(검색일: 2015/01/19).

2 일계인이란 일본 이외의 국가에 이주하여 거주국의 국적 또는 영주권을 취득한 일본인으로 일계인 중에는 일본에 거주하는 자를 '재일일계인', 일본 이외에 거주하는 자를 '해외일계인'으로 구분할 수 있다. 이 책에서는 당시 일본에 거주하던 30만 명의 일계인을 의미함.

3 일본정부는 후생노동성을 중심으로 '일계인 귀국지원사업'을 2009년 4월 1일부터 2010년 3월 1일까지 1년간 실시하였음.

간사장이었던 가와무라 다케오가 조정하여 조항 전문에서 "귀환 일계인은 3년간 정주자격으로 재입국할 수 없다."라는 조건으로 일부 수정되었다.

어쨌든 전 세계의 금융위기로 촉발된 '일계인 귀국지원사업'은 일본에서 일계인 외국인노동자를 수용하기 시작한 1990년부터 2008년 리먼쇼크까지 약 20년간 실시된 일계인 노동자 유입정책의 전면적인 재검토라는 이민정책 실험의 하나였던 것만은 틀림없는 사실이었던 것 같다.

그러면 일계인 노동자들이 2008년 일본에서 브라질로 대량 귀국하게 된 근본적인 원인과 배경에는 리먼쇼크로 인한 실업 문제에 국한된 것인가? 물론 일계인 노동자의 실업 문제가 그들의 가장 큰 브라질 귀환 배경이 될 수 있지만 이 논문에서는 일본사회의 일계인 수용 시스템의 부재에 초점을 두고 살펴보고자 한다.

일본정부는 1990년 이전까지만 해도 단순직 외국인노동자의 유입을 인정하지 않는 이민정책을 고수해왔다. 그러나 일본기업의 3D산업에서 노동력 부족이 현실화되자 일본정부는 예외로 일계인 노동자에 한정하여 이민문호를 개방하였다. 그리고 1990년대 이후 일계인 노동자들은 일본 산업계의 저변을 지탱하는 역할을 자임해왔던 것이다. 현재 일계인들이 주장하고 있는 일본 산업을 위한 일계인의 지대한 공헌 발언은 여기에서 비롯된 것이라 할 수 있다.

그러나 일계인 노동자들은 당초 일본정부가 기대했던 일본 생활 적응에 있어서 언어와 문화적으로 큰 차이를 보였다. 일계인들은 일본사회에서 언어와 생활습관의 차이로 지역사회에서 잘 적응하지 못하였고 일계인 자녀들은 언어 문제로 학교 수업을 따라가지 못하는 등 예상치 못한 다양한 문제들이 속출하게 된 것이다. 또한 2008년 세계금융위기 이후 일본기업들이 일계인의 일본어 구사 능력을 채용조건으로 삼았기 때문에 일계인 노동자들은 일본어 구사 문제로 실업자로 전락하는 이들이 대량 발생하였다. 하지만 일본정부는 이후 아직까지 일계인 노동자를 위한 뚜렷한 대안

제시나 이민정책을 수립하지 못하고 있다. 반대로 현재 일계인 노동자들이 집중된 지방자치단체나 학교 현장에서 일계인을 위한 일본어 문제와 사회 적응을 위한 해결 방안을 모색하고 있는 아이러니컬한 상황이 전개되고 있다.

이 연구의 목적은 일계인 노동자의 브라질 귀환 배경에 대하여 종래의 리먼쇼크로 인한 실업 문제를 염두에 두고 왜 그들이 모국 브라질로 귀국하게 되었는지에 대하여 민족차별에 따른 민족정체성의 재형성 과정을 살펴보는 데 있다.

1. 일계인의 민족정체성

전술한 바와 같이 일본인의 해외진출은 19세기 중반인 1866년부터 시작되었다. 2015년 현재 전 세계에 체류하고 있는 일본인 수, 즉 해외체류 일계인 수는 약 260만 명에 육박하고 있다. 주지하는 바와 같이 인간은 한국가 내이든 아니면 외국이든 태어나면서부터 어딘가의 이동은 시작되고 이주지, 특히 모국을 떠나 해외로 이주하여 생활하게 될 때 처음으로 자기 정체성을 의식하게 된다. 이것은 어느 개인이나 민족에게 공통적으로 발생하는 문제이며 일본인들도 예외는 아니다.[4]

그러면 흔히 우리가 생각하는 인간의 정체성이란 과연 무엇인지 생각해 볼 필요가 있다. 먼저 정체성에 대한 정확한 의미를 살펴보면 영어로는 아이덴티티(identity)이다. 이것은 자기동일성(self identity)이나 자아동일성(ego identity)이 결합된 것으로 간주된다. 일찍이 이러한 정체성의 존재를 인식하고 주장한 학자는 심리학자이자 정신분석학자인 에릭슨(Erikson, 1959)이다.

4 외무성 홈페이지. http://www.mofa.go.jp/mofaj/toko/tokei/hojin/09/pdfs/1.pdf (검색일: 2015/01/17).

에릭슨은 인간의 정체성에 대하여 자아동일성은 주관적 측면에서 자아의 다양한 통합 방법에 대한 자기일치성(혹은 획일성, uniformity)이 타자에 대하여 자신이 가지고 있는 의미의 일치성과 연속성을 보장하는 역할을 수행하고 있다는 자각이라고 정의하였다. 즉 에릭슨이 말하는 정체성의 자아동일성 감각이란 내적 일치성과 연속성을 유지하는 개인적 능력이 타자에 대하여 자신이 가지고 있는 의미의 일치성과 연속성이 조화됨으로써 발생하는 자신감이라고 주장하였다.[5]

이러한 에릭슨의 자아동일성의 개념과 이론을 더욱 발전시켜 일본에서 일본인의 정체성 연구에 적용한 학자는 다니(谷, 2004)이다. 그는 인간의 정체성에서 자아동일성을 세분하여 4개의 하위개념으로 구분하여 설명하였다.[6] 그것은 구체적으로 설명하면 다음과 같다. 첫째, 자기일치성과 연속성은 자기 불변성 및 시간적 연속성에 대한 감각이다. 둘째, 목적적 동일성은 자기 자신이 지향해야 하는 것, 혹은 희망하고 있는 것 등을 명확히 의식하고 있는 감각이다. 셋째, 이타적 동일성은 인간이 타자에게 보일 것으로 예상되는 자기 자신과 본래의 자기 자신이 일치하고 있다는 감각이다. 넷째, 심리사회적 동일성은 자기가 생활하고 있는 현실 사회에서 자기 자신을 의미 있게 만드는 자신과 주변 사회와 조화롭게 잘 적응하고 있다는 자신과 사회관계의 감각이다.[7]

이와 같은 다니와 미야시타(谷冬彦·宮下一博, 2004)에 의한 4개의 정체성 하위개념을 종합해보면, 결국 인간의 정체성이란 자기일치성, 목적동일성, 이타적 동일성, 심리사회적 동일성의 종합으로 정의될 수 있다. 여기에서

---

5 Erikson, E. H.. ***Identity and the life cycle***. New York: International Universities Press, 1959. 小此木啓吾編譯.『自我同一性』誠信書房, 1973.

6 谷冬彦・宮下一博.『さまよえる青少年の心ーアイデンティティの病理ー發達心理學的考察』北大路書房, 2004. pp. 73-74.

7 이 논문에서 정체성은 인간 개인으로서의 정체성, 민족정체성은 민족집단으로서의 정체성으로 정의하여 사용하고 있음.

어느 것 하나가 부족하거나 결핍될 경우 정상적인 정체성 형성에 많은 변화를 초래하게 될 것으로 가정할 수 있다.

이러한 인간의 정체성 형성에 대하여 오카모토(岡本, 2002)의 연구는 인간이 어떤 삶을 살고 어떤 직업과 어떤 라이프 스타일을 선택하여 어떤 신념을 가지고 살아갈 것인가 라는 고민은 청년기만의 문제가 아니라 평생에 걸친 고민이라고 주장하였다. 인간은 자신이 누구이며 자기다운 삶이란 과연 어떤 것인가 라는 정체성에 대한 끊임없는 질문을 하게 되며 라이프 사이클의 전환기 때마다 반복되는 인생의 중요한 화두라는 것이다.[8]

이렇게 볼 때 결국 한 인간의 삶과 자기다운 삶의 정체성 형성 과정에서 어떠한 요인이 직접적인 영향을 미치게 되는지에 대해서는 다양한 연구 과정을 통하여 도출해 낼 수 있을 것이다.

이러한 인간의 정체성 형성 과정에서 한 걸음 더 나아가 구체적으로 자아 혹은 자기를 형성하고 있는 정체성에는 구체적으로 어떤 것들이 있는지 밝혀낸 연구자는 돈(Don Hinkelman)과 이시카와(石川園代)이다. 이들은 정체성의 구체적인 구성 요소들을 다음 〈표 7.1〉과 같이 10개로 분류하여 제시하였다. 그리고 이들 중 어느 한 개가 아닌 이들 요소의 집합 혹은 조화에 의해 개인의 정체성이 형성된다고 주장하였다. 즉 인간의 정체성이란 이러한 여러 가지 요인들의 복합적인 작용에 의해 만들어진다는 것이다.[9]

따라서 본 논문에서는 에릭슨의 4개의 하위개념의 동일성 중 일계인들이 자기일치성과 목적동일성이 일치한다고 하더라도 거주국에서 이타적 동일성과 심리사회적 동일성의 거부나 거절에 의해 어떠한 정체성이 형성되고 있는지 살펴보고자 한다. 이 논문에서는 주요 하위 분석 단위로서 돈(Don Hinkelman)과 이시카와(石川園代)가 지적한 10개의 정체성 구성 항목

8 岡本祐子, 『アイデンティティ生涯發達論の射程』, ミネルバ書房, 2002.

9 ダン・ヒンクルマン(Don Hinkelman)・石川園代, 異文化間コミュニケーション基礎, 多文化ネット, http://www.ta-bunka.net/info/j.html(검색일: 2015/01/17)

표 7.1 정체성 형성의 주요 구성 요인[10]

정체성 구성 요소	정체성 구성 요소의 정의
지리	거주하고 있는 국가나 지역, 태어나 자란 장소
문화	자신이 속한 문화(재일코리안, 혹은 일계인 문화 등)
민족	자신이 속한 민족 집단
계급	상류계급, 중류계급 등의 의식
종교	자신의 종교
직업	자신의 직업
성	자신의 성이나 성 역할
조직	자신이 속한 회사 등의 조직
가족	가족의 일원으로서의 의식
개인	자신의 성격과 특징

중 이타적 동일성과 심리사회적 동일성에 해당되는 문화, 민족, 직업, 조직, 가족, 개인의 특성에 초점을 두고 살펴볼 것이다. 즉 이러한 분석을 통해 일계인들이 일본사회의 이타적 동일성과 심리사회적 동일성의 거부, 즉 민족차별(감정, 문화, 의사 결정, 민족, 개인적 특성)에 의해 어떠한 민족정체성을 재형성하게 되었는지 구체적으로 도출해 내고자 한다.

이 연구에서 일계인의 정체성 형성 모델은 〈그림 7.1〉에 제시한 바와 같이 그들의 자기정체성이 도일 전 브라질에 거주할 때는 모국신화에 따른 일본인의 정체성을 지향하고 도일 후 일본에 거주할 때는 일본사회의 차별 경험으로 브라질인의 정체성을 형성하게 된다는 가설에 입각하고 있다.

10 田中眞奈美. "海外生活がアイデンティティに与える影響ーあるアメリカ在住日本人の經驗を通しての考察ー". 『東京未來大學研究紀要』 第1号, 2008. p. 90.

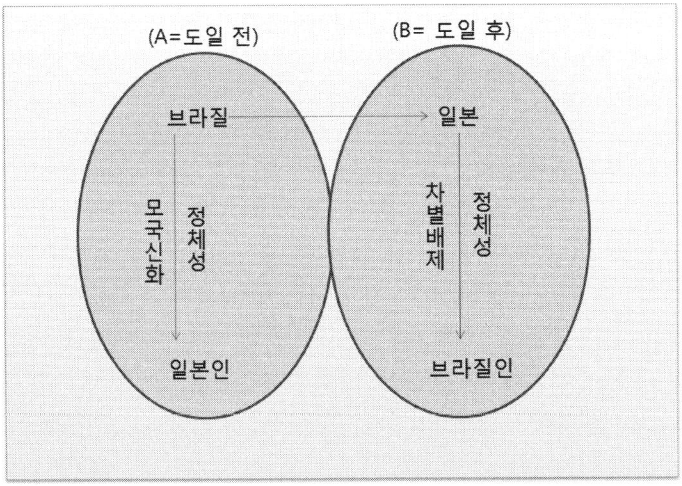

그림 7.1 일계인의 도일 전후 민족정체성

2. 민족정체성 구성 요인과 분석 방법

이 연구의 분석 자료는 2014년 2월에 실시한 일본 현지 설문 조사와 인터뷰 조사를 바탕으로 수집된 데이터를 분석에 활용하였다. 일계인의 민족정체성의 형성 과정을 분석하기에 앞서 먼저 해당 설문 문항들의 신뢰도를 확인하기 위하여 Cronbach 알파 계수를 산출하였다. 각 설문 문항별 혹은 민족차별 유형별 응답자들의 인구통계학적 특성별(성별, 연령별, 체류자격별 등) 차이를 살펴보기 위해 평균값의 비교, 독립표본 t-Test(차이분석), 일원분산분석(ANOVA), 요인분석, 회귀분석을 실시하였다. 이 연구에서 통계적 검증을 위한 유의수준은 알파값=.05로 설정하였으며 수집된 자료는 SPSS21.0을 사용하여 다양한 분석을 시도하였다. 이 연구에서 활용한 민족정체성 관련 문항은 Likert 5점 척도(1=전혀 그렇게 생각하지 않음, 5=매우 그렇게 생각함)로 구성되었으며 Cronbach 알파 계수는 .934로 나타나 해당 질문 항목에 대한 신뢰도는 높은 것으로 나타났다.

특히 요인분석 결과 일계인의 민족정체성은 세 가지 유형으로 구별되어 이들 문항을 모두 합산한 후 해당 질문 항목 수로 나누어 도출된 민족차별의 평균을 활용하여 감정적, 문화적, 의사 결정적, 민족적, 개인적 특성별 차이 등을 비교 분석하였다.

또한 이 연구에서 일계인의 민족차별과 민족정체성은 기존 연구(Don Hinkelman·石川園代, 2005)의 결과 10개의 하위개념으로 구성되어 있는 것으로 나타났는데 이 연구에서는 관련된 4개의 변인들을 하위개념으로 나누어 분석을 시도하였다. 이를 위해 먼저 민족정체성 관련 27개의 질문 항목이 요인분석을 실시하기에 적합한지를 살펴보기 위해 KMO(Kaiser-Meyer-Olkin) 측정과 Bartlett 구형성 검정을 실시하였다. 요인분석에서 평가 기준으로 고유값(eigen)은 1.0, 요인적재량(factor loading)은 3.0으로 설정하여 베리맥스(Varimax) 직각회전법을 이용한 요인분석을 실시하였다. 마지막으로 일본에서 거주하는 일계인의 민족차별이 민족정체성 형성에 미치는 영향을 분석하기 위해 민족차별 평균을 독립변수로 하고 민족정체성의 요인을 종속변수로 하여 회귀분석을 실시하여 분석 결과를 도출하였다.

3. 일계인 민족정체성 형성과 정체성 유형

1) 인구통계학적 특성과 민족정체성 차이분석

이 논문에서는 일계인의 민족정체성 형성에 초점을 두고 있기 때문에 먼저 일계인의 인구통계학적 특성과 민족정체성의 평균을 비교하여 그 차이점을 살펴보고자 한다. 먼저 다음 〈표 2〉에 제시한 바와 같이 일계인 노동자의 인구통계학적 특성에 따른 민족정체성의 평균의 차이를 살펴보면 연령별, 교육 수준별, 연 수입별, 가족 경제활동 인구별, 체류자격별, 세대 구분별로 유의미한 차이가 있는 것으로 나타났다.

그러나 인구통계학적 특성 중 성별, 직업별, 국적별, 자녀의 교육적 지지별, 일본 거주 기간별, 지위 유무별, 결혼 여부별, 단체 활동별로는 통계적으로 유의미한 차이가 없는 것으로 나타났다. 분석 결과를 순서대로 살펴보면 다음과 같다.

먼저 성별로 차이분석 결과를 보면 t-Test 결과 남성과 여성 간의 민족정체성은 유의미한 차이가 없는 것으로 나타났다. 그러나 민족정체성의 전체 평균에서는 남녀 간의 성별 차이분석 결과 남성이 더 높은 것으로 나타났다. 일계인의 연령별, 교육 수준별, 연 수입별 ANOVA 분석 결과, 인구통계학적 특성과 민족정체성의 관계는 통계적으로 유의미한 것으로 나타났으며 특히 30-40대 일계인의 민족정체성이 가장 높은 것으로 나타났다. 일계인의 민족정체성 평균은 연령이 높을수록 일계인의 민족정체성이 높은 것으로 나타났으며 연령이 낮을수록 민족정체성은 약한 것으로 나타났다. 그러나 일계인의 교육 수준과 민족정체성의 차이는 교육 수준이 높을수록 민족정체성의 평균값이 낮아지는 것으로 나타났는데 그 이유는 교육 정도에 따라 일본사회의 적응도(동화)가 높아지기 때문인 것으로 생각된다.

일계인의 민족정체성에 대한 로버트 무어헤드(Robert Moorehead, 2014)의 기존 연구에서는 브라질에서 태어나 일본으로 도일한 부모 세대는 일계인의 정체성이 강하고 일본에서 태어나 일본식 교육을 받은 일계인 2세의 경우 일본인의 민족정체성에 가까워 일계인 자녀와 부모 세대 간의 의사소통이 교육상의 가장 큰 문제라고 지적한 바 있다.[11] 결국 그는 거주국에서 교육의 효과가 일본사회에서 일계인들의 민족정체성에 있어서 동화와 분리를 결정하는 중요한 요소라고 주장하였다.

11 Robert, Moorehead(2014). "OATHS, TESTS, AND SEMI-ADAPTING: TESTING NIKKEIJIN LOYALTY IN JAPAN". 대구가톨릭대학교 다문화연구소 국제학술대회 발표논문집. pp. 122-144.

표 7.2 인구통계학적 특성과 민족정체성의 차이분석

설문 항목		N(%)	평균	표준편차	F or T	P
성별	남성	35(35.0)	2.742	.742	1.083	.281
	여성	65(65.0)	2.566	.787		
연령	10대a	8(8.0)	1.514	.781	4.622	.001
	20대b	11(11.0)	2.583	.787		
	30대b	37(37.0)	2.758	.754		
	40대b	24(24.0)	2.836	.516		
	50대b	14(14.0)	2.633	.731		
	60대 이상b	6(6.0)	2.549	.828		
교육 수준	초등졸업ab	7(7.0)	2.159	.876	2.951	.016
	중등졸업a	57(57.0)	2.531	.797		
	고등졸업b	18(18.0)	3.148	.386		
	2년제 대학졸업ab	2(2.0)	3.167	.498		
	4년제 대학졸업ab	11(11.0)	2.700	.654		
	기타ab	4(4.0)	2.426	.700		
연 수입	200만 엔 이하a	19(19.0)	2.240	0.847	2.568	.043
	200~400만 엔ab	55(55.0)	2.669	0.792		
	400~600만 엔b	21(21.0)	2.912	0.449		
	600~800만 엔ab	3(3.0)	2.099	0.506		
	800~1,000만 엔ab	2(2.0)	3.000	1.414		
가족 경제 활동 인구	1명a	37(37.0)	2.758	0.706	2.624	.039
	2명ab	45(45.0)	2.711	0.765		
	3명ab	12(12.0)	2.157	0.878		
	4명ab	3(3.0)	1.864	0.600		
	5명b	2(2.0)	2.093	0.131		
체류자격	국적취득자a	2(2.0)	1.278	0.393	12.187	.000
	영주자b	41(41.0)	2.996	0.548		
	정주자a	55(55.0)	2.403	0.800		

설문 항목		N(%)	평균	표준편차	F or T	P
세대 구분	1.5세a	25(25.0)	2.333	0.757	3.559	.017
	2세b	19(19.0)	3.024	0.561		
	3세ab	44(44.0)	2.564	0.843		
	기타ab	12(12.0)	2.849	0.538		
종교 여부	기독교(개신교)b	4(4.0)	3.250	0.289	4.299	.007
	가톨릭ab	44(44.0)	2.630	0.854		
	불교a	28(28.0)	2.282	0.784		
	기타b	24(24.0)	2.923	0.412		
향후 일본 체류 여부	있다c	17(17.0)	3.105	0.368	19.549	.000
	없다b	60(60.0)	2.769	0.614		
	잘 모르겠다a	23(23.0)	1.908	0.898		

다음은 일계인의 경제활동 인구와 민족정체성과의 평균값의 차이를 살펴보았다. 분석 결과 흥미로운 사실은 일본에서 일계인의 경제활동 인구가 많을수록 일계인의 민족정체성이 희박한 것으로 나타났다. 이러한 분석결과의 원인을 추정해보면 일계인들이 일본에 데카세기(出稼ぎ: 돈벌이 노동자)목적으로 도일한 경우가 많기 때문에 일본에서 충분한 일자리가 제공되는 경우 일계인보다는 일본인에 더 친근감을 느끼는 것으로 보인다.

이번에는 일계인의 체류자격별 민족정체성의 평균값의 차이를 살펴본 결과 일계인 정주자보다 일계인 영주자의 평균값이 높게 나타났다. 일본에서 일계인 대부분이 귀화자보다 영주자 및 정주자가 많은 이유는 1990년 6월에 실시된 '출입국관리 및 난민인정법' 개정으로 브라질 출신 일계인들이 일본에서의 취업활동에 제한이 없는 체류자격이 주어지고 합법적으로 취업할 수 있었기 때문인 것으로 해석된다.[12] 세대 구분별 민족정체성의 차이를 보면 일본에서 태어난 일계인 1.5세보다 브라질에서 태어난

12 임영언 외. 『일계인 디아스포라: 초국적 이주루트와 글로벌 네트워크』. 북코리아. 2013. pp. 26-27.

일계인 2-3세의 민족정체성이 더 높게 나타났다. 그 이유는 브라질에서 태어나 일본으로 이주한 후 정체성에 관심이 더 높아진 것으로 보이며 반대로 일본에서 태어난 1.5세의 경우 일계인의 정체성이 약화되었기 때문인 것으로 풀이된다. 이는 전술한 일계인의 연령별, 교육 수준별 민족정체성의 차이와도 일맥상통하는 것으로 생각된다.

일계인의 종교별 정체성의 차이는 기독교나 불교보다는 가톨릭 신자들의 민족정체성이 높게 나타났다. 이는 어느 측면에서 브라질이 전통적인 가톨릭 국가이기 때문에 그 영향을 많이 받은 것으로 생각된다. 향후 일본 체류 여부에 따른 일계인의 정체성의 차이를 살펴보면 일본에 체류할 의사가 있는 일계인의 경우 민족정체성이 강하게 나타났다. 이는 일본 체류 의사가 있는 일계인일수록 그들만의 커뮤니티에 대한 애착이나 일계인 네트워크에 대한 구축의 필요성에 대한 의식이 강한 것으로 보인다.

2) 민족정체성의 평균분석

이 논문에서 일계인의 민족정체성에 대한 질문 항목은 총 27개 항목으로 구성되었다. 다음 〈표 7.3〉은 이들 일계인의 민족정체성의 질문 항목에 대한 빈도분석 및 평균값을 제시한 것이다. 민족정체성 항목 중 평균값이 3.0 이상으로 높은 항목만을 살펴보면 "2. 주위에 일본인들이 있는데 일계인들끼리 논쟁은 좋지 않다.", "3. 나는 일본요리를 각별히 좋아한다.", "7. 일계인들이 브라질문화를 유지해야 한다고 생각한다.", "10. 일계인들은 일본인과 교류하여 완전한 일본인으로 동화되는 것이 최선이다.", "16. 일계인은 일계인들과 데이트하는 것이 좋다." 등이다. 이러한 일계인 민족정체성 평균값의 분석 결과를 살펴보면 두 가지 의견으로 극명하게 엇갈리고 있다. 즉 하나는 일계인들이 3번이나 10번과 같이 일본에 완전히 동화되어야 한다는 유형이고, 또 하나는 7번이나 16번과 같이 일계인만의 정체성 유지와 문화 유지를 강조하는 유형이다.

표 7.3 민족정체성 빈도분석 및 평균분석

정체성 질문 항목	전혀 그렇게 생각하지 않음	그렇게 생각하지 않음	보통	그렇게 생각함	매우 그렇게 생각함	평균	표준 편차
1. 좋은 아이들은 말을 잘 듣는 고분고분한 아이들이다.	33 (33.0)	17 (17.0)	10 (10.0)	22 (22.0)	18 (18.0)	2.75	1.546
2. 주위에 일본인들이 있는데 일계인들끼리 논쟁은 좋지 않다.	21 (21.0)	19 (19.0)	7 (7.0)	41 (41.0)	12 (12.0)	3.04	1.392
3. 나는 일본 요리를 각별히 좋아한다.	23 (23.0)	9 (9.0)	24 (24.0)	23 (23.0)	21 (21.0)	3.10	1.446
4. 일계인들이 전혀 없는 지역보다는 조금이라도 있는 지역에 거주하는 것이 안심된다.	31 (31.0)	28 (28.0)	21 (21.0)	15 (15.0)	5 (5.0)	2.35	1.209
5. 부모의 노후 문제는 장남이 책임져야 한다.	49 (49.0)	21 (21.0)	17 (17.0)	9 (9.0)	4 (4.0)	1.98	1.180
6. 일본인들의 차별을 예상하지 않고 새로운 장소로 이사하여 거주하는 일계인들은 바보이다.	36 (36.0)	35 (35.0)	14 (14.0)	13 (13.0)	2 (2.0)	2.10	1.096
7. 일계인들이 브라질 문화를 유지해야 한다고 생각한다.	23 (23.0)	11 (11.0)	22 (22.0)	31 (31.0)	13 (13.0)	3.00	1.371
8. 일계인들은 일본인들이 향유하고 있는 많은 기회들을 조상들 때문에 박탈당하고 있다.	34 (34.0)	24 (24.0)	11 (11.0)	22 (22.0)	9 (9.0)	2.48	1.389
9. 일계인 공동체의 인간관계는 비교적 따뜻하고 끈끈하다.	30 (30.0)	31 (31.0)	19 (19.0)	5 (5.0)	15 (15.0)	2.44	1.366

정체성 질문 항목	전혀 그렇게 생각하지 않음	그렇게 생각하지 않음	보통	그렇게 생각함	매우 그렇게 생각함	평균	표준 편차
10. 일계인들은 일본인과 교류하여 완전한 일본인으로 동화되는 것이 최선이다.	21 (21.0)	16 (16.0)	12 (12.0)	43 (43.0)	8 (8.0)	3.01	1.330
11. 잘 모르는 사람들에게는 본심을 감추려는 경향이 있다.	25 (25.0)	16 (16.0)	23 (23.0)	17 (17.0)	19 (19.0)	2.89	1.449
12. 타인에 대한 생각이나 배려가 지나치다고 생각한다.	44 (44.0)	39 (39.0)	8 (8.0)	2 (2.0)	7 (7.0)	1.89	1.109
13. 일본인은 일계인과 비교하여 사귀기 힘들다.	25 (25.0)	42 (42.0)	21 (21.0)	7 (7.0)	5 (5.0)	2.25	1.067
14. 어렸을 때는 잘 몰랐지만 어른이 되면서 일본어학교의 고마움을 느끼게 되었다.	17 (17.0)	24 (24.5)	30 (30.0)	21 (21.0)	6 (6.0)	2.74	1.160
15. 도움이 필요할 때 먼저 친척에게 부탁하는 것이 좋다.	20 (20.0)	30 (30.0)	14 (14.0)	25 (25.0)	11 (11.0)	2.77	1.325
16. 일계인은 일계인들과 데이트하는 것이 좋다.	21 (21.0)	19 (19.0)	10 (10.0)	37 (37.0)	13 (13.0)	3.02	1.392
17. 한번 일계인으로 태어났기 때문에 죽을 때까지 일계인이다.	17 (17.0)	28 (28.0)	26 (26.0)	21 (21.0)	8 (8.0)	2.75	1.201
18. 일계인들이 일본문화에 대하여 많이 아는 것은 좋지만 필요한 것은 아니다.	15 (15.0)	39 (39.0)	23 (23.0)	18 (18.0)	5 (5.0)	2.59	1.102
19. 일본은 위대한 예술적 유산을 가지고 있으며 세계 문명에 필요한 공헌을 해왔다.	20 (20.0)	22 (22.0)	12 (12.0)	35 (35.0)	11 (11.0)	2.95	1.351

정체성 질문 항목	전혀 그렇게 생각하지 않음	그렇게 생각하지 않음	보통	그렇게 생각함	매우 그렇게 생각함	평균	표준 편차
20. 일본문화에 비호의적인 일계인은 잘못된 것이다.	26 (26.0)	23 (23.0)	16 (16.0)	21 (21.0)	14 (14.0)	2.74	1.411
21. 은혜를 갚지 않는 인간은 좋다고 말할 수 없다.	20 (20.0)	23 (23.0)	12 (12.0)	30 (30.0)	15 (15.0)	2.97	1.396
22. 차별받고 당황하는 것보다 그런 장소는 처음부터 피하는 것이 현명하다.	21 (21.0)	25 (25.0)	22 (22.0)	25 (25.0)	7 (7.0)	2.72	1.248
23. 일본 영화를 보는 것이 재미있다.	18 (18.0)	30 (30.0)	16 (16.0)	28 (28.0)	8 (8.0)	2.78	1.260
24. 자주 질문을 하는 인간은 전체 진행에 방해된다.	26 (26.0)	32 (32.0)	19 (19.0)	12 (12.0)	11 (11.0)	2.50	1.299
25. 일계인만의 교회에 가는 것을 좋아한다.	29 (29.0)	30 (30.0)	27 (27.0)	11 (11.0)	3 (3.0)	2.29	1.094
26. 개인이 신용을 잃어버리면 가족 전체에 영향을 미친다.	20 (20.0)	25 (25.0)	23 (23.0)	28 (28.0)	4 (4.0)	2.71	1.192
27. 일계인과 일본인과의 결혼은 장려해서는 안 된다.	28 (28.0)	45 (45.0)	15 (15.0)	10 (10.0)	2 (2.0)	2.13	1.002

이상과 같은 분석 결과를 바탕으로 평균값의 분포에 따라 일계인의 민족정체성의 유형을 분류하면 일본형과 일계인형, 그리고 혼합형으로 분류할 수 있다. 이러한 결과는 다음에 실시하는 요인분석에서 보다 확실하게 증명해 줄 것으로 생각된다.

3) 민족정체성 요인분석

다음 〈표 7.4〉는 민족정체성에 관한 27개 설문 항목을 동시에 요인 분석한 결과를 제시한 것이다. 주축요인 추출방법을 이용하여 고유값이 1.0 이상인 것들만 추출하는 방식으로 요인추출을 실시한 결과 요인은 6개로 요약되었으나 추출하는 요인을 3개로 제한하여 요인분석을 실시하였다. 민족정체성 요인분석의 설명된 총분산을 바탕으로 이들 3개의 요인분석 결과에 대한 요인의 설명력은 58.4% 정도였다. 이러한 설명력의 비율은 일계인의 민족정체성의 요인분석에 따른 유형을 어느 정도 설명해주고 있다는 것을 의미한다.

표 7.4 민족정체성 요인분석 결과

민족정체성 질문항목	요인분석 결과		
	제1요인 (일본인 정체성)	제2요인 (일계인 정체성)	제3요인 (혼합형 정체성)
민족정체성19	.867	.087	.054
민족정체성21	.810	.052	.171
민족정체성3	.758	.348	-.122
민족정체성20	.753	-.112	.248
민족정체성11	.700	.480	.028
민족정체성2	.646	.332	.281
민족정체성7	.640	.319	.300
민족정체성10	.619	.493	.119
민족정체성22	.566	.356	.290
민족정체성14	.479	.462	.185
민족정체성26	.473	.379	.458
민족정체성4	.468	.386	.076
민족정체성16	.256	.842	.103

민족정체성 질문항목	요인분석 결과		
	제1요인 (일본인 정체성)	제2요인 (일계인 정체성)	제3요인 (혼합형 정체성)
민족정체성24	-.085	.682	.185
민족정체성15	.320	.674	.175
민족정체성17	.311	.669	.097
민족정체성23	.343	.531	-.015
민족정체성6	.165	.453	.347
민족정체성5	.217	.436	.097
민족정체성8	.095	.284	.704
민족정체성12	.088	-.246	.672
민족정체성9	.060	.266	.610
민족정체성25	-.077	.522	.607
민족정체성27	.086	-.072	.584
민족정체성13	.173	.206	.547
민족정체성1	.325	.319	.479
민족정체성18	.325	.299	.384

주: 요인추출 방법-주축 요인추출, 회전 방법-Kaiser 정규화가 있는 베리멕스.

한편 위의 각 요인분석에 포함된 평가항목들의 내용을 고려하여 3개의 요인을 각각 '일본인 정체성', '일계인 정체성', '제3의 혼합형 정체성'으로 명명하였다. 요인분석을 통해 도출된 3개 요인에 대한 신뢰도 분석 결과는 다음 〈표 7.5〉와 같다. 요인별 Cronbach 알파값은 0.5 이상으로 비

표 7.5 일계인 민족정체성의 유형분석 결과

요인	유형	문항	문항 수
제1요인	일본인 정체성	2,3,7,10,11,19,20,21,22	9
제2요인	일계인 정체성	15,16,17,23,24	5
제3요인	혼합형 정체성	8,9,12,13,27	5

교적 높게 나타났으며 요인별 평가 항목들이 비교적 일관되게 평가하고 있는 것으로 나타났다.

위의 〈표 7.5〉와 같이 일계인의 민족정체성에 대한 요인분석 결과, 일계인의 정체성은 '일본인 정체성', '일계인 정체성', '제3의 혼합형 정체성' 등 3개 유형으로 분류되었다. 따라서 요인분석 결과에 의한 일계인의 민족정체성은 일본인 지향형, 일계인 지향형, 제3의 혼합 지향형 등으로 구분된다고 볼 수 있을 것이다. 요인분석 결과를 통해 도출된 일계인의 민족정체성에 관한 3개 요인에 대하여 상관분석과 회귀분석한 결과는 다음과 같다.

4) 민족정체성의 상관분석 및 회귀분석

그러면 이번에는 일본사회에서 일계인의 민족차별과 민족정체성 형성과는 어떠한 관계가 있는지 알아보기 위해 상관분석을 실시하였다. 분석 결과 민족차별 평균과 민족정체성 평균 사이에는 양의 상관관계가 존재하고 있는 것으로 나타났다. 이러한 상관분석 결과는 일계인들이 일본사회에서 민족차별에 대한 인식이 강할수록 일계인으로서의 민족정체성에 대한 인식도 강하다고 볼 수 있다.

다음 〈표 7.6〉에 제시한 바와 같이 분석 결과를 상세히 살펴보면 일계인의 민족정체성은 일본사회의 일계인에 대한 감정적 차별, 문화적 차별, 민족적 차별이 강할수록 민족정체성이 강화되는 것으로 나타났다. 일본사회에서 일본인들이 일계인에 대하여 감정적인 무시, 문화 정보 단절, 서투른 일본어와 외모에 의한 차별 경험을 당할수록 일계인들의 민족정체성은 더욱 강해지는 것으로 나타났다.

표 7.6 민족정체성 평균의 상관분석

민족차별 요인		감정적 차별	문화적 차별	개인적 특성 차별	민족적 차별
민족정체성 평균	Pearson 상관계수	.215*	.403**	.160	.311**
	유의확률 (양쪽)	.031	.000	.113	.002
	N	100	100	100	100

주: 상관계수 ** = 0.01 수준(양쪽)에서 유의

표 7.7 민족정체성 평균의 회귀분석

민족정체성 평균	비표준화 계수		표준화 계수	t	유의확률
	B	표준오차	베타		
(상수)	1.814	.210		8.627	.000
감정적 차별	-.093	.074	-.162	-1.260	.211
문화적 차별	.285	.084	.431	3.381	.001
개인적 특성 차별	.030	.113	.026	.266	.791
민족적 차별	.224	.115	.200	1.945	.055
F					6.133(〈0.000)
R^2					.205

다음은 일계인의 민족차별 경험요인(감정적 차별, 문화적 차별, 개인적 특성 차별, 민족적 차별)을 독립변수로 설정하고 민족정체성 평균을 종속변수로 하여 회귀분석을 실시하였다. 회귀분석결과는 위의 〈표 7.7〉과 같다.

회귀분석 결과, 추정된 회귀모형의 적합도에 대한 F통계량은 6.133(유의확률 0.000)으로서 유의수준 5% 정도에서 유의하고, R^2은 0.205로 설명력은 낮은 편이지만 회귀모델은 적합한 것으로 나타났다. 각각의 회귀계수의 t검정 결과 일계인의 문화적 차별은 유의확률이 각각 0.001로 유의수준 5% 이하에서 유의한 것으로 나타났다. 즉 모형에 포함된 독립변수 중 민족차별 요인에 통계적으로 유의미한 영향을 주는 요인은 문화적 차별로 나타났다.

일계인의 민족적 차별은 유의수준 5% 이하에서 통계적으로 유의미하지 않았지만 거의 5%에 가까워 영향요인으로 볼 수 있다. 일계인의 민족차별 요인이 민족정체성 평균에 영향력을 주는 요인은 문화적 차별(0.431)〉민족적 차별(0.200)〉감정적 차별(-0.162)〉개인적 특성 차별(0.026) 순으로 나타났다. 이들 영향요인 가운데 민족차별 요인들 중 감정적 차별은 민족정체성 평균에 음의 영향을 주는 것으로 나타났다. 이를 해석하면, 일계인들이 문화적 차별을 강하게 느낄수록 일계인의 민족정체성이 강화된다는 의미이다. 반면, 일계인들이 일본사회에서 감정적 차별을 강하게 느낄수록 민족정체성이 약화된 것으로 볼 수 있을 것이다.

다음은 논문의 지면 관계상 표를 제시하지는 않았지만 일본인의 일계인에 대한 민족정체성 요인(일본인 정체성, 일계인 정체성, 혼합 정체성)을 독립변수로 민족차별평균을 종속변수로 하여 회귀분석을 실시하였다.

회귀분석 결과를 살펴보면 추정된 회귀모형의 적합도에 대한 F통계량은 26.863(유의확률 0.000)으로서 유의수준 5%에서 유의하고, R^2은 0.462로 설명력은 어느 정도 높은 편으로 회귀모형은 적합한 것으로 나타났다. 각각의 회귀계수의 t검정 결과 일본인 정체성, 일계인 정체성, 혼합 정체성은 유의확률이 각각 0.022, 0.000, 0.000으로 유의수준 5% 이하에서 유의한 것으로 나타났다.

즉 회귀모형에 포함된 독립변수 중 민족차별 평균에 영향을 주는 요인은 일본인 정체성, 일계인 정체성, 혼합 정체성 유형으로 나타났다. 일계인의 민족정체성에서 영향력이 큰 정도는 혼합 정체성(0.516)〉일계인 정체성(0.395)〉일본인 정체성(-0.177) 순으로 나타났다. 하지만 일계인의 민족정체성은 민족차별 평균에 음의 영향을 주고 있는 것으로 나타났다. 이를 해석하면, 일계인의 민족정체성은 혼합형 정체성이 강할수록 민족차별을 강하게 느끼는 것으로 보인다. 반면, 일계인들이 일본인 정체성이 강할수록 민족차별을 약하게 느끼는 것으로 나타났다. 결과적으로 일계인들이 일본에서 민족차별을 느끼는 경우 일본인이나 일계인 정체성을 선택하기보다는 생존전략으로서 혼합형 정체성을 선택하게 되는 것으로 보인다.

5) 일계인의 민족정체성 형성과정과 유형

일본에서 일계인의 민족차별에 따른 정체성의 형성 과정을 보면 일계인 1세와 일계인 2세의 정체성은 〈그림 7.2〉에 제시한 바와 같이 향후 상당히 다른 양상으로 전개될 것으로 보인다. 일계인 1세들의 경우 브라질에서 일본으로 도일하기 전에는 일본에 대한 호의적 이미지 때문에 일본인의 정체성을 지향하는 경향이 강하고 브라질에 대해서는 부정적인 이미지가 강할 것으로 생각된다. 반면 도일 후에는 일본사회에서 각종 민족차별 경험으로 인하여 일본에 대한 부정적인 이미지가 강하고 브라질에 대해 호의적인 이미지가 강화된 것으로 나타났다.

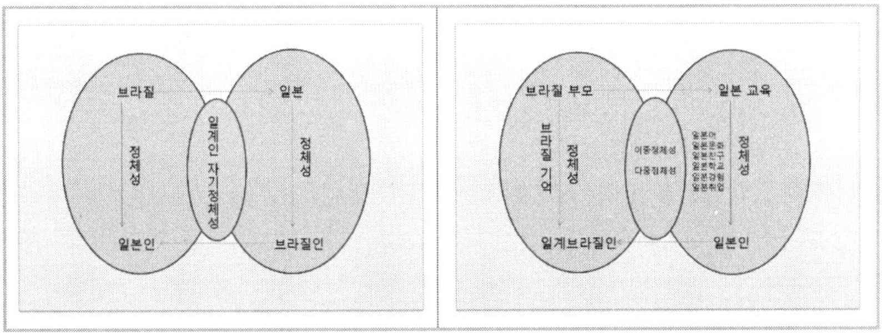

그림 7.2 일계인 자기정체성과 이중정체성 형성 과정

결국 일계인 1세의 경우 일본이나 브라질에서 일계인으로서의 민족정체성은 변함이 없겠지만 향후 일본에 정착할 경우 일본인도 일계인도 아닌 '자기정체성'을 더욱 강하게 주장하게 될 것으로 생각된다. 이러한 일계인의 자기정체성은 도일 전에는 일본인의 자손인 '일계인'으로서 성향이 강하지만 도일 후 일본인과는 대항적 개념으로서 브라질로부터 도일한 일계인과 비일계인을 포함하는 '브라질인'이라는 이중정체성을 형성하게 될 것으로 생각된다. 그러나 일본 생활이 장기화됨에 따라 결국 일계인들은 일본인과 일계인 중 어느 쪽도 속할 수 없다는 현실에 직면하여 일계인만의 '자기정체성'을 주장하게 될 것으로 보인다.

그러나 여기에서 일계인 자녀인 일계인 2세들은 향후 어떤 정체성을 가지게 될 것인가에 대해 생각해볼 필요가 있다. 일본에서 태어나 생활하게 된 일계인 2세들은 일본사회의 적응 과정에서 일본어를 사용하고 일본인 학생들과 거의 유사한 생활 문화를 경험하게 된다. 일계인 2세들은 브라질문화를 직접 경험하지 못한 세대로 그들 부모로부터 간접적으로 듣고 경험한 브라질문화에 대한 추억이 있을 뿐이다. 따라서 그들은 일본인이라는 정체성을 주장하게 될지도 모르지만 대부분 브라질인 혹은 일본인이라는 이중정체성(다중정체성)을 형성하게 될 것으로 생각된다.

이상의 연구에서 고찰한 결과에 따라 일계인의 민족정체성을 분류하면 다음 〈표 7.8〉과 같이 제3유형으로 정리할 수 있을 것이다.

표 7.8 일계인의 민족정체성 유형

정체성 유형		일계인 민족정체성
제1유형	일본인 지향 정체성	일본이나 브라질에서 일본인 정체성
제2유형	일계인 지향 정체성	일본이나 브라질에서 일계인 정체성
제3유형	혼합형 정체성	일본정착 지향의 자기 정체성 일본인과 브라질인이라는 일계브라질인으로서의 이중정체성(다중정체성)

현지에서 수집된 인터뷰 자료를 바탕으로 구체적으로 일계인의 정체성 유형을 살펴보면 제1유형은 일본이나 브라질에서 자기 정체성을 일본인으로 지향하는 일본인 정체성이다. 1990년 전후 도일하여 일본 시즈오카 현에서 일계인 대상 슈퍼마켓을 운영하고 있는 60대 S씨는 일본 생활 20년을 초과하였다. 그는 일계인의 일본인 정체성 지향의 필요성에 대하여 다음과 같이 언급했다.[13]

> "1990년 이후 일계인들이 일본사회에 정착하기 시작하면서 일본정부가 생활지원도 해주고 생활보호 대상자로서 특별한 직업 없이 생활이 가능하게 되었다. 일본어를 못해도 취업이 가능하지만 일계인들은 힘든 일을 싫어하고 게으르기 때문에 취업을 하지 않는다. 일본에 돈벌이하러 왔으면 근면성실한 일본인의 문화를 배워야 하고 철저히 일본사회에 융합될 필요가 있다."

즉, 그는 일계인들이 일본에 왔으면 일계인의 생활 문화를 고집할 것이 아니라 도일 목적을 달성하기 위하여 조상들이 일본인이었으니까 일본의 모든 문화와 규칙에 따르고 필요하면 다시 일본 국적으로 귀화도 해야 한다고 주장하였다.

제2유형은 일본이나 브라질에서 자기 정체성을 일계인으로 강조하는 일계인 정체성이다. 군마 현에서 일계인을 대상으로 브라질식당을 운영하는 H씨는 다음과 같이 언급했다.[14]

> "저는 90년대 초기 도일하였는데 일본에 친척이 많이 살고 있어서 일본에 왔습니다. 처음에는 친척들이 너무 반갑게 맞아주고 만나고 싶어 일본 친척 집을 방문했습니다. 그런데 나중에는 친척들이 왜 우리를 만

---

13 일계인 세르비쓰 마쓰코, 일계인 슈퍼마켓 및 빵집 운영, 2014년 2월 21일(금) 인터뷰.

14 일계인 아사노 겐지, PAULLO'S LISTORANT 운영, 2014년 2월 22일(토) 인터뷰.

나러 왔느냐고 묻더군요. 혹시 돈이 필요해서 만나려고 하느냐고 해서 너무 슬픈 적이 있습니다. 나중에 일본 친척들은 아무도 반겨주지 않는다는 사실을 알게 되었습니다. 결국 우리는 일본에 돈을 벌기 위해 온 일계인일 뿐이라는 것을 느꼈습니다. 일본정부도 처음에는 자기들 조상으로서 일계인들을 우대하는 것처럼 보였지만 결국 다른 외국인들과 똑같이 우리들을 재일외국인 취급을 하더라고요. 일본정부가 필요해서 우리를 노동자로 불렀으면 끝까지 책임지는 자세가 필요한데 지금 와서 필요 없으니 모국으로 돌아가라고 하는 등 일본 정부는 아무런 책임을 지려 하지 않습니다. 그래서 우리 일계인들은 다른 외국인 이주노동자와 연대해서 외국인차별 투쟁을 벌이고 있습니다."

인터뷰 조사 결과를 보면 일계인들은 브라질에서는 그들만의 민족정체성 유지를 위해 일본인으로서 민족정체성을 강조하지만 일본에서는 생존하기 위한 전략수단으로서 일계인이라는 정체성을 강조하고 있는 것으로 분석된다.

제3유형은 일본인도 일계인도 아닌 제3의 혼합형 정체성, 혹은 일본인이자 동시에 일계인의 정체성이라는 이중(다중)정체성을 지칭한다. 동경에서 생활하고 있는 일계인 A씨에게 자기의 정체성이 일본인인지 아니면 일계인에 가까운지 질문한 결과 다음과 같은 매우 흥미로운 대답을 했다.[15]

"초국적인 글로벌시대 민족정체성의 경계는 상당히 애매하다고 생각합니다. 제가 딱히 어떠한 민족정체성을 가지고 있다고 말하기 어렵다는 것입니다. 만약 저에게 민족정체성을 묻는다면 저는 100% 일계인이자 100% 일본인이라고 말하고 싶습니다. 저는 분명 조상이 일본인이고 일계인으로서 도일했지만 초국적인 민족정체성을 가지고 있다고 생각하며 어느 한쪽의 민족정체성에 속해 있다고 생각하지는 않습니다. 이러한

15 일계인 안젤로 이시이, 2014년 2월 20일(목) 인터뷰.

민족정체성은 그것이 저의 장점이자 단점이기도 합니다만 현재로서는 장점이 훨씬 더 많습니다."

즉 이러한 인터뷰 조사 결과는 일계인들이 자신의 민족정체성을 100% 긍정도 부정도 아닌 초국가적인 글로벌시대 이중정체성, 혹은 다중정체성을 지향하는 것으로 볼 수 있을 것이다. 이상과 같은 면접 조사에서 살펴본 바와 같이 일본 현지에서 생활하고 있는 일계인의 민족정체성은 그들 모국 브라질에서의 삶, 일본에서 차별 경험에 의해 일본인(귀화) 지향형, 일계인 지향형, 이중정체성(혼합형) 등을 형성할 것으로 생각된다.

4. 정체성과 문화영토

이 연구의 목적은 1990년대 전후 도일한 일계인 노동자들이 2008년 금융 위기를 계기로 대량 브라질로 귀국하게 되었고 그 과정에서 민족정체성의 재편성을 가져오게 된 원인을 규명하는 데 있다. 종래의 연구에서는 일계인 노동자의 브라질 귀국 배경에 대하여 리먼쇼크로 인한 실업 문제가 가장 큰 설득력을 얻었지만 이 연구에서는 민족차별에 따른 그들의 민족정체성의 재형성 과정을 살펴보았다.

연구 결과를 도출하기 위한 연구 방법으로서는 2014년 2월 일본 현지 조사를 바탕으로 수집된 일계인 대상의 면접 조사와 설 문조사 자료를 분석 대상으로 삼았다.

에릭슨(Erikson, 1957)에 의하면 인간의 자기정체성은 자기일치성, 목적동일성, 이타적 동일성, 심리사회적 동일성의 종합으로 형성되며 이들 중 어느 것 하나가 부족하거나 결핍될 경우 정상적인 정체성 형성이 어렵다고 보았다. 본 연구에서는 일계인의 정체성이 자기일치성과 목적동일성이 일치한다고 하더라도 거주국에서 이타적 동일성과 심리사회적 동일성의 거부나 거절(혹은 민족차별 경험)에 의해 어떠한 민족정체성이 형성되었는지 살펴보았다.

연구 결과를 살펴보면 다음과 같다.

첫째, 일계인 노동자의 인구통계학적 특성에 따른 민족정체성의 평균의 차이를 살펴보면 연령별, 교육 수준별, 연 수입별, 가족 경제활동 인구별, 체류자격별, 세대 구분별로 통계적으로 유의미한 차이가 있는 것으로 나타났으며 기타 항목에서는 통계적으로 유의미하지 않았다.

둘째, 일계인의 민족정체성은 도일 전 브라질에 거주할 때는 모국신화에 따른 일본인의 정체성을 지향하고 도일 후 일본에 거주할 때는 일본사회의 민족차별 경험으로 인하여 일계인의 정체성을 지향하는 것으로 나타났다.

셋째, 요인분석 결과 일계인의 민족정체성은 '일본인 정체성', '일계인 정체성', '제3의 혼합형정체성'을 지향하는 것으로 나타났다.

넷째, 상관분석 결과 일계인들이 일본사회에서 민족차별 인식을 강하게 느낄수록 민족정체성에 대한 인식도 강하게 나타났다. 즉 일계인의 민족정체성은 일본사회의 일계인에 대한 감정적 차별, 문화적 차별, 민족적 차별을 강하게 느낄수록 민족정체성이 강화되는 것으로 보인다.

다섯째, 회귀분석 결과, 일본에서 일계인들이 여러 가지 민족차별 중에서도 문화적 차별이 민족정체성 형성에 가장 큰 영향을 미치는 것으로 나타났다. 즉 일계인들은 일본에서 문화적 차별을 당하고 있다고 생각할수록 그들의 민족정체성은 더욱 강화된 것으로 나타났다.

결론적으로 일계인의 일본 귀환에 따른 민족정체성의 형성은 브라질에서 태어나 자란 일계인 1세들은 도일하기 전 일본인의 자손이라는 모국신화에 따른 일본인이라는 민족정체성이 강하지만 점차 일본사회에서 점차 민족차별을 경험함으로써 일계인으로서의 민족정체성을 자각하게 되는 것으로 나타났다. 반면 일본에서 태어나 모국브라질을 직접 경험하지 못한 일계인 세대들은 부모로부터 간접 경험에 따라 그들의 민족정체성은 이중정체성 혹은 다중정체성을 형성하게 될 것으로 예상된다.

제8장 맺음말

1. 요약 및 결론

이 책은 일계인의 해외이동 및 국내이주와 관련해서 그들이 이주지 및 국내에서 형성한 공동체 문화의 혼종성 및 문화영토를 고찰하는 데 역점을 두고 있다. '혼종성'이란 이주민들이 거주국의 고유문화와 외부에서 유입된 외래문화가 혼합된 가운데 외래문화와 순수문화와는 구별된 '제3의 공간'으로 창조되는 문화를 지칭한다. '문화영토'는 일계인 집거지의 물리적(유형) 비물리적(무형) 요소를 둘러싼 경계를 가리키며 현지 거주국의 문화영토와 일계인의 문화영토를 구분 짓는 경계지점을 의미한다. 이 연구는 일계인 디아스포라의 혼종성에 대하여 문화영토의 형성이라는 관점에서 일계인들이 이주지에서 형성한 혼종문화가 그들 디아스포라의 문화공동체에서 어떻게 집단적으로 향유되고 재현되고 있는지에 대해 초점을 두고 있다.

이 연구의 자료 수집 방법은 일본 현지 협약기관들과 협조를 통해 현지참여관찰과 설문조사를 통해 일계인 디아스포라의 혼종성 및 문화영토에 관련된 자료들을 수집하여 분석하였다. 연구 대상 지역은 주로 일계인들이 집거하고 있는 요코하마 시 쓰루미 구, 시즈오카 현 하마마쓰 시, 나고야 오수 및 9번 단지 등을 방문하여 인터뷰조사를 실시하였다.

일본인의 해외이주는 근대 일본의 에도 말기 1866년 이후 시작되어 일본인의 하와이 진출, 그리고 1924년 미국의 '배일이민법' 제정에 따른 일본인의 남미, 특히 브라질로의 이민의 역사가 전개되었다. 일계인의 브라질 이주사는 1908년 4월 고베항을 출발한 카사토마루(笠戸丸)에 승선한 781명의 일본인 이민자들이 브라질 산토스항에 도착함으로써 남미로의 일본인 이주가 본격적으로 시작되었다. 일본인의 브라질 이주 배경에는 농촌 지역의 만성적인 경제 불황, 1945년 전후 일본의 본격적인 경기 불황으로 일본정부가 농촌으로부터 남미 브라질로의 이민송출을 중요한 해결책으로서 계획하여 본격적으로 실시되었다. 따라서 당시 일본 지역의 구마모토 현, 후쿠오카 현, 오키나와 현, 홋카이도 현, 히로시마 현 등 주로 농촌을 중심으로 전개된 브라질 이민은 1908년부터 1941년까지 도합 약 18만 명이 이주지로 도항하였다.

그리고 1945년 전쟁 전후 해외로 이주한 일본인 수는 250만 명에 달하며 전쟁 이후 해외이민이 재개된 것은 샌프란시스코강화조약에 의해 일본이 주권을 되찾게 된 1952년 이후이다. 또한 1980년대 중반 이후 일본의 글로벌화와 더불어 남미에서 일계인들이 일본으로 대량 유입되면서 일본에서 '일계인'이란 용어가 1990년 입국관리법 개정 이후 국가적 행위로 인하여 '일계인'이라는 이주민의 의미 형성에 상당한 영향을 미친 것으로 평가되고 있다.

특히 이 책에서는 1924년에 미국에서 '배일이민법'의 제정으로 일본인 이민자의 입국을 전면적으로 금지한 다음 해인 1925년부터 일본에서 브라질로 이주하는 일계브라질인의 이주사, 그리고 글로벌시대 본격적으로 시작된 1990년대 이후 브라질에서 일본으로 유입된 일계브라질 사회를 분석 대상으로 하고 있다. 전술한 바와 같이 일본에서 '일계인'이라는 용어는 사용자의 정의나 개념에 따라 그 단어가 현실적으로 가지고 있는 의미조차 상당히 변이될 수 있는 혼종성과 문화적 의미를 지니고 있다.

1980년대 이후 일본의 글로벌화로 입국관리법 개정을 통해 입국하기 시작한 일계인들은 일계인 1세부터 시작되어 일계인 2세-3세로 범위가 확대 실시되었다. 당초 남미로부터의 외국인노동자 유입은 일본정부가 '일계인의 돈벌이 노동', '일계인의 U턴 현상'이라고 부르며 불법취업 외국인 노동자의 유입을 막고 일계인을 합법적인 노동력으로 인정함으로써 가전산업과 자동차산업 등 3D산업에서의 노동력 부족을 해소하려는 의도를 가지고 시행된 결과였다.

이 책의 연구 결과를 정리하면 다음과 같다.

첫째, 일본인의 이주 역사의 관점에서 일계인 디아스포라의 혼종성과 문화영토에 대한 개념을 정리하고 이론적 논의를 검토하였다. 일계인의 이동은 1868년 메이지 시기를 전후로 시작되어 하와이와 호놀룰루를 거쳐 미국 대륙으로 이어지는 1907년까지의 제1시기, 1908년 배일이민법 제정이후 1924년 남미로의 이주루트를 선회하고 1945년 해방 전후까지 제2시기, 1945년 해방 이후부터 1970년까지 전개된 제3시기, 그리고 1990년대 일본 당국의 입국관리법의 개정으로 일계인들이 일본으로 귀환하여 정착하게 된 제4시기로 구분할 수 있다.

둘째, 일계인의 일본 귀환과 관련하여 일본정부의 이민정책과 외국인 노동자의 수용문제에 대하여 분석하였다. 일본정부의 일계인 수용과정은 저출산고령화에 따른 외국인노동자의 수요와 공급-일계인노동자 귀환-우수인재 유입 정책으로의 전환이라는 일련의 과정을 거쳐 시행되었다. 일본정부의 이민정책은 우수인재 유입이라는 국가 전략의 기본적인 틀 속에서 외국인노동자에 대한 국가적 민족적 차별이 확실히 존재하지만 표면상으로는 외국인들을 평등하게 대하고 공생과 통합이라는 사회적 이슈를 중시하면서 우수인재에 대한 '선별'과 단순노동자의 '배제'라는 이중적인 제도화가 진행된 것으로 나타났다.

셋째, 해방 이전 일본정부의 해외 문화영토 개척의 사례로 만주국 건설 과정과 일련종과의 관계를 살펴보았다. 특히 당시 국체 이데올로기에 근거해 천황에 대한 충성심을 강화시키고 침략전쟁에 국민을 동원하기 위한 국가신도체제와는 별도로 체제화한 근대 일련주의의 생성과 역할에 대해 분석하였다. 식민지 시기 일본 제국주의는 국가신도에 의한 군국일본의 국체관이나 이념을 식민지 시민들에게 주입시켜왔다. 일본 제국주의는 국체 이데올로기에 근거해 천황에 대한 충성심을 강화시키고 침략전쟁에 국민들을 동원하기 위해 국가신도체제를 정비하여 식민지화된 전 지역에 신사를 건립한 것으로 나타났다.

넷째, 미국과 브라질, 그리고 일본으로 귀환한 일계인을 중심으로 문화영토의 측면에서 현지에서 구축된 일계인 네트워크와 공동체 문화에 대하여 분석하였다. 일본에서 해외로 이주한 재미일계인과 일계브라질인들은 거주국에서 공동체 사회를 건설하여 거주공간을 중심으로 일본 축제, 일계인타운 건설, 일본의 날 제정 등을 통해 그들만의 독특하고 다양한 문화를 유지해 온 것으로 나타났다.

다섯째, 일계인의 가상공간(디지털 공간)의 문화영토 형성이라는 측면에서 '해외이주자료관'에 대하여 분석하였다. 1908년부터 시작된 일본인의 브라질 이주 역사와 1980년대 전후 일계인의 환류현상이 초국적인 글로벌시대가 도래하면서 일본에서 일계인이 주목받기 시작하자 이러한 시대적 배경과 필요성에 의해 2002년 일본 요코하마에 '해외이주자료관'이 설립되었다. 해외이주자료관은 정보시스템을 활용하여 일계인 관련 사진과 자료의 디지털 아카이브와 인터넷상의 자료 전시, 네트워크를 통한 자료 검색 등을 실현하여 상호 타자가 소유하고 있는 이주 관련 자료가 유용하게 활용될 수 있도록 네트워크 체계를 갖추고 있다. 또한 일본인 이주사나 일계인의 이주지에서의 고난과 경험 등을 간접 체험할 수 있는 곳으로 일본 국내의 다문화공생에 대한 이해를 넓히고 전시관의 견학이나 워크숍을 통하여 국제협력이나 이문화교육관으로 활용되고 있는 것으로 분석되었다.

여섯째, 일계인의 민족정체성과 문화영토 형성과의 관계에 대하여 분석하였다. 분석결과, 일계인의 일본 귀환에 따른 민족정체성의 형성은 브라질에서 태어나 자란 일계인 1세들은 도일하기 전 일본인의 자손이라는 측면에서 모국신화에 따른 '일본인'이라는 민족정체성이 강하지만 점차 일본사회에서 민족차별을 경험함으로써 '일계인'으로서의 민족정체성을 자각하게 되는 것으로 나타났다. 반면 일본에서 태어나 모국브라질을 직접 경험하지 못한 일계인 세대들은 부모로부터 간접 경험에 의해 그들의 민족정체성은 이중정체성 혹은 다중정체성을 형성하게 될 것으로 분석되었다.

2. 향후 연구과제

글로벌시대 디아스포라 연구에서 일본인의 국내외 이동과 정착은 중요한 연구과제 중의 하나로 주목받아 왔다. 또한 다양한 디아스포라 집단의 이동과 혼종성, 즉 이주지 현지에서의 재영토화 등 많은 연구들이 진행되어 왔다. 이 책에서는 일본인의 이동과 혼종성, 그리고 문화영토의 문제를 현실공간과 가상(디지털)공간의 문화영토에 착안하여 살펴보았다. 특히 가상공간에서의 디아스포라 집단의 문화영토화가 비단 일계인 디아스포라뿐만이 아니라 향후 코리안 디아스포라, 화인 디아스포라 등 다양한 디아스포라 집단에도 적용할 수 있을 것으로 생각된다.

향후 연구과제는 디아스포라 집단의 현지적응과 정착기제에 관한 연구가 될 것이다. 특히 남미와 북미 그리고 일본으로 이주한 일계인 디아스포라 집단들이 현실공간에서 구체적으로 어떻게 현지에서 적응해왔는지에 대한 정착기제를 중심으로 살펴보게 될 것이다.

참고문헌

가타야마 모리히데 · 김석근 訳. 『미완의 파시즘』, 가람기획, 2013.

가린 미하일롭스키 · 이희수 訳. 『러시아인이 바라본 1898년의 한국, 만주, 랴오둥반도』, 동북아역사재단, 2010.

강위조. 『일본통치하 한국의 종교와 정치』, 대한기독교서회, 1977.

강창일. 『근대 일본의 조선침략과 대아시아주의』, 역사비평사, 2002.

김광식. 『한국근대불교사연구』, 민족사, 1996.

_____. 『한국근대불교의 현실인식』, 민족사, 1998.

김소하 외. 『한국불교학연구총서』 제155 · 제156권, 불함문화사, 2004.

김태영. "재일한국인 기업가의 네트워크 특성과 기업가 정신". 『日本文化学報』 제56권, 2005.

_____. "에스닉 마이너리티의 네트워크 특성에 따른 기업정신에 관한 실증적 연구". 『日本文化学報』 제27권, 2013.

김혜원. "임화의 '이식문화론'에 나타난 탈식민성—호미 바바의 '혼종성' 담론을 중심으로". 『国語大学』 제53집, 2012.

中村元 · 김지견 訳. 『일본인의 사유방법』, 김영사, 1982.

류웅재. "한국 문화연구의 정치경제학적 패러다임에 대한 모색: 한류의 혼종성 논의를 중심으로". 『언론과 사회』 16(4), 2008.

마쓰모토 겐이치 · 정선태 · 오석철 訳. 『기타 잇키(北一輝)』, 교양인, 2010.

문지희. "네덜란드 이주민문학에 나타난 혼종성 hybriditeit과 정체성의 정치: 까더르 압돌라의 『초상들과 오랜 꿈』". 『외국문학연구』 36, 2009.

村岡典嗣 · 박규태 訳. 『일본 神道史』, 예문서원, 1998.

박현수. "혼종성(Hybridity)의 시대와 최근의 시각적 흐름". 『서정시학』 13(4), 2003.

브라이언 다이젠 빅토리아 · 정혁현 訳. 『전쟁과 선(禅)』, 인간사랑, 2009.

若槻泰雄 · 김광식 訳. 『일본 군국주의를 벗긴다』, 화산문화, 1996.

이승만 · 이종익 訳. 『일본군국주의 실상(実像)』, 나남, 1987.

임성모. "근대 일본의 국내식민과 해외이민". 『동학사학연구』 제103집, 2008.

임영언. 『재일코리안 기업가: 창업방법과 민족네트워크』, 한국학술정보, 2006.
______. "일계인(日系人)디아스포라: 초민족공동체 형성과정 연구". 『日本文化学報』 第46輯, 2010.
______. "일계인(日系人)디아스포라의 귀환과 브라질타운형성에 관한 연구: 군마 현 오이즈미마치 일계브라질타운을 중심으로". 『한국동북아논총』 제16집 제4호(통권 61호), 2011.
______. "일계인(日系人)디아스포라 브라질 이주사와 전시문화콘텐츠 고찰". 『日本文化学報』 第50輯, 2011.
임영언 · 김재기. "일계인(日系人)디아스포라의 귀환과 브라질타운형성에 관한 연구: 군마 현 오이즈미마치 일계브라질타운을 중심으로". 『한국동북아논총』 제16권 제4호, 2011.
임채완 · 임영언 외. 『일계인 디아스포라: 초국적 이주루트와 글로벌 네트워크』, 북코리아, 2013.
오세도 · 오세종. 『만주 감리교회사』, 삼필문화사, 1997.
야마무로 신이치. 『키메라—만주국의 초상』, 소명, 2009.
윤건차 · 정도영 訳. 『현대 일본의 역사의식』, 한길사, 1990.
윤건차 · 하종문 · 이애숙 訳. 『일본—그 국가 · 민족 · 국민』, 일월서각, 1997.
소재영 編. 『간도 유랑(流浪) 40년—중국 · 시베리아 미공개 기행문 23선』, 조선일보사, 1989.
송석원. "일본정부의 일계인(日系人)정책—JICA의 해외 일계인 지원사업을 중심으로". 『민족연구』, 2009.
정광호. 『일본침략시기의 한 · 일 불교 관계사』, 아름다운 세상, 2001.
정창석. 『만들어진 신의 나라—천황제와 침략전쟁의 심상지리』, 이학사, 2014.
장지혜 · 설동훈. "여성 결혼이민자와 사회적 자본과 생활만족도". 『한국사회학회 사회학대회 논문집』, 2006.
柏原祐泉 · 원영상 외 訳. 『일본불교사 근대』, 동국대학교출판부, 2009.
小島晋治 · 丸山松幸 · 박원호 訳. 『중국근현대사』, 지식산업사, 1992.
小林英夫 · 임성모訳. 『만철(満鉄)』, 산처럼, 2004.
한석정 · 노기식. 『만주, 동아시아 융합의 공간』, 소명출판, 2008.
호미 바바 · 나병철 訳. 『문화의 위치』, 소명출판, 2002.
호사카 유우지. 『일본제국주의의 민족동화정책 분석』, 제이엔씨, 2005.

アンジェロ・イシ. "「出稼ぎビジネス」の発生と生活環境の変化". 『共同研究出稼ぎ日系ブラジル人』, 明石書店, 1995.
______________. "単純労働者から起業家への道一在日日系ブラジル人のもうひとつの顔." 全国市町村国際文化研究所『国際文化研修』18号, 1998.
______________. "ＩＴ時代の移民と移民研究一在日デカセギ日系ブラジル人の場合". 『移民研究年報』7号, 2001.
______________. "エスニック・メデイアとその役割一在日ブラジル人のむ向けポルトガル語メデイアの事例から". 宮島喬・加納弘勝(編). 『国際社会第２巻一変容する日本社会と文化』, 2002.
高度人材受入推進会議. "国高度人材受入政策の本格的展開を(報告書)", 2009.
石川友紀. "ブラジルにおける日本移民の地域的分布と職業構成の変遷第二次世界大戦前を中心に". 『琉球大学法文学部紀要』史学・地理学編 32, 1989.
石川雅典. "出稼ぎ送出の実態と家庭・地域生活一アマゾン地区日系集団地の留守家族, 出稼ぎ經驗者の調査から". 渡辺雅子編. 『共同研究出稼ぎ日系ブラジル人上巻』, 明石書店, 1995.
石田智恵. "1990年入管法改正を経た〈日系人〉カテゴリーの動態 一名づけと名乗りの交錯を通して一". 『Core Ethics』Vol.5, 2009.
李東準. 『日本にいる朝鮮の子供一在日朝鮮人の民族教育一』, 春秋社, 1956.
移住労働者と連帯する全国ネットワーク. 『外国籍住民との共生に向けて一NGOからの政策提言』, 現代人文社・大学図書, 2006.
稲見敏夫・江口敏樹. 『出入国管理行政の現状と今後に向けて』『国際人流』236号, 入管協会, 2007.
内野克人・佐野誠. 『ラテンアメリカは警告する』, 新評社, 2005.
上毛新聞社. 『サンバの町から一外国人と共に生きる群馬・大泉』, 上毛新聞社, 1997.
江橋崇編. 『外国人は住民です』, 学陽書房, 1993.
岡部一明. 『日系アメリカ強制収容から戦後補償へ』, 岩波書店, 1991.
岡本祐子. 『アイデンティティ生涯発達論の射程』, ミネルバ書房, 2002.
大泉町企画調整部企画課. 『くらしのべんり帳』, 2011.
大泉町住民課. 『外国人登録の推移』, 2010.
大阪市社会部. 『朝鮮人労働者問題』, 弘文堂書房. 『集成』第1巻, 1924.
梶田孝道. "人の移動と国家の制御". 梶田孝道・丹野清人・樋口直人. 『顔の見えない定住化』, 名古屋大学出版会, 2005.

海外移住資料館.『海外移住資料館だより』2010特集号, 2010.
外交資料館所蔵. "第7回送金目録".『在外日本人送金送達雑件』第三巻参照, 1918.
外国人ウォッチ・ネットワーク編.『外国人包囲網ー「治安悪化」のスケープゴート』現代人文社, 2004.
____________________.『講座外国人の医療と福祉』, 現代人文社, 2006.
外国人の子どもの教育と人権ネットワーク.『2005年度外国人の子どもの就学状況実態調査報告書』, 2006.
金鐘在・玉城素編.『渡日韓国人一代』, 図書出版社, 1978.
鎌塚扶. "大阪に於ける朝鮮同胞の一居住地帯を往訪して".『総動員』, 1940.
喜多川豊宇. "浜松市における日系ブラジル人の生活構造と意識：日伯両国調査を踏まえて".『東洋大学社会学部紀要』34(1), 1996.
________. "ブラジル町の形成とディアスポラ: 日系ブラジル人の定住化に関する7年継続大泉町調査".『東洋大学社会学部紀要』34(3), 1997.
久保山亮. "ドイツの移民政策ー移民国型政策へのシフト？" 小井土彰宏編著.『移民政策の国際比較』, 明石書店, 2003.
_______. "欧州諸国における移民政策と国内政治". 山口二郎・宮本太郎・小川有美編.『市民社会民主主義への挑戦』, 日本経済評論社, 2005.
小井土彰宏. "メキシコ系"非合法"移民労働者とアメリカ国家ー歴史的動態と1986年移民改革法ー". 百瀬宏・小倉充夫編.『現代国家と移民労働者』有信堂第4章, 1992.
________. "岐路に立つアメリカ合衆国の移民政策ー増大する移民と規制レジームの多重的再編成過程". 小井土彰宏編著.『移民政策の国際比較』, 明石書店, 2003.
近藤敦.『外国人の人権と市民権』, 明石書店, 2001.
_____. "比例原則に反し, 恣意的に退去強制されない権利と立憲性質説".『国際人権』15, 2001.
近藤敏夫. "日系ブラジル人の就労と生活".『社会学部論集』第40号, 2005.
第6次出入国管理政策懇談会・外国人受入れ制度検討分科会. "高度人材に対する ポイント制による出入国管理上の優遇制度の見直しに関する検討結果(報告)", 2013.
国際人流編集局. "在留特別許可に係るガイドライン".『国際人流』235号, 入管協会, 2006.
京都市社会課.『市内在住朝鮮出身者に関する調査』, 京都市.『集成』第3巻 7, 1937.

佐久間孝正. 『外国人の子どもの不就学ー異文化に開かれた教育とは』, 勁草書房, 2006.
佐野哲. "日本とアジア諸国における外国人労働者の受け入れ政策". 『経営志林』 第45巻 3号, 2008.
社団法人日本経済調査協議会. "外国人労働者受入れ政策の課題と方向―新しい受入れシステムを提案する―", 2008.
斉藤広志. "ブラジルにおける日系人の人口と地域的移動". 『南米研究』 6, 1959.
________. "ブラジルにおける邦人移住者の地域的移動". 『国際経済研究』 10, 1960.
サンパウロ人文科学研究所編. 『ブラジル日本移民史年表』, 無明舎出版, 1997.
島田由香里. "横浜市鶴見区における日系人の就業構造とエスニック・ネットワークの展開". 『経済地理学会』 第46巻 第3号, 2000.
篠田藤治. "在日朝鮮人の生活実態の概況"(下). 『親和』, 1954.
谷冬彦・宮下一博. 『さまよえる青少年の心ーアイデンティティの病理ー発達心理学的考察』, 北大路書房, 2004.
田中真奈美. "海外生活がアイデンティティに与える影響ーあるアメリカ在住日本人の経験を通しての考察ー". 『東京未来大学研究紀要』 第1号 90, 2008.
ダン・ヒンクルマン(Don Hinkelman)・石川園代. 異文化間コミュニケーション基礎 I 多文化ネット, 2005. http://www.ta-bunka.net/info/j.html(검색일: 2015/01/17).
自治体国際協会, 『多文化共生社会に向けた調査報告書』, 2005.
日本経済新聞電子版. "外国人高度人材, 受け入れ促進 出入国管理基本計画", 2010.
杉田敦. 『境界線の政治学』, 岩波書店, 2005.
杉原達. "在阪朝鮮人の渡航過程ー朝鮮・済州島との関連でー". 『大阪・大世・スラム』, 新評論, 1986.
鄭哲. 『民団ー在日韓国人の民族運動ー』, 洋々社, 1967.
鄭暎恵. 『〈民が代〉斎唱ーアイデンティティ・国民国家・ジェンダ-』, 岩波書店, 2003.
樽本英樹. "ポストナショナルな市民権は可能か?ー「アイデンティティの先験的選択」からの批判的検討". 梶田孝道編. 『国際化とアイデンティティ』, ミネルバ書房, 2001.
丹野清人. "外国人住民と自治体". 『国際文化研修』 52, 全国市町村国際文化研究所, 2006.

手塚和彰.『外国人と法〔第2版〕』, 有斐閣, 2001.
独立行政法人国際協力機構横浜センター.『海外移住資料館展示案内-われら新世界に参加す』, 算用印刷株式会社, 2004.
日本ブラジル交流史編纂委員会.『日本ブラジル交流史日伯関係100年の回顧と展望』, 日本ブラジル修好100周年記念事業組織委員会・社団法人日本ブラジル中央協会, 1995.
日本赤十字社.『在日朝鮮人帰国問題の真相』, 日本赤十字社, 1956.
NIRA・シティズンシップ研究会編.『多文化社会の選択』, 日本経済評論社, 2001.
濱田国佑. "地域住民の外国人との交流・意識とその変化：群馬県大泉町を事例として：第1章 大泉町の概況と外国人住民の増加".『調査と社会理論』研究報告書第22号, 2006.
浜井浩一・芹沢一也.『犯罪不安社会ー誰もが「不審者」?』, 光文社, 2006.
林瑞枝. "人の自由移動と国家を越える市民権ーヨーロッパ統合のなかで". 梶田孝道・小倉充夫編.『外国人・移民政策と国民国家の論理ー日本の場合』. 梶田・小倉編, 前掲書, 2002.
パウリスタ新聞社編.『日本・ブラジル交流人名辞典』, 五月書房, 1996.
樋口雄一・小沢用作編. "在日朝鮮人部落の成立と展開".『近代民衆の記録10在日朝鮮人』, 新人物往来社, 1978.
樋口雄一.『協和会戦時下朝鮮人統制組織の研究』, 社会評論社, 1986.
樋口直人・高橋幸惠. "在日ブラジル出身者のエスニック・ビジネスー企業家供給システムの発展と市場の広がりを中心に".『イベロアメリカ研究』20巻 1号, イベロアメリカ研究所, 1998.
福井千鶴. "南米日系人に関わる問題と解決策の一考察".『高崎経済大学論集』第52巻第2号, 2009.
前山隆.『エスニシテイとブラジル日系人』, お茶の水書房, 1996.
______.『異邦に「日本を祀る」: ブラジル日系人の宗教とエスニシテイ』, お茶の水書房, 1997.
水島瑠美. "日系アメリカのアイデンテイテイ", 卒業論文, 2005.
森幸一. "日系集団地にとっての『出稼ぎ』のもつ意味 3: 日系集団地の出稼ぎ送出形態とその影響". 渡辺雅子.『共同研究出稼ぎ日系ブラジル人上巻』, 明石書店, 1995.
山下草園.『日本人のハワイ』, 世界堂書店, 1942.

_______.『日本人のハワイ』, 世界道書店, 1943.
米山裕・河原典史編.『日系人の経験と国際移動：在外日本人・移民の近現代史』, 人文書院, 2007.
渡戸一郎. "多文化都市論の展開と課題ーその社会的位相と政策理念をめぐって".『明星大学社会学研究紀要』26, 2006.
渡邊博顕. "間接雇用の増加と日系人労働者".『日本労働研究雑誌』no.531/October, 2004.
_______. "非正規就労外国人労働者の雇用・就業に関する事例", 労働政策研究・研修機構ディスカッションペーパー, 2005.
渡辺雅子.『共同研究出稼ぎ日系ブラジル人(上)論文編・就労と生活』, 明石書店, 1995.
外務省ホームページ. http://www.mofa.go.jp/mofaj/toko/tokei/hojin/09/pdfs/1.pdf
海外移住資料館ホームページ. http://search.jomm.jp/search/html/koukai/k_search.html
法務省 入国管理局ホームページ, 新しい在留管理制度がスタート！. http://www.immi-moj.go.jp/newimmiact_1/

Bhabha Homi. *The location of culture*, NY: Routledge, 1994.
Becker, Gary. *Human Capital*. National Bureau of Economic Research, 1975. ゲーリー・ベッカー著, 佐野陽子訳, 『人的資本』, 東洋経済新報社, 1976.
Coleman, James S.. "Social Capital in the Creation of Human Capital." *American journal of Sociology* 94, 1988. pp. 595-121.
Erikson, E. H.. *Identity and the life cycle*. New York: International Universities Press, 1959. 小此木啓吾編訳.『自我同一性』, 誠信書房, 1973.
Fukuyama, Francis. *Trust: The Social virtues and the Creation of Prosperity*, New York: Free Press Paper Backs Book, 1995.
Granovetter, Mark. "Economic Action and Social Structure: the Problem of Embeddedness," *American Journal of Sociology* 91, 1985. pp. 481-510.
Hall, Stuart. "Cultural Identity and Diaspora". edited by Jonathan Rutherford. *Identity, Community, Culture, Difference*, London: Lawrence & Wishart, 1990.
Korsten, F.W.. "Transnationalisme en postkolonialisme-hybriditeit." *Lessen in literatuur*, 2005. p. 278.
Mincer, Jacob. "*Studies in Human Capital.*" Economists of the Twentieth Century, 1993.

Putnam, Robert D.. "Bowling Alone, Revisited." *The Responsive Community(Spring)*, 1995. pp. 18-33.

Robert, Moorehead.. "OATHS, TESTS, AND SEMI-ADAPTING: TESTING NIKKEIJIN LOYALTY IN JAPAN," 대구가톨릭대학교 다문화연구소 국제학술대회 발표논문집, 2014. pp. 122-144.

Turner, Victor. "The Ritual Process: Structure and Anti-structure," Middlesex: Penguin, 1974.

찾아보기

(ㄱ)

가나가와 현 ······96
가라파(ガラッパ) ······167
가마쿠라(鎌倉)불교 ······125
가사토마루(笠戸丸) ······149
가와사키시 ······78
개도국 ······82
개인적 정체성(Personal Identity) ······43
개정출입국관리법 ······100
고노에 후미미로(近衛文麿) ······131
고도인재(이후 우수인재로 통일) ······49
고베항 ······188
공간적 치환 ······145
공동체적 유희 ······42
관동군 ······115, 138
광선유포(廣宣流布) ······129
교조 키타(北一輝) ······123
교토학파(京都学派) ······128
구마모토 현 ······28
국가신도 ······117
국가우월주의 사상 ······142
국도회(国祷会) ······120
국제이동 ······82
국주회형(国柱会型) ······127
국체관 ······142
군마 현 ······96
군마 현 오이즈미마치 ······91
군마 현 오이즈미마치(群馬県大泉町) ······146, 164
군승(軍僧) ······134
극동국제군사임시재판 ······142
극락사 ······126
기능실습제도 ······51, 83
길로이(Gilroy) ······40

(ㄴ)

나가타 테쓰잔(永田鉄山) ······138
나고야 시 오수(名古屋市大須) ······146
나카무라 하지메(中村元) ······126
나카하마(中浜) 만지로 ······157
난묘호렌게쿄(南無妙法蓮華経) ······139
난민인정법 ······61
남만주철도회사 ······131
내셔널리즘 ······118
노동이민(데카세기, 경제불황 영향) ·94
뉴칼레도니아 ······47
뉴커머 ······76
뉴커머 중국인 ······94
니혼마루(日本丸) ······31
닌쇼오(忍性) ······126

(ㄷ)

다니(谷) ······196
다니엘 이노우에 ······157
다니와 미야시타(谷冬彦・宮下一博) 196
다문화 공생 ······72
다문화공생 ······76

다중정체성 ······219
다카야마 쵸규(高山樗牛) ······124
단순기능인력 ······147
대량실업 ······147
대아시아주의 ······142
데카세기 ······148
데카세기(出稼ぎ: 돈벌이 노동자) ···203
데카세기(돈벌이) ······91
데카세기(일시적인 돈벌이) ······47
도요타 시 ······169
도조 히데키(東條英機) ······138
돈(Don Hinkelman) ······197
돈벌이(出稼ぎ) ······166
동본원사파(東本願寺派) ······133
동아연맹(東亞連盟) ······138
동질성의 신화 ······71
동화정책 ······70
디아스포라 ······27
디지털 아카이브 ······189

(ㄹ)

로버트 무어헤드(Robert Moorehead) ······201
로스앤젤레스 ······161
루터 ······126
리벨다지(Liberdade) ······153
리벨다지(Liberdade: 자유) ······153
리우데자네이루 ······156
리틀 도쿄(Little Tokyo) ······161
리틀 브라질 ······47

(ㅁ)

마루야마 마사오(丸山真男) ······125
마쓰오카 요스케(松岡洋右) ······131
마쓰오카(松岡幹夫) ······127
마지막 황제 ······141
막스 베버 ······125
만몽(滿蒙)침략주의 ······123
만봉(万峰) ······130
만주국 ······27
만주사변 ······137, 139
만철(滿鐵, 남만주철도회사) ······115
말법의 세상 ······136
말사(末寺) ······134
메이지유신(明治維新) ······41
모델 마이너리티(Model Minority) ··161
모리무라 세이치(森村誠一) ······142
모범적인 마이너리티(Model Minority) ······158
묘법연화경(妙法蓮華経) ······140
문부성 ······99
문화영토 ······32
문화영토(Cultural Territories) ······40
미즈노(水野) ······149

(ㅂ)

바바(Bhabha) ······40
박승길 ······129
배일이민법 ······29, 188
법무성 ······92
법화경 ······121, 128, 139
벚꽃축제 ······156
보트피플 ······99
볼리비아 ······168
부에노스아이레스마루 ······29
브라질 ······27
브라질 상파울루 인문과학연구소 ···151
브라질마루 ······31
브라질인 ······214
브라질일본도도부현인회연합회154, 156

브라질일본문화복지협회 ················156

(ㅅ)

사노(佐野前勵) ······························135
사무라이 전사 ······························128
사이타마 현 ·································96
산신령(山王) ································119
산토스마루 ··································31
삼바퍼레이드 ·······························165
상파울루일본-브라질원호협회 ········156
샌프란시스코 ·······························161
서본원사파(西本願寺派) ··················133
서전(緖戰) ··································138
선진국 ·······································82
성속(聖俗) ···································43
세계 우치난추대회(世界のウチナーンチュ大会) ································157
세계종말전쟁 ·······························136
세계통일 ·····································142
쇼와유신론(昭和維新論) ··················138
스즈키 시즈오(鈴木靜夫) ················130
스피박 ··37
시애틀 ·······································161
시정촌(市町村) ·····························165
시즈오카 현 ·································96
시즈오카 현 하마마쓰 시(静岡県浜松市) ·······································146
신국 ···122
신기(神祇: 하늘의 신과 땅의 신) ····119
신도(神道) ··································118
신도사상 ····································125
신불습합(神仏習合) ·······················126
신사(神社) ··································132
신주쿠 다문화공생센터 ···················78

(ㅇ)

아리안사 이주지 ····························28
아이덴티티 ·································195
아이치 현(나고야) ··························92
악마의 포식(飽食) ························142
야마토(大和) ··························119, 132
야하타신(八幡大菩薩) ····················119
양가성 ··39
양두구육(羊頭狗肉) ························115
에드워드 베아 ······························141
에드워드 사이드 ····························37
에릭슨(Erikson) ······················195, 217
에부치(江淵) ································161
엔고현상 ······································87
연고모집형 ···································90
연변조선족자치주 ··························116
연수생 ···51
영우회(霊友会) ·····························129
영주자 ···69
오다이바(お台場) ···························78
오부치 외상(小渕外相) ···················150
오스트레일리아 ·····························47
오오타니 쇼신(大谷勝信) ················133
오오타니 에이죠(大谷瑩誠) ·············133
오이즈미 카니발 ···························166
오이즈미마치(大泉町) ·····················47
오족협화(五族協和) ························115
오카모토(岡本) ·····························197
오카와 슈메이(大川周明) ················130
오키나와 현(沖縄県) ······················157
오타 시(太田市) ····························169
오타니파(大谷派) ··························133
오프라인(Off-line) 전시관 ···············182
온라인(On-line) 자료실 ···················182
올드커머 ······································76
와타나베 쇼코(渡辺照宏) ················127
왜색종교 ····································128

요코야마 미치요시(横山真佳) ········130
요코하마 국제교류센터 ····················77
요코하마 시 쓰루미 구(横浜市鶴見区)
146
우메하라 다케시(梅原猛) ················128
우메하라(梅原猛) ··························128
우수인재 우대제도의 창설 ·············112
우수인재(외국인 전문 과학기술 인력) 82
위패(位牌) ··································135
유학생 10만 명 계획 ······················99
이노우에 닛쇼(井上日召) ···············122
이누가이 쓰요시(犬養毅) ···············123
이데올로기 ·································142
이민송출 ·····································34
이민시스템 ···································97
이세자키 시(伊勢崎市) ··················169
이시카와(石川園代) ······················197
이시하라 칸지(石原莞爾) ········127, 135
이야기 요소(Story Telling) ···············42
이주루트 ·····································33
이주지 ··28
이주패턴 ·····································94
이중정체성 ·································219
이중정체성(다중정체성) ················214
이타가키 세시로(板垣征四郎) ········138
일계미국인보상전국평의회(NCJAR) 164
일계미국인시민동맹 ······················163
일계브라질인 ·······························78
일계인 ·························152, 188, 214
일계인 디아스포라 ························29
일계인(日系人) ·····························50
일계인대회 ································110
일계인보상배상전국연합(NCRR) ····164
일계인시민동맹(JACL) ··················163
일계인의 U턴 현상 ·························32
일계인집거지 ······························156
일계인타운 ···································47
일련종(一蓮宗) ····························133
일련종(日蓮宗) ····························118
일련종계 ···································122
일련주의 ···································121
일련주의(一蓮主義) ······················140
일본이민원호협회 ························155
일본인촌 ···································161
일본제국주의 ······························142
일본축제 ···································162
일본축제(Festival do Japao) ···········154
일천사해귀묘법 ···························137
입식(이주) ···································47
입정안국(立正安国) ······················119

(ㅈ)

자기동일성(self identity) ···············195
자기일치성(혹은 획일성, uniformity)196
자민족 중심 ·································71
자아동일성(ego identity) ···············195
재영토화 ···································145
재외동포자료관 ···························189
재외방인 ·····································50
재이주 ······································147
재일코리안 ···································78
저출산고령화 ································33
전시공간문화 ······························175
전쟁론 ······································136
정주자 ···································31, 85
정주허가 ·····································58
정토종(浄土宗) ····························133
정토진종 ···································126
정토진종(浄土真宗) ··············133, 135
제1차 세계대전 ·····························27
제3의 개국 ··································76
제3의 공간 ··································38
제442연대 전투부대 ······················157

제로이드 투아셀(Gearoid O. Tuathail) ······41
조동종(曹洞宗) ······128, 133
조성윤 ······129
조지 아리요시가 ······157
종말전쟁 ······137, 139
종속이론 ······97
종족적 정체성(Ethnic Identity) ······43
중근동지방 ······87
지연(地縁) ······157
진언종(真言宗) ······133
진충보국(盡忠報国) ······129

(ㅊ)

차세대 인재 육성 ······111
창가학회 ······127
창가학회(創価学会) ······129
챔버스(Chambers) ······40
천리교(天理教) ······129
천조대신(天照大神) ······119, 120
천황제 ······131
천황제국체관 ······116
천황제군국주의 ······116, 118
축제(Festival) ······40
출입국관리 및 난민인정법 ······31, 99
출입국관리령 ······99
취업알선센터 ······89
침략 이데올로기 ······141

(ㅋ)

카사토마루(笠戸丸) ······27, 188
캘빈 ······126
코스턴(Korsten) ······38
콘도 요시히로(近藤喜博) ······130
쿰스(Coombs) ······40
클리포드(Clifford) ······40
키타 잇키(北一輝) ······123, 130

(ㅌ)

타나카 치가쿠(田中智学) ······120
타자성의 공간 ······38
태평양전쟁 ······117, 128, 129
터너(Turner) ······38
토고로 시게모토(戸頃重基) ······126
통일각(統一閣) ······122
통일단(統一団) ······122

(ㅍ)

파시즘 ······116
팔굉일우 ······142
팔굉일우(八紘一宇) ······121, 136
페루 ······29
포르투갈 ······167
포인트제도 도입 ······112
프로이드 ······39
플라자합의 ······84
필리핀 ······78

(ㅎ)

해외이주 ······27
해외이주자료관 ······175, 182
해외일계인대회 ······110
해외일계인협회 ······110
현대종교 ······128
현본법화종(顯本法華宗) ······122
현연(県連: KENREN) ······153, 157

현인회(県人会) ·····164
혈맹단(血盟団) ·····123
협력사업단(JICA) ·····150
호미 바바 ·····37
호미 바바(Homi Bhabha) ·····38
혼다 닛쇼(本多日生) ·····122
혼종성 ·····32
혼종성(Hybridity) ·····37
홀(Hall) ·····39, 40
환류(역이민)현상 ·····179
환류현상 ·····31
황국 ·····116
황국(皇国) ·····131
황국사상 ·····116
황도(皇道)사상 ·····117
황도주의 ·····131
황조(皇祖)숭배 ·····116
후지이 히토시(藤井斉) ·····123
후쿠오카 현 ·····28
후쿠이(福井) ·····168
흡입배출요인 ·····97
히틀러 ·····131

(기타)

3D산업 ·····84
48개 도도부현(都道府県) ·····157

D.C 홀틈 ·····117
Fortune ·····118
Japones Garantido(일본인은 신뢰할 만하다) ·····150
NVQ(National Vocational Qualification) ·····58
NVQ(National Vocational Qualification: 전국 직업자격) ·····57
SGI(국제창가학회) ·····129